Kulturstiftung Sibirien

Flucht vor dem Mord an einem Volk

Maria Vajta Klamer

Verlag der Kulturstiftung Sibirien
SEC Publications

Der vom Swedish Arts Council gewährte Zuschuss zu den Übersetzungskosten wird dankend anerkannt.

Bibliografische Informationen der Deutschen Nationalbibliothek:
Die Deutsche Nationalbibliothek verzeichnet diese Publikation in der Deutschen Nationalbibliografie: detaillierte bibliografische Daten sind im Internet über <http://dnb.d-nb.de> abrufbar.

Das Buch beruht auf wirklichen Geschehnissen.

Erstausgabe:
Flykten från ett folkmord, Göteborg, 2015

Übersetzung aus dem Schwedischen:
Ulrich Kasten

Umschlagfoto:
Rampe im KZ Buchenwald. Foto: Ulrich Kasten
Denkmal für die ermordeten Juden Europas in Berlin. Foto: Erich Kasten

Gestaltung:
Kulturstiftung Sibirien gGmbH, Fürstenberg/Havel

Herstellung:
Books on Demand GmbH, Norderstedt

Electronic edition: www.siberian-studies.org/publications/flmovo.html

ISBN: 978-3-942883-35-1

Printed in Germany

Allgemeine Erklärung der Menschenrechte der Vereinten Nationen
UN-Menschenrechtscharta

Artikel 1

Alle Menschen sind frei und gleich an Würde und Rechten geboren. Sie sind mit Vernunft und Gewissen begabt und sollen einander im Geist der Brüderlichkeit begegnen.

Artikel 2

Jeder hat Anspruch auf die in dieser Erklärung verkündeten Rechte und Freiheiten ohne irgendeinen Unterschied, etwa nach Rasse, Hautfarbe, Geschlecht, Sprache, Religion, politischer oder sonstiger Überzeugung, nationaler oder sozialer Herkunft, Vermögen, Geburt oder sonstigem Stand. Des Weiteren darf kein Unterschied gemacht werden auf Grund der politischen, rechtlichen oder internationalen Stellung des Landes oder Gebiets, dem eine Person angehört, gleichgültig ob dieses unabhängig ist, unter Treuhandschaft steht, keine Selbstregierung besitzt oder sonst in seiner Souveränität eingeschränkt ist.

INHALT

Vorwort für die deutsche Ausgabe

In diesem Buch werden von den Protagonisten oft Fragen gestellt. „Warum verhalten sich einzelne Menschen so unvorstellbar grausam ihren Mitmenschen, manchmal sogar den Mitbetroffenen gegenüber?" Ist es ihre Veranlagung? Sind es Angst, Gier oder Reflexe, sich opportunistisch neuen Situationen anzupassen? Oder sind es, wie im letzteren Fall, besondere Umstände, die sie dazu gebracht haben mögen?

Somit muss auch nach dem politischen System gefragt werden, das diese Untaten ermöglicht und sie letztendlich gewollt und veranlasst hat. Die Frage nach der Schuld an diesem System und nach der Verantwortung für die Folgen stellt sich für Deutsche in besonderer Weise, wodurch unsere Antworten durchaus ganz eigene sein können.

Wie konnten diese Verbrechen in einem Land passieren, dessen Menschen immer so stolz auf ihre Kultur waren, von dem sogar viele der späteren Opfer sich nicht vorstellen konnten, dass sich in diesem Land so etwas jemals ereignen würde? Die Verantwortlichen waren nicht nur das sadistische Personal in den Konzentrationslagern, sondern es waren auch die Juristen, die 1934/35 an den Nürnberger Gesetzen gearbeitet hatten, die bei der Wannsee-Konferenz mit am Tisch saßen, es waren die Mediziner, die die meist tödlichen Experimente an den Häftlingen durchführten. Diese Menschen, die zur deutschen Bildungselite gehörten, hatten vermutlich auf dem Gymnasium Kants Sittenlehre, Lessings „Nathan der Weise" u.a. und wahrscheinlich auch Platons Lehre von der „Idee des Guten" in Altgriechisch gelesen. Ist Bildung zu nichts nutze? Die meisten „hat die Gerechtigkeit nicht eingeholt" (siehe S. 189 ff.). Haben sie nach 1945 weiterhin ihr gesellschaftliches Umfeld tyrannisch und sadistisch behandelt oder waren es plötzlich freundliche, hilfsbereite Nachbarinnen und besorgte, liebevolle Familienväter? Wie wurde zum Beispiel bei den Mahlzeiten am heimischen Tisch über den Krieg geredet?

Der Völkermord und die anderen Kriegsverbrechen waren Deutschlands Schuld. Sie sind es weiterhin und sie sind nicht durch irgendwelche Entschädigungen „wieder gutzumachen". Die Schuld der Tätergeneration bleibt, aber sind die nachfolgenden Generationen auch schuldig? Ich meine, schuldig nicht, aber verantwortlich für das, was geschah, denn das, was geschah, geschah im deutschen Namen, ist Teil unserer eigenen Geschichte. Es ist das schlimmste Kapitel unserer Geschichte, weit mehr als nur ein „Fliegenschiss", als das es am 3. Juni 2018 der Vorsitzende der AfD und Bundestagsabgeordnete Gauland bezeichnete. Eine derartige Geschichtsvergessenheit, die die eigene Geschichte verleugnet, wäre tatsächlich ein „Verrat an seinem Vaterland".

Dieses Buch zeigt uns, was passieren kann, wenn Rassismus und Antisemitismus, Intoleranz und Nationalismus wieder in unserer Gesellschaft Fuß fassen und an Macht gewinnen.

Verantwortlich sein heißt „Antwort geben". Derartige Antworten können das Erinnern, können Gedenkveranstaltungen, Projekte und Workshops mit Jugendlichen sein. Sich nur im Bereich von allgemeinen Bildungsinhalten und Sachinformationen zu bewegen, macht wenig Sinn. Das zeigt das Beispiel der „gebildeten Juristen und Mediziner". In erzählenden Sachbüchern – wie dem hier vorliegenden – kann gerade auch der junge Mensch das Schicksal einzelner Menschen nachvollziehen, miterleben, wobei er sich – und was manchmal bei Kindern und Jugendlichen auch nicht immer zu vermeiden ist – leicht mit den Opfern identifizieren kann. Hier ist eine deutliche Grenze zu ziehen: Das Erinnern, Trauern und Gedenken der Menschen aus einem Volk der Opfer ist immer ein anderes als das Erinnern und Gedenken der Menschen aus dem Volk der Täter. Wir stehen nicht am selben Ufer. Dieses wird oft bei den offiziellen Gedenkfeiern vergessen und missachtet, nicht nur von jüngeren Teilnehmerinnen und Teilnehmern.

Es sind gerade die Zeitzeugenberichte von Überlebenden, die uns berühren, wenn es darum geht, zu erfahren, wie Geschichte erlebt wurde. Dies zeigt sich immer wieder bei Zeitzeugengesprächen mit Jugendlichen. In wenigen Jahren wird es keine Zeitzeugen mehr geben. Dann bleiben uns nur noch „ihre Stimmen" in den Autobiographien und Biographien, Stimmen, die hoffentlich niemals verstummen. Die Bücher von Primo Levi, Imre Kertecz und Jorge Semprun, von Nico Dost, Germaine Tillion und vielen anderen Überlebenden, aber auch die Berichte von und über viele „Namenlose" und „Unbekannte", wie hier von Rebecca und Deborah, von Victor und Samuel.

Es war ein bescheidenes, oft auch sorgenvolles, aber zugleich auch erfülltes und lebensfrohes Dasein in den vielen ostpolnischen *Schtetl* der Vorkriegsjahre. Wir sitzen mit Isaac in der Werkstatt seines Vaters in Chrarzanow und sehen zu, wie er die Schuhe der armen und reichen Leute besohlt. Wir riechen den Duft des frischgebackenen Brotes, das Hanna durch die kleine Luke der Bäckerei ihrer Eltern in Płock den ungeduldigen Kunden reicht. In ungelenker Schrift hat ihr kleiner Bruder Leibl auf ein Brett, das über der Luke hängt, das Wort BROT gemalt. Wir hören Samuel zu, wenn er im Gulag Workuta seinem russischen Freund Boris von dem lauten und lebendigen Treiben in dem jüdischen Viertel von Posnań (Posen) erzählt. Welch eine reiche Kultur, an die hier nochmal erinnert wird, wurde in Europa ein für allemal vernichtet. Dieses Buch ist somit auch eine besondere Form des Gedenkens und Erinnerns, eine Arbeit gegen das Vergessen.

Über den Holocaust gibt es viele Bücher. Gerade in Zeiten der „fake-news“ und der Holocaust-Leugner sind die Bücher kompetenter Historiker wichtig. Aber Zahlen, Statistiken und Analysen berichten in erster Linie über das Was, das Wo und das „wie viele waren es?“ Sie übersteigen oft unser Vorstellungsvermögen, vermitteln keine Empathie. Manche Historiker aber wollen eindeutige Informationen, klare Fakten und sichere Zahlen. In ihrem Bemühen um Eindeutigkeit kann ich die Historiker verstehen. So heißt es in Primo Levis' – aus der „Erinnerung“ geschriebenem – Buch „Die Untergegangenen und die Geretteten“ über seine Haft im KZ Auschwitz: „Die menschliche Erinnerung ist ein wunderbares, aber unzuverlässiges Instrument“.

Ein „aktiv miterlebendes“ Lesen und Wahrnehmen werden leicht als eine Emotionalisierung abgetan, die die Fakten relativiert. Auch und gerade die Betroffenen, die Opfer und ihre Familien, erleben und beurteilen die historische Situation oft weitaus vielschichtiger, indem sie die historischen Tatsachen durch ihre Erfahrungen und Gedanken mit eigenen Deutungen ergänzen und somit unsere Sicht erweitern. Das Lesen von Geschichte darf kein „Konsumieren“, sondern muss eine lebendige Mitarbeit sein. Der junge Mensch erfährt so „Geschichte“ auch als die Geschichte seiner Eltern und Großeltern, als Teil seiner eigenen Geschichte.

So wichtig Geschichtskenntnisse gerade auch für junge Menschen sind, wichtiger ist es, zunächst ihr Interesse für Geschichte zu wecken, diese für sie lebendig werden zu lassen, damit sie selber Fragen stellen und Antworten finden. Nur so kann sich aus dem „Antworten“ ein Gefühl der „Verantwortung“ entwickeln. Menschen werden sensibel für die gesellschaftlichen Ereignisse und politischen Entscheidungen, sie werden diese kritisch hinterfragen und daraufhin überprüfen, ob sie rassistische, antisemitische, homophobe u. a. derartige Tendenzen aufweisen, ob sie die verfassten Menschenrechte (siehe eingangs in diesem Buch) achten und respektieren, die – wie wir es täglich in unserem Land erfahren – immer bedroht sind und die es wachsam zu verteidigen gilt.

Oft verstehen wir erst in den „Geschichten“ und in der Geschichte der anderen unsere eigene Geschichte. Dieses Buch leistet einen guten Beitrag zu dieser Art Umgang mit vergangener und gegenwärtiger Geschichte und hilft uns, unsere eigene Vergangenheit besser zu verstehen und aus ihr zu lernen.

Ulrich Kasten, Fürstenberg/Havel, im September 2018

Das Recht auf sein eigenes Leben

Schweden 2018

Bald schweigen für immer die Stimmen, die von den Verfolgungen und dem Völkermord der Nationalsozialisten und Kommunisten im 20. Jahrhundert Zeugnis ablegen können. Aber solange es auch nur eine einzige Stimme gibt, die berichten kann, liegt es in unserer Verantwortung, sie zum Sprechen zu bringen, denn es ist gerade in den Schicksalen der einzelnen Menschen, dass wir unsere Geschichte verstehen.

Dadurch, dass sich die Gesellschaft ständig verändert, werden die kommenden Generationen vor Situationen gestellt, in denen antidemokratische und totalitäre politische Kräfte versuchen Macht und Einfluss zu gewinnen. In Europa und der ganzen Welt nehmen die populistischen und fremdenfeindlichen Parteien an Bedeutung zu. Rassistische Äußerungen und „Botschaften" werden in immer größerem Ausmaß verbreitet, wobei Schweden und Deutschland keine Ausnahmen sind. Unser Weltbild und unsere Bezugsrahmen wandeln sich in immer schnellerem Rhythmus und das Zusammenspiel zwischen Jetztzeit und Geschichte, zwischen Gegenwart und Vergangenheit, wird immer unschärfer und diffuser. Die historischen Ereignisse müssen deswegen ständig neu in den Blick gerückt werden, um die Freiheit und die Rechte aller Menschen als gleich wertvoll zu verteidigen. Somit ist es also wichtig, einen Augenblick inne zu halten um darüber nachzudenken und zuzuhören. Die Bilder, die hier vor uns auftauchen, machen nur einen kleinen Bruchteil aus und werden erst dann zu einer Botschaft, wenn sie zusammengefügt und in einen größeren Zusammenhang gestellt werden.

Auch wenn der Begriff „Allgemeine Menschenrechte" noch nicht als völkerrechtlicher Begriff zu der Zeit existierte, als die meisten Ereignisse aus diesem Buch stattfanden, ist es wichtig, dass uns dieser Begriff immer gegenwärtig ist, weil er etwas ist, auf das wir uns immer beziehen müssen. Bei den Menschenrechten geht es um das Recht des Menschen auf Leben, Freiheit und Sicherheit der Person, d. h. auf das Recht des Menschen, ein gutes und erfülltes Leben zu führen, das Recht auf sein eigenes Leben. Vor gerade erst 50 Jahren wurden die polnischen Juden – eine Minderheit in Polen – gezwungen, als staatenlose Flüchtlinge ihre Heimat zu verlassen. Sie wurden von den Behörden diskriminiert und verfolgt. Der Rechtsstaat war außer

Kraft gesetzt. Wenn wir heutzutage sehen, wie Fremdenfeindlichkeit, Rassismus und Antisemitismus zunehmen, ist es deswegen besonders wichtig, die Bewahrung der rechtsstaatlichen Prinzipien zu garantieren. Diese Prinzipien bestehen in der Aufgabe und Verpflichtung des Staates und seiner Organe, geltendes Recht zu wahren, d. h. die Gleichheit aller Menschen vor dem Gesetz zu achten und ein unparteiisches und unabhängiges Rechtswesen einschließlich der Medien mit ihrer Meinungsfreiheit zu sichern. Ein gut funktionierender Rechtsstaat, in dem die Bürger und Bürgerinnen Rechtssicherheit genießen, ist für den Schutz der Menschenrechte von äußerster Wichtigkeit. Wenn sich immer mehr Kulturen miteinander verflechten, ist es wichtig, das Wissen und Verstehen hinsichtlich der Rolle und Bedeutung von Minoritäten in der Gesellschaft auszuweiten und deren Ursprünge darzustellen. In diesem Zusammenhang bedeutet der jüdische und osteuropäische Blickwinkel einen wichtigen Beitrag zu der Debatte.

In dem vorliegenden Buch „Die Flucht vor dem Mord an einem Volk“ bekommt der Leser einen Einblick in die osteuropäische jüdische Kultur von Beginn des 20. Jahrhunderts an, als diese noch wesentlicher Teil einer lebendigen Gesellschaft war, bis zu ihrer Vernichtung während des Nationalsozialismus und Kommunismus. Somit kann der Leser und die Leserin in diesem Buch das Leben einiger Familien über mehrere Generationen hinweg verfolgen bis zu ihrem neuen Leben in einem Land, das auf demokratische Prinzipien gegründet ist.

Auf keinen Fall soll in diesem Buch die Vernichtung des Judentums im NS-Staat mit Stalins Gulags und seinen „Säuberungen“ in der Sowjetunion verglichen werden. Es gibt keine Gleichsetzung von Nationalsozialismus und Stalinismus. Auch geht es hier nicht darum, den Nationalsozialismus dadurch zu relativieren, dass man seine Verbrechen mit anderen Völkermorden vergleicht. Vielmehr ist es meine Absicht zu zeigen, wie diese beiden Staatsformen, die auf Intoleranz und demokratiefeindlichen Prinzipien gegründet sind, die menschlichen Grundrechte verletzt haben. Ich wollte veranschaulichen, in welchem Ausmaß Menschen als einzelne Individuen von totalitären Systemen betroffen sind und wie zerstörerisch sich diese auswirken.

Hitlers Absicht war es, ein ganzes Volk wegen seiner ethnischen Zugehörigkeit auszurotten. Er betrieb von Anfang an eine rassistische und antisemitische Politik. Um sein Ziel zu erreichen, ließ er mit bürokratischer Präzision und unter Anwendung aller verfügbaren technischen Mittel sechs Millionen Juden ermorden. Dieses abscheuliche Verbrechen ist einmalig in der Menschheitsgeschichte.

Stalin wiederum stellte die Arbeiterklasse in den Vordergrund und vertrat eine Ideologie, die Gleichheit für alle versprach. Aber diese „Gleichheit" bedeutete für den einzelnen Menschen in der Sowjetunion den völligen Verlust seiner Rechte und individuellen Freiheit, des „Rechts auf das eigene Leben". Das Ziel von Stalins „Säuberungen" und Massenhinrichtungen von Millionen von Menschen war es, sich durch willkürliche Urteile seiner politischen Gegner und der Menschen zu entledigen, die ihm unbequem waren. Seine unberechenbaren Maßnahmen konnten wen auch immer im Sowjetstaat treffen, aber sie waren im allgemeinen nicht gegen eine spezifische Volksgruppe gerichtet. Auch wenn beide Vorgehensweisen verabscheuenswürdig sind, so handelt es sich in diesem Buch keineswegs um einen Vergleich oder eine Gleichsetzung.

In diesem Zusammenhang ist es auch wichtig darauf hinzuweisen, das während des von Deutschland ausgelösten Zweiten Weltkriegs viele Millionen Menschen in den europäischen Ländern, besonders in Polen, der Sowjetunion und in Deutschland, leiden mussten, umkamen oder ermordet wurden.

Es überschreitet unser Vermögen, uns das Schicksal von Millionen von Menschen konkret vorzustellen. Da bleibt letztlich nicht mehr als nur eine „Ziffer". Aber den Bericht über das Schicksal eines „einzelnen Menschen" können wir nachvollziehen und somit begreifen. Das Schicksal eines einzelnen Menschen berührt uns und hilft uns zu „verstehen".

Es war die ganze Zeit meine Absicht, in diesem Buch nicht nur historische Fakten zu berücksichtigen, sondern auch den Leser zu berühren. Es ist ja so, dass wir Ereignisse immer auf unterschiedliche Weise mitteilen und veranschaulichen. Alles, was wir lesen und erleben, wird durch unsere eigenen Gedanken und Erfahrungen gefiltert, von unserer Kultur und unseren Wertvorstellungen gefärbt und davon beeinflusst, wie wir die Wirklichkeit erleben. Deswegen will ich betonen, dass, auch wenn die Ereignisse in diesem Buch so in Wirklichkeit geschehen sind und sie von denjenigen, die sie erlebt haben, bezeugt worden sind, es auch gleichzeitig deutlich wird, wie ich persönlich diese Berichte erlebt habe. Das ließ sich nicht vermeiden. Auch wenn ich mich bemüht habe, alles so zu schildern, wie es mir berichtet wurde, kann ich nicht dafür garantieren, dass alles tatsächlich der Wirklichkeit entspricht. Es kann vorkommen, dass meine eigenen Aufzeichnungen und mein Erinnerungsvermögen mich getäuscht haben oder ich etwas falsch verstanden habe. Wir erinnern uns auf unterschiedliche Art und Weise an Ereignisse, wir geben dem einen oder anderen Sachverhalt eine besondere Bedeutung.

Auch beeinflusst und formt die Zeit unsere Gedanken. Es gibt nicht nur eine Wahrheit. So schleichen sich vielleicht auch ausgedachte Einzelheiten mit ein. Wo da genau die Grenze liegt, ist schwer auszumachen.

Im Jahr 2005 erhielt ich vom Museum für die Geschichte der polnischen Juden in Warschau den Auftrag, das Archiv des polnischen Instituts für Quellenforschung (PIZ), das sich in der Handschriftensammlung der Universitätsbibliothek in Lund befindet, durchzusehen. Das Archiv beinhaltet Zeugenberichte und anderes einmaliges Originalquellenmaterial von ehemaligen Häftlingen aus den nationalsozialistischen Konzentrationslagern, die im Frühjahr 1945 mit den „Weißen Bussen" des Schwedischen Roten Kreuz und mit den Transporten der UNRRA (United Nations Relief and Rehabilitation Administration – Die Nothilfe- und Wiederaufbauverwaltung der Vereinten Nationen) nach Schweden kamen. Es war meine Aufgabe, alle Dokumente mit einem jüdischen Bezug zu dokumentieren. Dieses Material war von einmaligem und unschätzbarem Wert.

Als die Idee, ein Buch zu schreiben, Gestalt annahm, tauchten gleichzeitig immer mehr Fragen auf. Kann man überhaupt über Verfolgung und Völkermord berichten, ohne beides selber erlebt zu haben? Wie gibt man die Berichte der Überlebenden so glaubwürdig wie möglich wieder, wie kann man das mitteilen, über das nicht direkt gesprochen wurde, weil die Worte dafür fehlten oder weil es zu schwer war, überhaupt darüber zu reden? Diese Fragen wurden nicht beantwortet. Damit ich selber verstehen konnte, sah ich ein, dass ich gezwungen war, nicht nur über die Ereignisse selber zu berichten, sondern auch versuchen musste, das in Worte zu fassen, was besonders schmerzte, und dass Wichtiges, was die ganze Zeit mit im Spiel war, meistens unausgesprochen blieb.

Mit der Zeit bekam ich zu vielen polnischen Juden Kontakt, die berichten wollten. Es war für mich nicht ganz unproblematisch, die entsprechende Form zu finden, um etwas über die Aussagen und Berichte dieser Augenzeugen zu schreiben. Oft berichteten die Zeugen nämlich äußerst sachlich und ohne Gefühlsäußerungen zu zeigen über ihre Erlebnisse. Da ich mich nicht mit wissenschaftlichen Untersuchungen und kritischem Journalismus befasse, will ich einen Schritt weitergehen. Ich will hier eine Betrachtungsweise hinzufügen, die allzu oft in diesem Zusammenhang vermieden wird. Ich will nicht nur von den Ereignissen selbst berichten, sondern auch über die Gefühle und das Leid dieser einzelnen Menschen, als sie sich den Entscheidungen der diktatorischen Machthaber ausgesetzt sahen, die ihr eigenes Leben vollständig zerstören sollten. Ich will versuchen die Gefühle dieser Menschen zu verstehen, ihnen wirklich nahe zu kommen, um nicht nur den Verlauf von Geschehnissen zu vermitteln, sondern auch über die Empfindungen derjenigen zu berichten, die einem derartigen Völkermord ausgeliefert waren. Dafür habe ich für dieses Buch nicht nur die Hauptpersonen befragt, sondern sie auch näher kennengelernt und hatte längere Zeit Umgang mit ihnen. Ich habe auf das gehört, worüber sie berichteten, aber auch auf all das geachtet, worüber sie nichts sagten. Ich glaube, dass ich sie am Ende soweit kannte, dass ich jedenfalls ein Teil von dem mitteilen konnte, was unausgesprochen blieb, weil darüber zu sprechen und die richtigen Worte zu finden, für sie zu schwer war. Neue Fragen tauchten ständig auf, das eine ergab sich aus dem anderen.

Gleichzeitig will ich einen Schritt weitergehen. Ich möchte auch über das Leben dieser Menschen in Polen sowohl vor dem Krieg wie auch unter der kommunistischen Diktatur nach dem Krieg berichten. Unter was für Verhältnissen lebte die jüdische Minderheit in den ersten Dezennien des 20. Jahrhunderts in Polen? Welche Ereignisse führten dazu, dass die Mehrzahl der polnischen Juden gezwungen war, gegen Ende der 60er Jahre ihr Heimatland zu verlassen? Wohin flüchteten sie und wo wurden sie aufgenommen? Welchen Standpunkt nahm die schwedische Regierung ein und was hatte sie bewogen, ihnen Asyl in Schweden zu gewähren?

Um auf diese Fragen Antworten zu bekommen, bin ich auch Dokumente durchgegangen, die in den Archiven der Ausländerkommission, des Außenministeriums, der Mosaischen Gemeinde, die sich alle im Riksarkivet in Stockholm befinden und die Hinweise auf die damalige Situation in Polen geben.

Viele der Personen, die ich befragt habe, hatten gewünscht, anonym zu bleiben und deswegen habe ich den Hauptpersonen in diesem Buch alte hebräische Namen gegeben. Auch eine Reihe anderer Namen wurde geändert. Um deren Identität zu schützen, wurden auch bestimmte Einzelheiten geändert. Die Interviews wurden redigiert und die mündliche Sprache wurde in Schriftsprache umgewandelt. Um es für den Leser einfacher zu machen und um über die Ereignisse – soweit wie möglich – in chronischer Reihenfolge zu berichten, wurden Mitteilungen auch systematisiert. Zugleich habe ich wichtige Fakten hinzugefügt, um so dem Leser ein Bild von der politischen und wirtschaftlichen Situation zu geben, die zur Zeit der Ereignisse herrschte. Um die Lektüre nicht zu erschweren, habe ich mich bewusst dafür entschieden, auf Fußnoten zu verzichten.

Die Menschen, die in diesem Buch über ihre Lebensschicksale berichten, vertreten eine alte europäische jüdische Kultur, die nicht mehr länger existiert. Aber es gibt etwas in mir, das diese alte Kultur, die vernichtet wurde und ein für alle Mal verschwunden ist, wieder entdecken will; etwas, das danach verlangt, das Schicksal dieser in Vergessenheit geratenen Menschen zu beleuchten. Erst wenn man sie in einen historischen Zusammenhang stellt, werden sie wieder lebendig und können uns so ihre Botschaft mitteilen. Es ist wichtig, sich daran zu erinnern.

Maria Vajta Klamer

Die Kapelle

Schweden 2003

Als ich in die kleine Kapelle kam, wurde ich sofort auf sie aufmerksam. Sie war in Schwarz gekleidet und saß in der ersten Reihe rechts. Hinter dem Trauerschleier konnte ich ihr Gesicht nicht erkennen, aber ihr schmerzerfülltes Weinen hörte ich umso deutlicher. Zwischendurch wurde es immer wieder von einem einzigen Ausruf unterbrochen – ich wusste nichts.

Die Luft in der Kapelle war so von Schmerz und Verzweiflung erfüllt, dass ich glaubte ersticken zu müssen. Ich hatte Mühe zu atmen und wollte eigentlich nur wieder raus. Es war so, als ob die wenigen Menschen, die in der Kapelle saßen, von der Trauer der Frau angesteckt wurden. Niemals zuvor hatte ich ein so starkes Mitgefühl für einen ganz fremden Menschen empfunden. Zugleich war ich unfähig ihr zu helfen. Es gab auch niemand anderen, der das konnte. Wer oder was kann schon den Schmerz einer Mutter lindern, die über ihr geliebtes Kind trauert?

Sie war nun fast neunzig Jahre alt geworden. Sie war eine alte Frau, die kaum noch gehen und auf ihren Beinen stehen konnte. Von den Anstrengungen der vielen Jahre war ihr Körper abgemagert, entkräftet und nach vorne gebeugt. Es waren nicht nur die Knie, die ihr Beschwerden bereiteten; sie war darüber hinaus auch Diabetikerin und hatte allzu oft Herzflimmern. Sie stand unter strenger Diät und folgte haargenau den Anweisungen ihres Arztes. Sie kontrollierte jeden Tag ihren Blutzucker und gab sich ihre Spritzen.

Normalerweise verließ sie niemals ihre kleine Einzimmerwohnung in Warschau, in der sie sie wohnte, seitdem der Krieg zu Ende war. Der Grund war, dass diese im dritten Stock lag und keinen Fahrstuhl hatte, und auch wenn sie Hilfe bekam, war es schwer, sich nach draußen zu begeben. Deswegen saß sie da geduldig, Tag für Tag, und schaute aus dem Fenster. Aber nun musste doch etwas passiert sein, das sie dazu veranlasst hatte, noch einmal ihre letzten Kräfte zu sammeln, um die lange Reise nach Schweden zu unternehmen. Auch wenn ihr Körper verbraucht war, umso willensstärker war ihre Seele. Sie war immer schon eigensinnig gewesen und wusste meistens, was sie wollte. Und nun war dies vielleicht die wichtigste Reise in ihrem Leben.

Sie wusste nicht, dass ihr Sohn an Krebs erkrankt war. Er wollte sie nur vor Unruhe bewahren, aber stattdessen bekam sie nun einen Schock, als der Telefonanruf kam. Er war in einem schwedischen Krankenhaus und lag im Sterben. Sofort hatte sie mit Hilfe eines Freundes Flugbillets bestellt und war nach zwei Tagen hier. Aber da war Adam schon gestorben. Sie sollte sich noch lange Vorwürfe machen, dass sie nicht früher erkannt hatte, dass er krank war. Sie war überzeugt, dass sie ihn noch hätte retten können, wenn sie nur davon gewusst hätte, genauso wie sie ihn während des Krieges in Warschau aus dem Ghetto gerettet hatte.

Sie weinte so hemmungslos, dass ich annahm, sie würde zusammenbrechen. Aber das geschah nicht. Als alles vorbei war, ging ich zu ihr hin und nahm sie schweigend in den Arm. Es gab keine Worte, die sie hätten trösten können. Und eigentlich ist es hier und in diesem Augenblick, wo dies alles nun ein Ende nahm – und zugleich diese neue Geschichte beginnt, denn es war bei diesem traurigen Anlass, dass ich Deborah zum ersten Mal begegnete. Es wurde der Anfang einer tiefen Freundschaft, die mich nach und nach veranlassen sollte, über ihr tragisches Lebensschicksal und das weiterer polnischer Juden zu berichten.

Historischer Hintergrund

Zu Beginn des 20. Jahrhunderts trugen wirtschaftliche, soziale und politische Ereignisse zu einem zunehmenden Antisemitismus in Europa bei. Im Vertrag von Versailles, der 1919 unterzeichnet wurde, wurde Deutschland auferlegt, Kriegsentschädigungen zu zahlen, die als unverhältnismäßig hoch angesehen wurden. Auch sollte das Land für hohe Wiederaufbaukosten in Frankreich und Belgien aufkommen. Es wurde auch darüber diskutiert, wer die moralische Verantwortung für den Krieg trug. Viele gaben Deutschland die Alleinschuld, was dort zu einem kollektiven Bewusstsein von Niedergeschlagenheit und Verzweiflung führte.

Vor dem Hintergrund dieser Situation entstand ein politischer Revanchismus. Die Deutschen fanden, dass sie ungerecht behandelt wurden. In konservativen und militärischen Kreisen wurde das Gerücht verbreitet, dass der Waffenstillstand von 1918 von sozialistischen Politikern mit verursacht worden war. Die Dolchstoßlegende, die besagte, dass die deutsche Armee in Wirklichkeit unbesiegt war und hinterrücks von Politikern und Juden verraten wurde, gewann immer mehr an Glaubwürdigkeit. Die vorherrschende und allgegenwärtige Zersplitterung der Parteien brachte es gleichzeitig mit sich, dass es die Weimarer Republik schwer hatte, das Land zu regieren. Die Voraussetzungen für ein politisches Einvernehmen und eine funktionierende Demokratie waren begrenzt. Der Antisemitismus gewann immer mehr und schneller an politischer Bedeutung.

Diese Umstände führten dazu, dass der Nationalismus zunehmend stärker wurde. Als Hitler Anfang 1920 in die Partei eintrat, wurde er fast umgehend der Agitator und die führende Kraft, die Europa das germanische Erbe wieder zurückbringen wollte. Er übernahm die Führung und diktierte sein Parteiprogramm, das auf Antisemitismus und Rassenbiologie beruhte. Dem allen wurde nun eine wissenschaftliche Begründung gegeben, welche die alten Mythen hervorhob und besonders den Antisemitismus betonte. Jahrhunderte lang hatte der Antisemitismus Europa religiös geprägt. Durch die Rassenbiologie bekam er nun eine wissenschaftliche Begründung, die behauptete, dass es entscheidende Unterschiede zwischen Juden und Nichtjuden gab. Die Vorurteile, die es immer schon gab, wurden deswegen nun immer stärker und der Antisemitismus fand auch in der breiten Bevölkerung einen immer größeren Zulauf. Langsam aber sicher nahm der Antisemitismus in ganz Europa zu.

Nach dem großen Börsenkrach von 1929 stieg die Anzahl der Mitglieder in der NSDAP. Die Wahlpropaganda und Hitlers Auftreten hatten durchschlagenden Erfolg. Wiederum wurde die Schuld an der Krise den Juden gegeben und Hitler präsentierte sich als der Retter der Nation, obwohl die Ideologie der Nationalsozialisten im Widerspruch zu Liberalismus und Demokratie stand.

Hitler verbreitete seine Vorstellungen und festigte seine Position weiter; 1933 kam er an die Macht. Mit seiner geschickten Rhetorik begeisterte er in seinen Reden die Volksmassen und begann mit einer Politik, die systematisch einen rassenbiologischen Antisemitismus betrieb und viele Juden zur Emigration zwang. Deutschland sollte frei von Juden werden – „judenfrei".

Ab 1933 wurden die Verfolgungen und Schikanen gegen Juden intensiviert und verschärft. Im Herbst 1935 wurde in Nürnberg der Reichsparteitag einberufen und es wurden die *Nürnberger Gesetze* verabschiedet. Das Ziel dieser Gesetze war, eine gesetzliche Grundlage und die entsprechenden Mittel für die Aussonderung der Juden zu schaffen. Man kennzeichnete jetzt Juden, um sie von anderen zu unterscheiden und sie zwingen konnte zu emigrieren. Somit beruhten nun die Verordnungen teils auf der rechtlichen Stellung der Juden in Deutschland, teils auf der Theorie der Reinheit des arischen Blutes. Dies war der erste große Schritt der nationalsozialistischen Politik gegen die Juden. Dem sollten die Errichtung von Ghettos und schließlich die physische Vernichtung folgen.

Viele Juden trafen die Wahl zu emigrieren, u.a. in die USA, nach Frankreich und nach Großbritannien, aber die anderen, die freiwillig oder unfreiwillig in Deutschland blieben, wurden Opfer eines immer mehr zunehmenden Antisemitismus. Im weiteren Verlauf wurde den Juden die Möglichkeit genommen, sich selber zu versorgen. Sie wurden bettelarm und zudem noch beschuldigt, sich selber in Armut und Elend gebracht zu haben. Die Verfolgungen nahmen immer mehr zu mit dem Ziel, diejenigen, die noch in Deutschland waren, so sehr einzuschüchtern, dass sie das Land verließen. Die Gewalttaten und Zerstörungen während der Kristallnacht im November 1938 erregten große Aufmerksamkeit in der ganzen Welt. In Schweden war man bemüht, diese Taten eher zu bagatellisieren, weil das nicht mit vergangenen Ereignissen und dem traditionellen Bild übereinstimmte, das man von Deutschland hatte.

Zu dieser Zeit war Polen das bedeutendste Zentrum jüdischer Kultur in Europa. Unmittelbar vor dem Ausbruch des 2. Weltkriegs lebten rund 3½ Millionen Juden in Polen. Die jüdischen Minderheiten waren über das ganze Land verteilt, die Juden lebten in bestimmten Gegenden und in Großstädten oder in ihrem *Schtetl*, kleinen Orten oder Dörfern mit manchmal bis zu 80 oder 90% jüdischer Bevölkerung. Warschau war die Stadt in Europa und die zweite in der Welt nach New York, die den höchsten Anteil an jüdischer Bevölkerung hatte.

Während der 30er Jahre war die Arbeitslosigkeit in Polen hoch und die Armut und die Gegensätze zwischen den verschiedenen Bevölkerungsgruppen waren tief. Die Juden waren meistens als Industriearbeiter vor allem in kleinen Betrieben beschäftigt, viele von ihnen in der Textilindustrie. Andere bestritten ihren Unterhalt als Handwerker oder betrieben kleinere Unternehmen ohne Angestellte. Diejenigen, die sich in freien Berufen betätigten, arbeiteten vor allem als Ärzte, Verleger oder Journalisten. Aber als Minderheit wurden sie in der Folgezeit mehr und mehr benachteiligt, nachdem die *Sanacja*-Regierung mit Jósef Piłsudski an der Spitze nach einem Staatsstreich 1926 die Macht übernommen hatte. Es wurden besondere Steuern gerade für die Berufe eingeführt, in denen vor allem Juden tätig waren, obwohl sie rein formell weiterhin dieselben Rechte hatten wie alle anderen Einwohner im Land.

Das soziale und kulturelle Leben unter den Juden blühte unterdessen auf. Es wurden jüdische Bücher, Tageszeitungen und Zeitschriften auf Polnisch, Hebräisch und Jiddisch herausgegeben. Mehrere Theatergruppen spielten auf Jiddisch. Viele Juden waren politisch aktiv und kämpften für sehr unterschiedliche Ideologien. Während die Anhänger der säkularen jüdischen Vereinigung „Bund“ Sozialismus und Demokratie in Polen anstrebten, redeten die Zionisten von einem selbständigen Judenstaat in Palästina. Neben diesen Gruppen, die oft einen harten Kampf gegeneinander führten, gab es andere stark traditionell eingestellte orthodoxe Juden oder Juden, die sich beispielsweise in nicht-jüdischen sozialistischen und kommunistischen Parteien engagierten, die den Klassenkampf in den Mittelpunkt stellten. Andere wiederum setzten sich für die eigene Kultur ein und widersetzten sich der Assimilation.

Trotz der vielen Unterschiede in Ansichten und Lebensweise blieb der größte Teil der polnischen Juden eine deutlich zu unterscheidende Gruppe in Polen. Diejenigen, die keinen äußerlich wahrnehmbaren Unterschied zeigten, wie z.B. etwa in ihrer Kleidung, konnten meistens von vielen Polen daran erkannt werden, dass sie Jiddisch sprachen. Selbst wenn sie auch Polnisch sprachen, so war das doch meistens mit einem gewissen Akzent und mit einer Körpersprache, wie sie nur Juden verwendeten. Es gab auch einen kleinen Anteil von Juden, der zur polnisch-jüdischen Intelligenz gehörte. Diese Juden waren vollkommen assimiliert und sprachen Polnisch ohne Akzent.

Während der 30er Jahre entwickelte sich die *Sanacja*-Regierung mehr und mehr zu einer Militärdiktatur. Der Traum von einem Leben in einer offenen Gesellschaft wurde schnell zunichte gemacht, nicht nur für die Juden, sondern auch für viele andere, die in Polen lebten. Der Anteil der Juden an den Universitäten wurde begrenzt, jüdische Geschäfte wurden boykottiert und geplündert, die Gewalt gegen Juden nahm zu. Während der wirtschaftlichen Krise in den 30er Jahren lebte etwa ein Drittel der polnischen Juden und auch ein großer Teil der polnischen Bevölkerung in großer Armut.

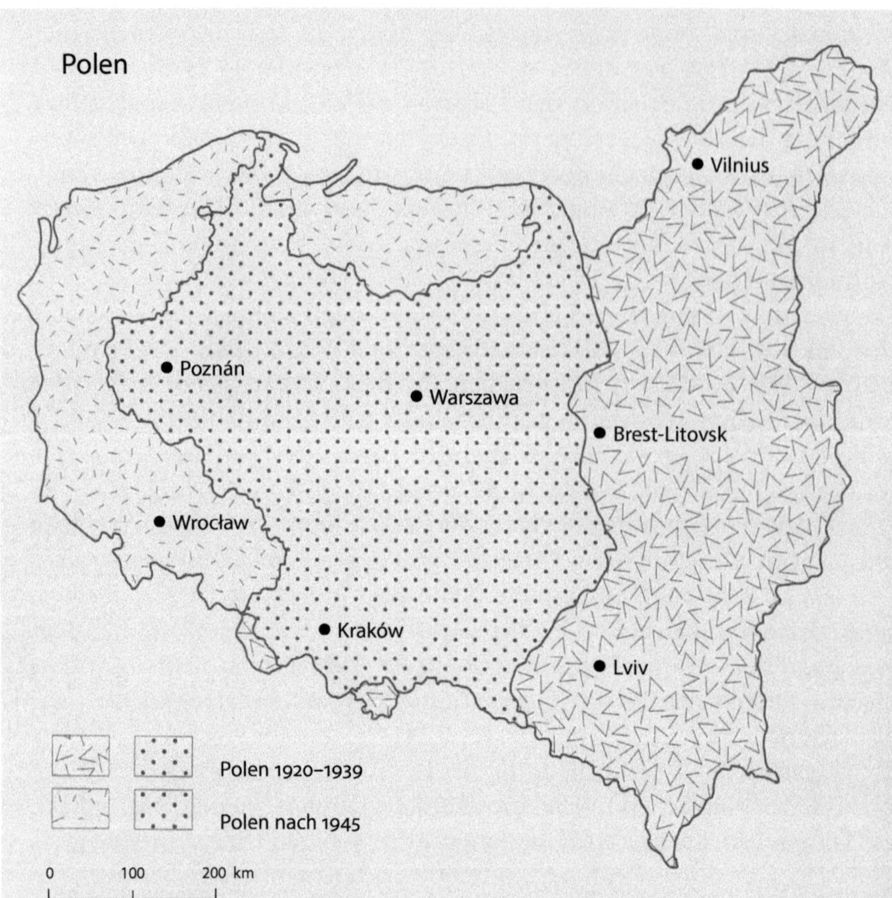

Im Sommer 1939 schlossen Hitler und Stalin den Nichtangriffspakt. Hitler wollte sicher gehen, dass er Polen angreifen konnte, ohne ein Eingreifen der Sowjetunion zu riskieren. Gleichzeitig war es auch Stalins kurzfristiges Ziel, seinen Machtbereich nach Westen zu verschieben und auf jeden Fall den Zeitpunkt für einen deutschen Angriff zu verzögern.

Der Molotow-Ribbentrop-Pakt beinhaltete nicht nur Vereinbarungen über gute Beziehungen, sondern auch den Vertrag über die Aufteilung Polens. Die Sowjetunion sollte die östlichen Teile bekommen, während Deutschland die Oberherrschaft über die westlichen und mittleren Teile erhalten sollte. Am 1. September 1939 begann Hitler den Überfall auf Polen und damit war die Entscheidung zum 2. Weltkrieg getroffen. Am 17. September griff Stalin Polen von Osten an. Polen wurde zwischen Deutschland und der Sowjetunion aufgeteilt.

Als sich 1945 der Frieden über die Schlachtfelder legte, waren sechs Millionen polnische Bürger, die Hälfte davon Juden, umgekommen oder von den Nationalsozialisten ermordet worden, die meisten in den Vernichtungslagern, die auf dem besetzten polnischen Territorium eingerichtet worden waren. Gleichzeitig waren mehrere weitere Millionen Menschen in Stalins Arbeitslager, die Gulags, deportiert worden, wo Unzählige ihr Leben verloren. Insgesamt wurden durch den Krieg über 60 Millionen Menschen hinweggerafft, davon sechs Millionen Juden.

Während des Krieges nahmen die Aktionen gegen Juden zu. Die öffentliche Meinung in Schweden verhielt sich überraschend gleichgültig, obwohl es Berichte und Informationen über Massenhinrichtungen gab. Erst nach Bedrohung der dänischen und norwegischen Juden 1942 und 1943 wachte man in Schweden auf und leitete Rettungsmaßnahmen ein.

Schweden blieb nicht von antisemitischen Stimmen verschont, obwohl die Juden nur eine kleine Minderheit ausmachten und weitgehend assimiliert lebten. Man war sich einig, durch einen Reichstagsbeschluss Anfang der 20er Jahre ein Institut für Rassenbiologie einzurichten. Die Forschungen des Instituts befassten sich allmählich mehr und mehr mit gefährlichen rassenhygienischen Untersuchungen. Es wurden auch mehrere Versuche unternommen, antisemitische Parteien zu gründen, die aber nicht lange überlebten. Hatte der Antisemitismus zunächst religiöse Ursachen, entstand nun in Schweden eine neue Form von Antisemitismus, der auf rassenhygienischen Argumenten beruhte. Gleichzeitig betrieb Schweden eine Asylpolitik, die es im Prinzip verhinderte, dass Juden anderer Länder Zuflucht im Land erhielten.

So gab es zu Anfang 1939 in gewissen Gruppen der Gesellschaft, u.a. bei Ärzten und Studenten, einen deutlichen Widerstand gegen die Einwanderung von jüdischen Flüchtlingen nach Schweden. Es kam zu antisemitischen Protesten bei Studentenveranstaltungen in Uppsala, Lund und Stockholm und die Aktionen fanden große Aufmerksamkeit in der Presse. Bei den intensiven Debatten um die jüdische Einwanderung hörte man sowohl fremdenfeindliche wie auch antisemitische Stimmen.

Somit wurde in Schweden schon vor Ausbruch des 2. Weltkriegs eine eher restriktive Flüchtlingspolitik betrieben. Die Bildung einer öffentlichen Meinung während des Krieges in Schweden wurde darüber hinaus auch dadurch behindert, dass der Nachrichtenfluss in gewisser Weise sowohl von deutschen Nachrichtenagenturen und Behörden, die bestimmte Informationen unterdrückten, gesteuert wurde, wie auch von der schwedischen Mehrparteienregierung, deren wichtigstes Ziel es war, Schweden aus dem Krieg herauszuhalten.

Erst im Sommer 1942 schien die Leitung des Außenministeriums die Tragweite und das Ausmaß der deutschen Vernichtungspolitik zu erkennen. Die Deportation der norwegischen Juden im Herbst 1942 und besonders die Bedrohung der dänischen Juden einige Monate später führte zu einer deutlichen Änderung der schwedischen Politik. Ein wichtiger und entscheidender Wendepunkt war somit erreicht. Rettungsaktionen, zunächst in kleinerem Maßstab, dann in immer größerem Umfang, wurden eingeleitet. Das Außenministerium ergriff nun inoffiziell eine Anzahl von Maßnahmen, um norwegische Juden zu retten. Schwedische Diplomaten verhandelten sowohl in Oslo wie auch in Berlin und überzeugende Argumente wurden vorgebracht, um Gruppen von Juden wie auch einzelne Juden zu retten. Als Dänemarks Juden deportiert werden sollten, war Schweden gut vorbereitet. Die Mehrparteienregierung bot allen dänischen Juden Zuflucht in Schweden an. Sie flohen in kleineren und größeren Booten über den Sund.

In diesem Buch berichten fünf polnische Jüdinnen und Juden über ihre ganz unterschiedlichen Lebensschicksale. Isaac und Deborah haben die Hitler-Diktatur überlebt. Samuel und Hanna überlebten die Diktatur Stalins. Des Weiteren erzählt Victor, wie zwischen 1968 und 1972 die polnische kommunistische Partei über 20 000 Jüdinnen und Juden gezwungen hat, ihr Heimatland Polen als staatenlose Flüchtlinge zu verlassen.

Isaac wurde in verschiedene Arbeits- und Konzentrationslager deportiert, wo er unter unmenschlichen Verhältnissen leben und arbeiten musste. In der Endphase des Krieges schickte man ihn während des Winters zusammen mit seinen Mitgefangenen auf einen achtwöchigen „Todesmarsch“. Er wurde gerettet und kam mit den „Weißen Bussen“ 1945 nach Schweden. Deborah überlebte dadurch, dass sie mit ihrem Kind aus dem Warschauer Ghetto fliehen und sich auf der arischen Seite versteckt halten konnte.

Samuel wurde vom sowjetischen Militär nach Sibirien in Arbeitslager (Gulags) deportiert, wo er dann ebenfalls gezwungen wurde unter unmenschlichen Bedingungen zu arbeiten. Hanna flüchtete in Richtung Osten, zunächst bis Minsk, aber als sich die deutschen Truppen der Stadt näherten, begab sie sich von Neuem auf die Flucht, die sie erst beendete, als sie in Magnitogorsk am Fuß des Ural-Gebirges angekommen war, dort wo Europa auf Asien aufeinandertreffen. Jetzt befand sie sich 250 Meilen (2500 km) von Warschau entfernt.

Nach dem Krieg gingen Hanna und Samuel nach Polen zurück, wo sie – ebenso wie Deborah mit ihrem Kind – gegen Ende der 60er Jahre einer der schlimmsten antisemitischen Kampagnen der Kommunisten ausgesetzt waren. Das hier sind ihre Berichte.

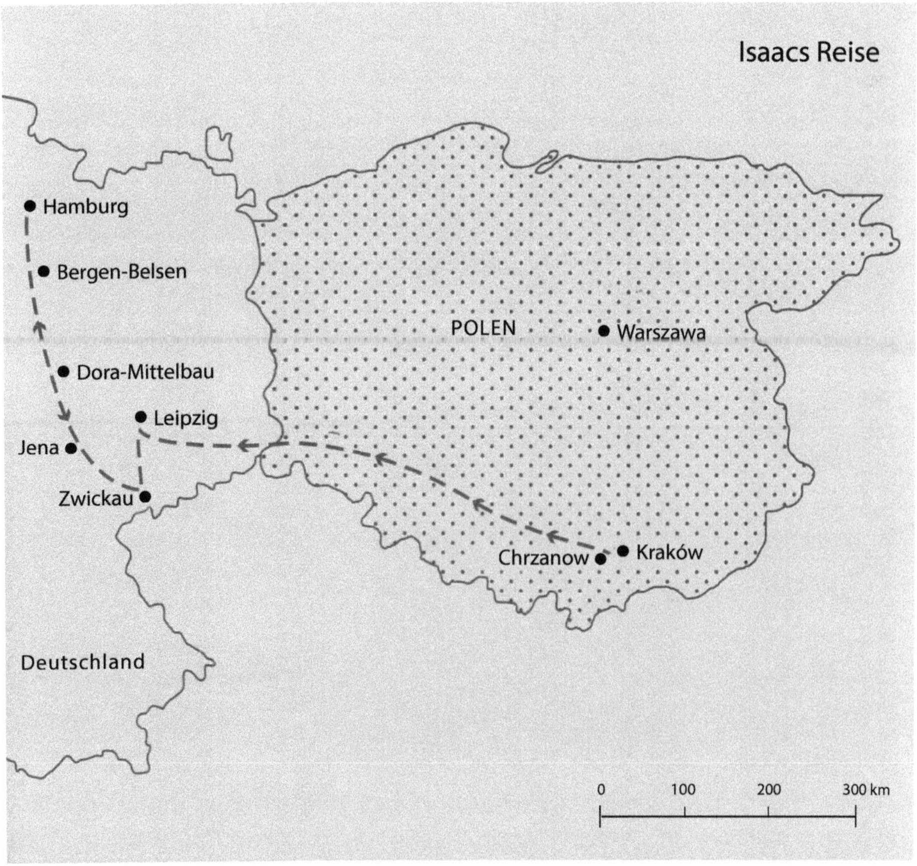

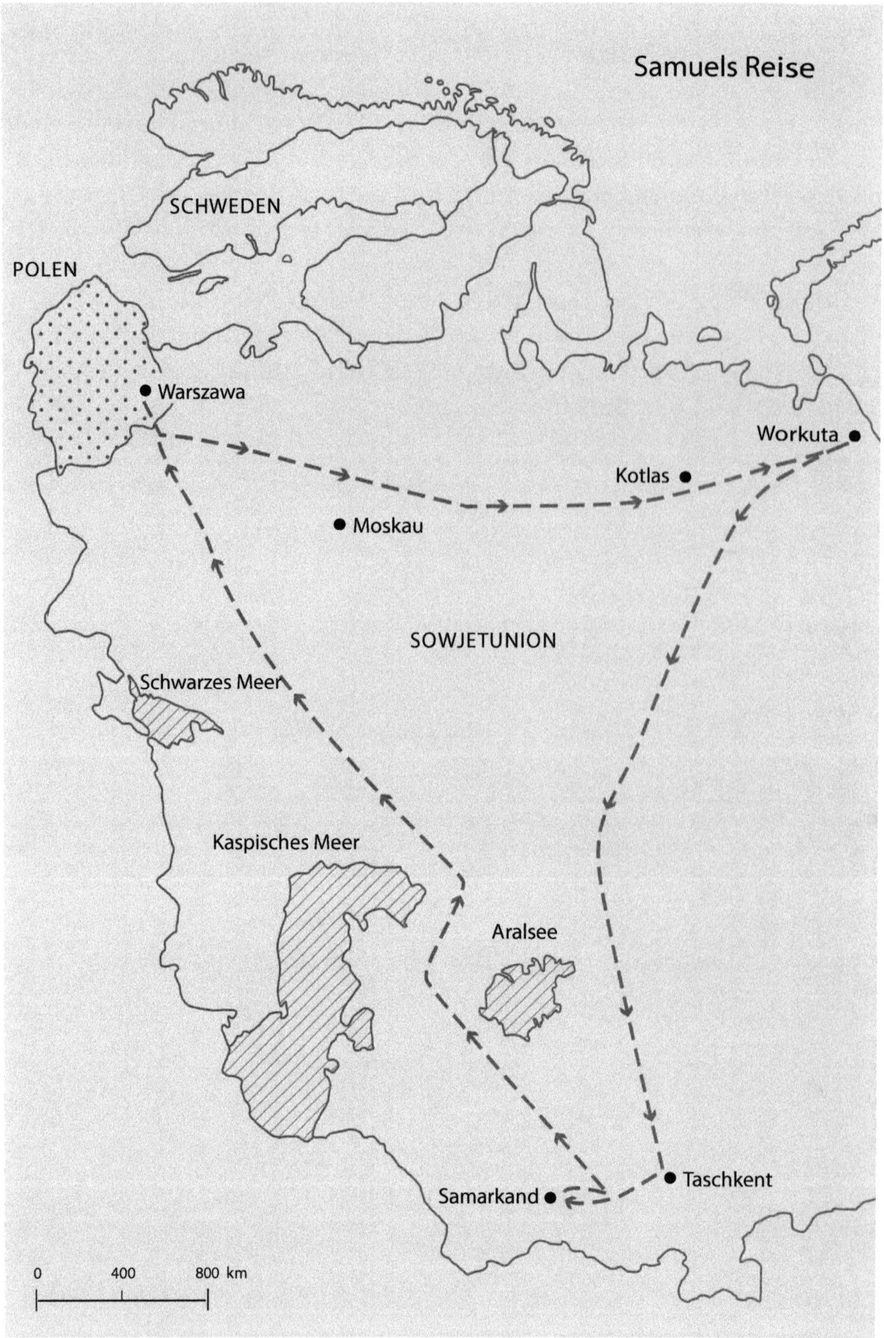
Samuels Reise
SCHWEDEN
POLEN
Warszawa
Workuta
Kotlas
Moskau
SOWJETUNION
Schwarzes Meer
Kaspisches Meer
Aralsee
Taschkent
Samarkand
0
400
800 km

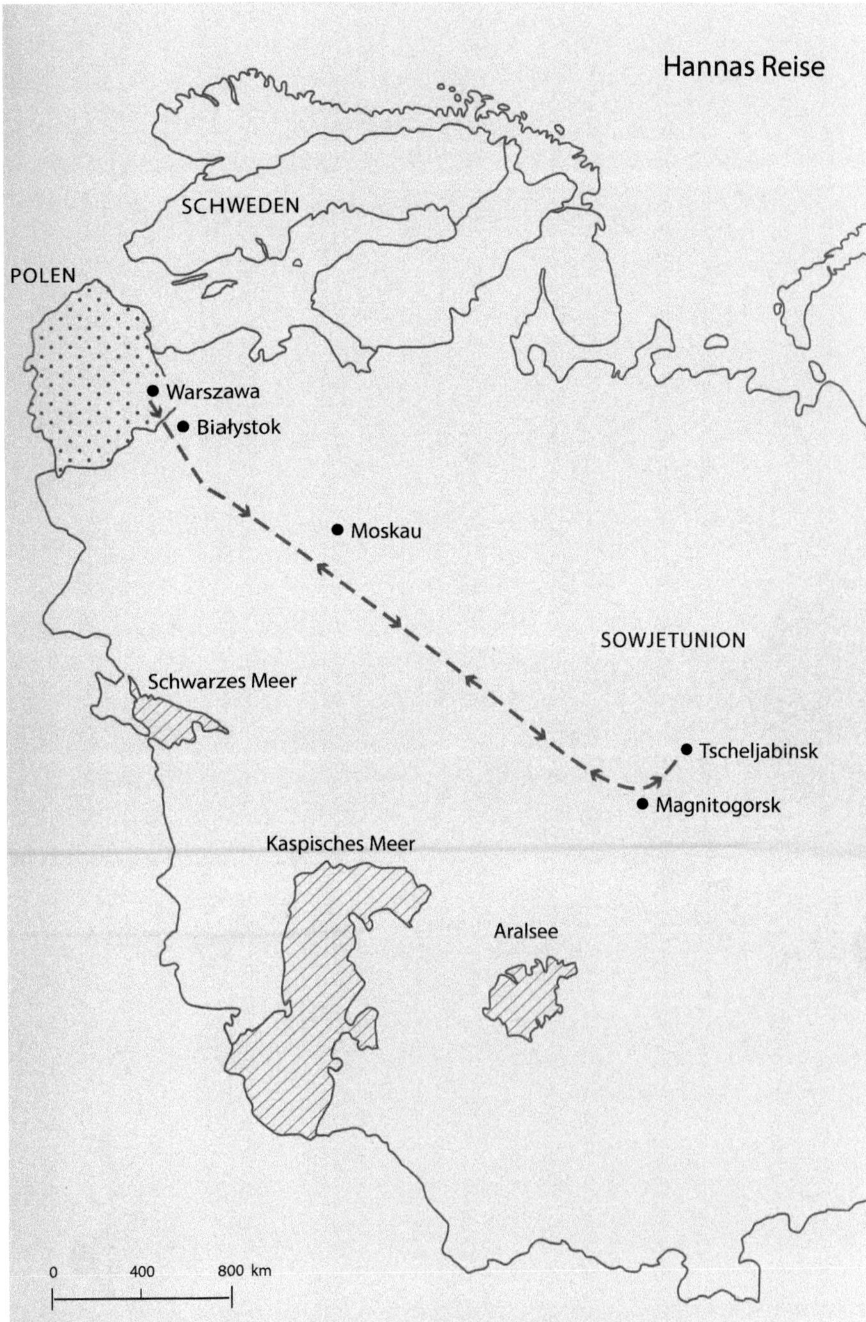
Hannas Reise
SCHWEDEN
POLEN
Warszawa
Białystok
Moskau
SOWJETUNION
Schwarzes Meer
Tscheljabinsk
Magnitogorsk
Kaspisches Meer
Aralsee
0
400
800 km

Isaac

Die Hinrichtung durch den Strang

Der Strick wurde den zum Tode Verurteilten um den Hals gelegt. Dann zog man die Holzgerüste unter ihren Füßen weg und die sieben Juden hingen in der Luft. Alles war still. Aus der Menschenmenge auf dem Marktplatz hörte man keinen Laut ... Und dann – ganz unerwartet – ertönte Marschmusik aus Lautsprechern. Das war am 29. April 1942 in der kleinen Gemeinde Chrzanow im südwestlichen Polen.

Es fällt Isaac schwer darüber zu berichten. Er meint, dass die, die nicht mit dabei waren, es nicht verstehen können. Diese Jahre, in denen Krieg herrschte, nennt er „die sechs dunklen Jahre". Von Anfang an waren da Gewalt, Mord, Bedrohung, Folter und Erniedrigung. Und alles geschah Tag für Tag und mit voller Absicht. Monat für Monat. Angst und Schrecken folgten den Menschen wie ein Schatten. Isaac war überzeugt, dass das niemals enden würde. In der ersten Zeit nahm er alles hin wie eine Herausforderung, aber als dann alles so weiterging, wurde ihm bewusst, dass seine einzige Chance zu überleben darin bestand, nicht besonders in Erscheinung zu treten und sich so unauffällig wie möglich zu verhalten.

Als der Krieg ausbrach, lebte Isaac in Chrzanow, einer kleinen Stadt an der Landstraße zwischen Kattowitz (Katowice) und Krakau. Es war ein typisches kleines *Schtetl,* von denen es so viele im Vorkriegspolen gab. Von den fünfzehntausend Ortsbewohnern waren dreizehntausend Juden. Er gehörte zu einer großen Familie mit Mutter, Vater und neun Geschwistern.

Sie hatten eine kleine Schuhmacherwerkstatt, die direkt neben der kleinen, engen Wohnung der Familie lag. Sein Vater war der Vierte in einer Generation von Schuhmachern. Schon als er noch klein war, hatte sein Vater lange Tage in der Werkstatt mit Isaacs Großvater zugebracht. So hatte er sich mit der Zeit beigebracht, wie man mit Pechdraht umgeht und Flicken unter alte Schuhe näht. Der Vater war mit seinem Handwerk zufrieden. Er war ein ehrlicher und geschickter Handwerker, der Schuhe für Junge und Alte, für Arme und

Reiche anfertigte. In den Regalen standen Hunderte von Schuhen aufgereiht. All die Jahre hindurch waren es lange Arbeitstage, an denen er auf seinem Schemel saß, über seine Arbeitsbank gebeugt, unter einer dicken braunen Lederschürze, die fast die ganze Brust bedeckte und sich noch um seine Beine wickelte. Isaac liebte es, neben seinem Vater zu spielen, wenn dieser Felle, Leder oder Sohlen zuschnitt, aus denen dann neue Schuhe entstehen sollten, oder wenn er abgetragene Schuhsohlen wieder unter verschlissene Stiefel klebte. Sein Vater reparierte kaputte Stiefel und zog allzu enge Schuhe auf Leisten. In Isaacs Phantasie wurden die Schuhe lebendig. Sie tanzten, stampften im Schnee herum, stritten miteinander, gehörten einem König oder einem Habenichts. Erst viel später verstand er, dass die alten selbst hergestellten und abgenutzten Werkzeuge von einer emsigen und beharrlichen Arbeit während vieler Jahre Zeugnis ablegten.

Isaacs Mutter war eine kleine, dünne Frau. Als sie neun Jahre alt war, starb ihr Vater und sie musste die Verantwortung für ihre jüngeren Geschwister übernehmen, während ihre Mutter arbeiten ging, um die Familie zu versorgen. Sie konnte deswegen keine Schule besuchen und konnte auch nicht lesen. Aber darüber war sie niemals verbittert oder traurig. Sie fühlte sich auch nicht anderen unterlegen, sondern war der Ansicht, dass jeder seine bestimmte Aufgabe im Leben hat. Sie war zufrieden und meinte, dass sie es alle gut hätten.

Isaacs Eltern waren tief religiös und deswegen wurden alle Brüder schon als Dreijährige zur *Cheder*, der jüdischen Religionsschule, geschickt. Schon vom frühen Alter an lernten die Jungen dort gewöhnlich Hebräisch und sie bekamen Unterricht in jüdischer Religionslehre. Die Mädchen wurden von ihren Müttern unterrichtet. Zeitig am Morgen gingen die Jungen zur *Cheder*, danach zur kommunalen Schule und dann wieder zurück zur *Cheder*. Zusammen mit anderen Kindern gingen sie manchmal zu Frauen, die gerade entbunden hatten, um dort Gebete zu rezitieren. Warum das alles so war, das wusste Isaac nicht. Als er einmal den Rabbiner fragte, warum Abraham ein Jude sei und Sarah nicht, bekam er statt einer Antwort eine Ohrfeige. Zu Hause machte sein Vater die Feststellung, dass er wohl doch niemals Rabbiner würde und deswegen auch nicht weiter zur *Cheder* zu gehen brauche.

Schon als Zehnjähriger engagierte sich Isaac in einer zionistischen Organisation, die für einen freien jüdischen Staat kämpfte. Er war davon überzeugt, dass hier die Zukunft der Juden liegt. Am 1. Mai 1931 demonstrierte er und rief „Befreit Palästina"! Als der 2. Weltkrieg ausbrach, war er neunzehn Jahre alt. Fast zwei Jahre lang war es ihm gelungen, sich dem Transport in ein Arbeitslager zu entziehen. Aber dann kam doch der Tag, an dem auch er gezwungen wurde, Chrzanow zu verlassen. Deutsche Soldaten nahmen Isaac Ende Mai 1942 fest.

Die Hinrichtung der sieben Juden war der Auftakt für Isaacs Verhaftung. Mit großem Pomp und Staat hatte die Gestapo mit dieser Aktion ein besonderes Spektakel veranstaltet, einerseits um den Juden Angst und Schrecken einzujagen, andererseits um schon jetzt deutlich zu machen, dass die Juden später einmal liquidiert werden sollten. Die Stadt sollte judenfrei werden. Männer der Gestapo fuhren mit ihren Autos herum, auf denen Lautsprechern befestigt waren, und posaunten heraus, dass heute sieben Juden, morgen mehrere hundert und übermorgen alle Juden gehenkt werden würden. Zum ersten Mal glaubte Isaac nun einsehen zu müssen, dass sie nur eine ganz geringe Chance hatten, aus alledem lebend herauszukommen. Das war ein schrecklicher Gedanke, den er die ganze Zeit über zu verdrängen versucht hatte. Er war jung und wollte sein Leben leben. Er versuchte sich einzureden, dass er übertreibe und dass bald alles wieder so werde, wie es vorher war. Die Familie käme wieder zusammen und der Vater würde wieder auf seinem Schemel in der Werkstatt sitzen und die Kinder würden wieder das vertraute Hämmern hören. Das, was jetzt passierte, sollte nur eine kleine, wenn auch sehr unangenehme Episode in seinem Leben bleiben. Aber je mehr er von diesem Gedanken loskommen wollte, desto tiefer setzte sich dieser in ihm fest. Am Schluss dachte er an nichts anderes mehr. Diese Vorstellung begann ihn innerlich zu zerfressen.

Kurz nachdem die Deutschen in Chrzanow einmarschiert waren, wurden die Juden aufgefordert, einen Judenrat zu bilden, ein jüdisches Komitee, das für die Verwaltung der jüdischen Bevölkerung verantwortlich sein und die Befehle der Nationalsozialisten ausführen sollte. Ähnliche Komitees wurden auch in allen anderen Städten gebildet. Auf diese Weise wurden die Fragen und Angelegenheiten der Juden von Juden selber geregelt und verwaltet, aber unter Kontrolle der deutschen Besatzung. Eine Aufgabe des Judenrats war es, u.a. alle Juden mit Kennkarten, einer Art Legitimation, und mit Lebensmittelkarten zu versehen. Weiterhin sollte darauf geachtet werden, dass jeden Tag immer eine Anzahl Juden zur Verfügung stand, die von den Deutschen für verschiedene Arbeiten herangezogen werden konnte.

Zwei Tage vor der Hinrichtung durch den Strang verlangte die Gestapo vom Judenrat, soviel Legitimationskarten wie möglich einzuziehen. Es wurde mitgeteilt, dass diese gestempelt und dann nach der Hinrichtungsaktion wieder zurückgegeben würden. Isaac arbeitete in der Stadtverwaltung und hatte ein *Sonder*, eine Arbeitsbescheinigung, bekommen. Er schippte im Winter Schnee, fegte die Straßen, lud Kohlen und andere Waren aus. Manchmal wurde er auch zu den deutschen Soldaten geschickt, die in dem Gebäude einquartiert waren, das früher ein jüdisches Heim für elternlose Kinder war. Dort musste er den Boden scheuern, die Toiletten reinigen, die Stiefel der Deutschen putzen. Dafür bekam er zwei Mark am Tag.

Isaac hatte also ein *Sonder* und so etwas war sehr begehrt. Wenn man nachweisen konnte, dass man eine Arbeit hatte, war das Risiko, in ein Lager deportiert zu werden, etwas geringer, aber das war natürlich keine Garantie dafür, dass man davonkommen würde. Ob man deportiert wurde oder nicht, war oft von dem Gutdünken und der Willkür der jüdischen Polizei oder der Deutschen abhängig. Die jüdische Polizei war dafür verantwortlich, die Ordnung aufrecht zu erhalten und dafür zu sorgen, dass die Befehle der Nazis ausgeführt wurden. Sie mussten auch Steuern eintreiben und bestimmtes Eigentum beschlagnahmen. Unter der jüdischen Polizei waren manche schlimmer als die Deutschen. Einer von denen war Szlamek Stanner. Er hatte vor nichts und niemandem Respekt, er konnte sowohl auf Junge wie auf Alte einschlagen und mit Verhaftung und Arbeitslager drohen. Auch betrieb die jüdische Polizei Schwarzhandel mit Waren. Weiterhin war es ihre Aufgabe, auf Juden für die verschiedenen Arbeiten zuzugreifen, den Deutschen bei Razzien und Denunziationen zu helfen und den Verkehr auf den Straßen zu kontrollieren.

An allen Straßenecken und Übergangsstellen hatten die Deutschen gelbe Striche aufgemalt und die Einwohner waren gezwungen, nur dort die Straßen zu überqueren. Für viele war das ungewohnt, besonders für die älteren Leute. Eines Tages kam Isaacs Mutter ganz verzweifelt nach Hause und jammerte, dass dafür, dass sie nicht an der richtigen Stelle über die Straße gegangen sei, zwei Mark bezahlen musste.

Nun hatte der Judenrat die Legitimationskarten eingesammelt. Das war eine Methode, die Juden zu zwingen, bei der Hinrichtung anwesend zu sein. Diejenigen, die nicht zum Marktplatz an Krzyskastraße gegangen waren, bekamen ihre Legitimationskarten nicht zurück. Wenn jemand bei einer späteren Gelegenheit mit seiner Karte ohne Stempel angetroffen wurde, hieß das, dass der Inhaber nicht der Anordnung Folge geleistet hatte und somit betraft werden konnte.

Die zum Tode Verurteilten waren der alte Bäcker Gerstner und seine beiden Söhne Chaim und Shimon. Er war bekannt unter dem Namen *Reb Sruel der Beker*, Bäcker Sruel. Er besaß zwei Backöfen in der Bolinskastraße, in dem einen backte er das Jahr über das gewöhnliche Brot, in dem anderen das ungesäuerte *Matzebrot* für das *Pessach*-Fest. Um das Leben der jüdischen Bevölkerung zu erschweren, bestand eine der von den Deutschen erlassenen Vorschriften darin, dass das Backen von Brot nur zu bestimmten Zeiten erlaubt war. Ein Pole hatte bei der Gestapo angezeigt, dass er Rauch aus dem Schornstein zu einer Zeit gesehen habe, in der es verboten war Brot zu backen. Eine Woche vor der Hinrichtung hatten die jüdischen Polizei und die Gestapo die drei Männer verhaftet.

Bei Fiszel Wajsberger hatte die Polizei etwas Kaffee gefunden, bei Izrael Szpangele Lauch und Petersilie. Ein jüngerer Mann aus dem nahegelegenen Dorf Olkusz hatte ein Stück Wurst. Der überall bekannte Händler Izrael Frisch war wegen sogenannter illegaler Geschäfte angeklagt. Das seien schwere Verbrechen, meinte die Gestapo und verurteilte sie alle zum Tode.

Mit schwerem Herzen und bedrückenden Gedanken näherten sich die Juden dem Marktplatz, wo die Hinrichtung stattfinden sollte. Isaac ging zusammen mit seinen Arbeitskameraden und fragte sich, wer wohl das nächste Opfer sein könnte, vielleicht er selber. Niemals vorher war ihm sein Körper so schwer vorgekommen. Alles in ihm war in Aufruhr, aber er konnte sich beherrschen. Nicht nur um seine Legitimationskarte zurückzubekommen, dachte er, sondern vor allem wegen seiner zum Tode verurteilten Mitbrüder müsste er dabei sein. Sie sollten nicht einsam sterben. Gegen seinen Willen fühlte er, wie er in einen Albtraum hineingezogen wurde und wünschte nichts anderes mehr, als daraus wieder zu erwachen. Er war nicht furchtsam, aber entsetzt und wie vor Schreck gelähmt.

Mit ihren auf die Menschen gerichteten Gewehren hatten sich SS-Soldaten in ein paar Meter Abstand den Marktplatz herum aufgestellt. Bei den Bäumen hatte man für die Verurteilten Galgen aufgerichtet und von diesen hingen sieben dicke Stricke. Vor dem vordersten Galgen standen deutsche Offiziere in feldgrauen Paradeuniformen, die schon von weitem Macht und Autorität ausstrahlen sollten. Die Uniformen waren sorgfältig und genau geschnitten und forderten Respekt und sollten Angst einflößen. Auf den Kragenspitzen und den Ärmeln befanden sich verschiedene Abzeichen, an denen diejenigen, die Bescheid wussten, erkennen konnten, welchen Rang die Träger innerhalb der SS hatten. Um den Oberarm trugen sie ein rotes Armband mit einem schwarzen Hakenkreuz auf einem runden weißen Untergrund. Auf der Vorderseite der Schirmmütze gab es das Totenkopfabzeichen und andere Kennzeichen. Da standen sie mit ihren festlich gekleideten Familien, unterhielten sich, lachten und amüsierten sich. Aus dem Lautsprecher erklang laute Marschmusik. Für diese Menschen war dies alles eine lustige Komödie. Das Gefühl, zu der „wahren arischen Rasse" zu gehören, verlieh ihnen Mut und Stärke. Gekommen waren sie in Gesellschaft von Oberleutnant Schindler und Gestapochef Lindner.

„Achtung, hier kommen sieben jüdische Verbrecher!" Die Worte aus dem Lautsprecher durchfuhren Isaac wie der Schnitt mit einem Messer.

Man hatte den Todeskandidaten den Kopf kahl geschoren und den Hals freigelegt. Gestapomänner schleppten sie zu den Galgen. Von Weitem konnte Isaac das Entsetzen in ihren Augen sehen. Noch lebten sie, vielleicht konnte noch ein Wunder geschehen und sich alles als ein Missverständnis herausstellen. Vermutlich empfand Gerstner eine unbeschreibliche Trauer darüber, dass sein Leben auf diese Weise enden sollte. Seine Frau Sara war schon einige Jahre vorher gestorben und hatte ihn mit neun Kindern zurückgelassen. Seine Freunde sahen in ihm einen guten und großzügigen Menschen, einen guten Juden. Er selber hielt sich eher für liberal.

Sein jüngster Sohn hatte Angst, das sahen alle von weitem, es schien ein langer Weg für ihn zu sein. Die Jungen waren recht verschieden. Der eine kühn und wagemutig, der andere still und in sich gekehrt. Der gute Gerstner hätte ihn sicherlich gerne getröstet, aber wie hätte er das machen sollen? Seine Tochter Frumka befand sich in der ersten Reihe unter den Zuschauern. An ihrer Seite stand ein Gestapomann, der sie zwang, in Richtung des Baumes zu schauen, wo die sieben Gerüste aufgebaut waren. Jedes Mal, wenn sie den Blick abwandte, nahm der Mann mit festem Griff ihr Kinn und hob ihren Kopf brutal in die Richtung der Galgen.

Gestapochef Lindner verlas die Anklagepunkte. Sie wurden unter anderem wegen Schwarzhandel und unerlaubtem Backen verurteilt. Das seien sehr schlimme Vergehen, meinte er, und es sei wichtig, dem Einhalt zu gebieten. In der neuen nationalsozialistischen Gesellschaft, die man jetzt aufbaue, sei kein Platz für derartige Individuen. Er gab seinen Gehilfen den Befehl, den Verurteilten die Stricke um den Hals zu legen.

Vielen, die in der Menschenmenge standen, würde übel und über allem lag eine bedrückende Angst. Einige wurden ohnmächtig, auch wenn das meiste den Blicken der Nazis verborgen blieb. Eine Frau drückte ihr Kind an sich und blickte zu Boden. Sie wollte nicht sehen, was da passieren sollte. Sie zitterte am ganzen Körper. Die sieben Henkersknechte zogen die Holzgestelle weg und die sieben Männer hingen in der Luft. Ihre graubleichen Gesichter wurden blau. Ein schwaches langgezogenes Stöhnen, das dann verstummte. Das langsame Hin- und Herschwingen der Körper wurde allmählich schwächer und das dumpfe Knarren von dem einen oder anderen oder vielleicht auch mehreren Galgen wurde leiser. Guter Gott, dachte Isaac, mache etwas, um das hier zu verhindern! Sieben Menschen hatten ihr Leben verloren.

Es war Ende April 1942. Die Menschen waren gezwungen, den Todeskampf der Verurteilten mit anzusehen und dann noch einige weitere Stunden auf dem Marktplatz stehen zu bleiben. Isaac war wie gelähmt. Der Gedanke fuhr ihm durch den Kopf, dass die alten Bäume vielleicht das einzige Zeugnis bleiben sollten, das diese Ereignisse überdauerte.

Erst bei Anbruch der Dämmerung durften sie sich wieder nach Hause begeben. Isaac war völlig zusammengebrochen und fragte sich, was sie als nächstes erwartete. Die einzige kleine Hoffnung, an der er sich noch anzuklammern versuchte, war, dass er ein *Sonder*, eine Arbeitsgenehmigung, hatte, aber das war nur ein schwacher Trost. Einige Wochen später wurde er bei einer Razzia aufgegriffen und abtransportiert. Er wusste nicht, wohin der Weg ihn führen sollte. Er wusste auch nicht, dass er niemals mehr hierher zurückkehren sollte.

Abb. 1 Einer von den alten Bäumen, die als Zeugnis an dem Ort blieben, wo die sieben Juden in Chrzanow am 29. April 1942 gehenkt wurden. Yad Vashem, Jerusalem.

Das vergessene Arbeitslager

Der Zug ruckte nochmal an und blieb dann stehen. BLECHHAMMER stand mit großen Buchstaben auf einem Schild. Die Männer nahmen Aufstellung und marschierten einige Kilometer durch Wald und Gelände, bis sie angekommen waren. Nun war es eine Tatsache. Isaac war an einen der Orte gekommen, über den er zwei Jahre lang Gerüchte gehört hatte, die besagten, dass es der schlimmste von allen sei. Er wusste jetzt, dass es für ihn schwer werden würde. Er hatte davon gehört, wie das Wachpersonal die Gefangenen quälte und ermordete. Wie konnten diese Männer als eine Abart des „kollektiven Bösen“ ungehemmt wüten, ohne dass die Verantwortlichen für das Lager auch nur versuchten, der Brutalität, den Misshandlungen und den Demütigungen irgendwie Einhalt zu gebieten – und es mit ansehen, wie den Häftlingen nach und nach, aber unaufhaltsam jegliche Menschenwürde genommen wurde.

Blechhammer – in dem Namen allein lag schon etwas Unheimliches und Bedrohliches. Während der Fahrt hatte Isaac Zeit, um über seine Situation nachzudenken. Aber anstatt eine Antwort zu finden, tauchten immer mehr neue Fragen auf. Er wusste weder, wo er war, noch wohin die Reise ging. Er wusste auch nicht, ob er je wieder nach Chrzanow zurückkommen würde. Er wusste nicht, ob er seine Familie wiedersehen würde, wann und ob er jemals wieder ein freier Mensch sein würde. Er wusste auch nicht, dass Menschen schon zu der Stadt Oświęcim abtransportiert wurden, die die Deutschen Auschwitz nannten, um sie dort zu vergasen.

Isaac fiel es schwer, sich an seine neue Situation zu gewöhnen, aber es blieb ihm nichts anderes übrig als abzuwarten. Was hätte er sonst machen können? Er hatte bald verstanden, dass er, wenn er eine Überlebenschance haben sollte, sich so schnell wie möglich anpassen und vollständig seinen eigenen Willen aufgeben musste. Aber diese Situation sollte ihn nicht daran hindern, mit all seinen Sinnen und mit aller Kraft an den ethischen Werten festzuhalten, die ihm als Kind von seinen Eltern mitgegeben worden waren. Das war, wie er selber sagte, der einzige Weg, sich noch einen Rest Menschenwürde zu bewahren.

Die Menschen mussten sich bei der einer kleinen Wachbaracke aufstellen und wurden vom Lagerkommandanten durchgezählt, einem großen hageren Mann in blauer Uniform mit einer Peitsche in der Hand. Die Anzahl stimmte. Dann ging er langsam an ihnen entlang und richtete seine Augen auf jeden einzelnen, so als ob er sich dessen Gesicht bis in alle Ewigkeit einprägen wollte.

Sein Blick war hart und kalt. Mit der Peitsche wedelte er durch die Luft, bevor er sie mit einem scharfen Knall auf der Erde aufschlagen ließ.

Der Wachmann bekam den Befehl, die Männer ins Lager zu führen. Dann schrie er: „Achtung!" Drei Männer in Zivilkleidung mit dem gelben Davidsstern auf dem Ärmel näherten sich. Der erste stellte sich als Lagerchef Demera vor. An seiner Seite stand Jarosz, ein grimmiger und mürrischer Mann, auch er mit einer kräftigen Peitsche in der Hand, und daneben Motel, ein untersetzter, stämmiger Mensch mit einem dicken Holzknüppel. Später wird er auch der Henker genannt. Demera verkündete, dass Motel im Lager für Ordnung sorgen würde und dass er nett und gerecht sei. Wenn jemand zu 25 Peitschenhieben verurteilt sei, bekäme er mindestens 26. Und dazu lachte er.

Den Männern wurde befohlen, ihre Bündel auf die Erde zu legen. Geld müsste im Kontor abgegeben werden, denn es sei verboten, dass Juden im Lager über Geld verfügen. Sie sollten dem Lagerpersonal und ihrem *Schieber*, einer Art Blockältestem, gehorchen. Zu 32 Personen sollten sie sich einen Raum teilen und einen Stubenältesten bestimmen, der dann für die Verteilung von Arbeiten wie Reinigen und Feuer machen und für das Holen von Kaffee am Morgen und von Brot und Margarine am Abend zuständig sei. Ein *Schieber* würde sie morgens vor fünf Uhr wecken und dann müssten sie unverzüglich aufstehen. Diejenigen, die den Anordnungen nicht Folge leisteten, würden bestraft. Wenn ein *Schieber* oder ein Aufseher eine Baracke betritt, müsste der erste, der den Mann sieht, „Achtung" rufen und alle müssten sich dann in Habachtstellung aufstellen, auch wenn das mitten in der Nacht sei. Um halb sechs morgens müssten sich alle jeweils nach den einzelnen Baracken in Reih und Glied auf dem großen Appellplatz aufstellen und würden dann den Arbeitskolonnen und einem *Schieber* zugeteilt. Jede Arbeitskolonne müsste dann mit ihrem *Schieber* und dem weiterem Wachpersonal aus dem Lager marschieren. Niemand dürfe sich von seinem Arbeitsplatz ohne Erlaubnis entfernen. Das gelte auch für den Fall, dass man ein menschliches Bedürfnis habe. Jeden Tag müsste man sich rasieren und jeden dritten Tag würden die Haare vom Lagerfrisör geschoren. Abends um neun Uhr müsse das Licht ausgemacht werden und alle müssten dann auf ihren Pritschen liegen. Sobald sie die Trillerpfeife des *Schiebers* hören, hätten sie seinen Befehlen zu gehorchen. „Wegtreten!"

Isaac wurde eine Arbeit im Lager selbst zugewiesen. Es waren da um die zwanzig Männer, die eine Baracke fertig bauen mussten, eine Baracke, in der später Neuankömmlinge wohnen sollten. Sie wurden von Pariser bewacht, einem *Schieber* aus Tschenstochau (Częstochova). Der ging herum und schwang drohend seinen Stock.

„Schneller arbeiten! Schneller!" brüllte er. Die Männer arbeiteten, dass ihnen der Schweiß rann. Pariser schlug wild mit dem Stock auf sie ein.

„Ihr faulen Kerle, zu Hause habt ihr es euch gut gehen lassen. Aber ich werde euch schon zeigen, was arbeiten heißt."

Pariser wusste eigentlich selber nicht, wie es dazu gekommen war, dass er in einem Judenlager gelandet war, dem jüdischen Lager Blechhammer. Aber er schien mit der Entwicklung der Ereignisse zufrieden zu sein. Demera hatte ihn gleich als *Schieber* ausgesucht. Pariser zeigt sich Demera gegenüber dankbar und wollte ihn nicht enttäuschen. Sein Vertrauen und seine Zuneigung zu Demera wuchsen mit jedem Mal, wenn dieser ihn für seine Pflichterfüllung lobte. Er war stolz über seinen Auftrag und Demera war zufrieden, wenn er sah, wie hart Pariser seine Leute behandelte. Im Lager galten bestimmte Gesetze; Pariser gehorchte den Befehlen und war immer mehr von der Vortrefflichkeit der Anordnungen überzeugt, denn im Lager musste Ordnung herrschen, wenn alles gut funktionieren sollte. Selber brauchte er nicht viel nachzudenken, es reichte, wenn er seinen Vorgesetzten gehorchte. Er musste nur das machen, was ihm befohlen wurde, und dann würde es ihm schon gut gehen. Die Baracke sollte am Abend fertig sein, aber die Männer arbeiteten zu langsam. Sie waren einfach nur faul. Das war nicht seine Schuld und da musste man eben zu Mitteln der Gewalt greifen, damit sie verstünden, dass er es ernst meinte. Der alte Mann dort, der könnte sich doch sicherlich mehr anstrengen. Er ging zu ihm hin und trat ihm in den Magen.

„Bursche, du bist doch wohl auch Jude. Wie kannst du uns nur auf solche Weise behandeln?"

Pariser trat dem Mann solange in den Magen, bis der hinstürzte. Dann packte er ihn, riss ihn hoch und schlug ihm die Knie zwischen den Schritt. Der Mann schrie auf vor Schmerzen. Dann ließ Pariser ihn los.

Isaac fragte sich, was in einem Menschen vorgehen muss, damit er ohne jeden Grund andere Menschen mit einer derartigen Brutalität behandelt. War es die Wehrlosigkeit des Gefangenen, die Pariser ein derartiges Gefühl von Macht gab? Oder waren es sein eigenes Ausgeliefertsein und seine Machtlosigkeit, die ihm dieses Verlangen nach Macht auslösten, nur damit er sich selbst nicht machtlos fühlen musste? Mit der Zeit sollte Isaac noch die Erkenntnis gewinnen, dass der, der Angst hat, seinen Mut dadurch zurückgewinnt, dass er einem anderen Menschen seine Angst spüren lässt. Im Lager gab es kein Mitleid. Man konnte niemandem vertrauen, nur sich selbst.

Blechhammer war ein eben erst angelegtes Arbeitslager in der Nähe von Gleiwitz (Gliwice) westlich von Kattowitz (Katowice) in Oberschlesien. Es sollte eine neue Anlage für das deutsche Chemieunternehmen „Oberschlesische Hydrierwerke AG“ gebaut werden. Das Unternehmen war von strategischer Bedeutung für Hitler. Es produzierte synthetisches Benzin für die deutsche Kriegswirtschaft und sollte auch synthetische Lebensmittel wie Margarine und Marmelade herstellen, so dass die „Arier des Dritten Reiches“ mit Essen versorgt werden konnten. Aber der Versuch, den man mit Schweinen machte, war ein Fehlschlag. Die meisten Tiere wurden krank und starben, so dass man die Pläne dann nach und nach aufgab. Aber zu der Zeit, als Isaac im Lager war, wusste niemand etwas davon. Alles, was um die Fabrik herum passierte, war streng geheim. Davon erfuhr er erst viel später.

Die Arbeiter für die Bauarbeiten und für die Arbeit in der Fabrik selbst wurden aus dem Lager Blechhammer herbeigeschafft. Nachdem er eine Woche unter den dauernden Drohungen von Pariser gearbeitet hatte, wurde Isaac eine Arbeit außerhalb des Lagers zugewiesen. Er gehörte nun zu einer Gruppe Gefangener, die – von Wachpersonal begleitet – das Lager früh morgens verließ. Sie gingen zu einem einige Kilometer entfernten Fluss, wo Frachtkähne mit Baumaterial anlegten. Seine Arbeit bestand darin, Zementsäcke von dem Kahn zu Lastwagen zu schleppen. Die Gefangenen trugen die 50 kg schweren Säcke auf ihren Schultern und mussten dabei jedes Mal über einen schmalen Holzsteg zwischen Festland und Boot gehen. Wenn jemand zu langsam ging, packten ihm die Wachmänner einen weiteren Sack auf die Schulter, so dass der Mann dann oft darunter zusammenbrach. Zehn Stunden mussten die Gefangenen arbeiten, danach schleppten sie sich den langen Weg zum Lager zurück. Im Lager teilten sich dann vier Mann ein Brot und etwas Margarine, mehr gab es nicht.

Wieder die Trillerpfeife: Sie mussten raus und sich aufstellen. Eisenbahnwaggons mit Ziegelsteinen, Eisenträgern und Zement mussten entladen werden. Die Latrinen sollten gereinigt werden. Etwa hundert Männer bildeten eine Kette von den Latrinen bis zum Wald. So ging dann Eimer um Eimer von Mann zu Mann, um in der Natur entleert zu werden. Es konnte Stunden dauern, bis diese Arbeit erledigt war.

In Blechhammer gab es nicht nur Juden aus den von Hitler und den Nationalsozialisten besetzten verschiedenen Ländern, sondern es gab hier auch polnische, russische und englische Kriegsgefangene, Italiener, Jugoslawen und viele andere. Hier sollen 40 000 Menschen mit fünfzehn verschiedenen Nationalitäten zusammengetrieben worden sein. Die Polen befanden sich in dem sogenannten offenen Lager und konnten sich frei ohne Bewachung bewegen.

Über das Wochenende durften sie auch zu ihren Familien fahren. Ein paar hundert Meter vom Judenlager, zu dem Isaac gehörte, gab es ein Lager mit Sträflingen, deutschen politischen Gefangenen, die besonders scharf bewacht wurden. Es war auch verboten, mit ihnen zu reden, aber manchmal, wenn diese beiden Gruppen dicht beieinander arbeiteten und die Wachposten nicht in ihre Richtung schauten, baten die Sträflinge um Zigaretten. Wenn die Juden vorbeigingen, warfen diese ihnen manchmal einen Zigarettenstummel vor die Füße. Es war undenkbar, ihnen Zigaretten in die Hand zu geben. Beide würden dann bestraft werden. Es hätte ihnen auch das Leben kosten können.

Um das Essen war es schlecht bestellt. Isaac hatte kaum ein paar Zigaretten und erst recht kein Geld. Zwar konnte man im Lager das eine gegen das andere tauschen, aber er hatte nichts zum Tauschen. Um eine Zigarette zu bekommen, musste man sich von seinem Stück Brot oder etwas Wurst trennen. In der ersten Zeit dachte er immer wieder daran zu fliehen. An den Abenden lag er da und überlegte, wie man das verwirklichen könnte, aber bald musste er einsehen, dass das eigentlich nicht zu schaffen war. Blechhammer war zwar ein großes Gebiet mit viel Wald, aber überall waren Wachposten. So gab er schnell seine Fluchtpläne auf.

Es kamen immer mehr Menschen in das Lager. Gerade an einem solchen Tag war Isaac der Waldarbeit an einem Weg zugeteilt, der zum Lager führte, als jemand rief, dass ein neuer Transport käme. Sie hatten eine kurze Mittagspause und lagen im Gras und dösten vor sich hin, aber man war wieder schnell auf den Beinen, um zu sehen, wer da kam. Es war eine Gruppe Juden aus Chrzanow. Er geriet ganz außer sich, als er plötzlich ganz hinten unter den näherkommenden Männern seinen Bruder Jacob entdeckte. Auch die anderen schrien auf, denn jeder erkannte plötzlich einen Freund oder Verwandten in der Gruppe. Die meisten waren junge Kerle zwischen siebzehn und fünfundzwanzig Jahren, sie waren wie vor Entsetzen gelähmt. Isaac und seine Kameraden riefen ihnen auf Jiddisch zu, dass sie das Geld, das sie bei sich hatten, verstecken sollten, sonst würde es das Wachpersonal ihnen wegnehmen. Die Neuankömmlinge sagten nicht viel, sie blickten nur mit großen Augen auf Isaac und seine Mitgefangenen, als sie an ihnen vorbeigingen, das Wachpersonal im Rücken, das seine Gewehre auf sie gerichtet hielt.

Die Gefangenen wurden wieder an ihre Arbeit zurückgeschickt. Als Isaac an seinen Platz zurückgekommen war, lehnte er sich erst einmal an einen Baum und begann zu weinen, aus Kummer und vor Freude. Aus Kummer deswegen, weil sein Bruder mit nicht einmal achtzehn Jahren in diese Hölle geraten war. Vor Freude, weil es auch seine Hölle war und sie nun zusammen sein konnten konnten. Einer von den Deutschen ging zu ihm hin und fragte, warum er weine. Isaac erklärte es ihm.

„Ja, so ist das Leben", sagte der Deutsche, „ich habe einen Sohn, der ist zwanzig Jahre alt und er ist an der russischen Front."

Danach wandte sich der Mann ab und ging wieder. Den ganzen Nachmittag über warteten die Gefangenen auf den Ton der Trillerpfeife, die ihnen immer mitteilte, wann es wieder Zeit war, ins Lager zurückzukehren. Niemals sind sie so schnell zurückgekommen. Jarosz stand da mit Demera und Motel und hielt den Neuankömmlingen den gleichen Vortrag, den die anderen schon drei Wochen vorher zu hören bekommen hatten. Danach erhielten alle einen Teller Suppe, aber Jacob aß nichts. Als Isaac fragte, warum, sagte Jacob, dass er nicht hungrig sei. Ob denn Isaac seine Portion essen dürfe? Ja, warum nicht, antwortete Jacob und schaute ebenso verwundert auf seinen Bruder, wie dieser die Wassersuppe verschlang, so wie Isaac drei Wochen vorher auf die geblickt hatte, die ihre Suppe gierig in sich rein schlürften.

Jacob wusste nicht viel darüber, was inzwischen mit den anderen aus der Familie passiert war. Einem Gerücht zufolge hatte man ihre Mutter mit den beiden kleinen Kindern in ein Internierungslager geschickt. Der Vater und die älteren Kinder sollten sich in einem Arbeitslager befinden. Dass sie in Wirklichkeit in das Vernichtungslager Auschwitz transportiert worden waren und man sie dort vergast hatte, davon hatten Isaac und Jacob keine Ahnung.

Jacob berichtete, wie einige Tage vorher noch ihre Schwester Frania unerwartet zu Besuch gekommen sei. Sie konnte oder wollte nicht sagen, was sie mache und wo sie wohne, dass sie aber ganz zufällig in der Nähe von Chrzanow sei und sie alle nur wiedersehen wolle. Sie hatte etwas Geld für Mutter und ein Paket Zigaretten für Vater dabei. Sie blieb nur recht kurz und als sie wieder gegangen war, hatte Jacob das bestimmte Gefühl, dass er sie nie wiedersehen würde. Er glaubte, dass sie unter einer falschen arischen Identität lebte, weil sie nicht die weiße Binde um den Arm hatte, die alle Juden tragen mussten. Man diskutierte lange darüber, ob sie sich vielleicht der polnischen Widerstandsbewegung angeschlossen haben könnte, die sich in den Wäldern versteckt hielt. Sie sei schon ein tolles Mädchen, meinte Jacob, der fest davon überzeugt war. Was allerdings dagegen sprach, meinte er, war, dass sie dunkles Haar und dunkle Augen hatte und keineswegs polnisch oder arisch aussah.

Er versuchte, Isaac davon zu überzeugen, dass sich Frania wohl der Widerstandsbewegung angeschlossen habe und dass sie beide richtig stolz auf sie sein könnten. Sie sollten noch oft auf ihre Schwester zu sprechen kommen und malten sich alle möglichen Aktionen aus, an denen sie beteiligt war und bei denen sie ihren Mut unter Beweis gestellt hatte. Unter dem Einsatz ihres eigenen Lebens sprengte ihre tapfere Frania Brücken, sie arbeitete als Kurierin zwischen den Anführern der einzelnen Widerstandsgruppen, sie täuschte die Deutschen und führte sie in die Irre und rettete Kinder und alte Menschen davor, erschossen zu werden. Es gab nichts, was sie nicht hätte machen können. Aber in Wirklichkeit wussten sie überhaupt nicht, wo sie sich aufhielt und ob sie überhaupt noch am Leben war. Wenn dieser Gedanke sie überkam, gerieten beide in tiefe Angst, aber so allmählich gelang es dann dem einen oder anderen, sich daraus zu befreien und den anderen mitzuziehen.

Isaac stand am Ausgang, als plötzlich die Tür aufgerissen wurde und ein *Schieber* hereingestürzt kam, ihm mit dem Holzknüppel auf den Kopf schlug und brüllte, dass das Licht auszumachen sei. Den Abend über lag er wach im Bett und alle möglichen Gedanken gingen ihm durch den Kopf. Wie konnte er nur hierher geraten, wie sollte er es in einer solchen Hölle aushalten? Wo befanden sich seine Eltern und die Geschwister? Hatten sie etwas zu essen?

So sah er sich, wie er heim nach Chrzanow kam, wie die ganze Familie sich zum Sabbatmahl versammelt hatte. Da fing das Haus an zu brennen. Er stand draußen, als Jacob ihm zurief, dass man versuchen müsse, die anderen zu retten. Aber es war zu spät, das ganze Haus stand schon in Flammen, sie konnten nichts mehr machen. Sie sahen, wie alles niederbrannte. Aber da hörte Isaac wieder die verfluchte Trillerpfeife. Er konnte kaum die Augen öffnen und schlaftrunken spürte er, wie Jacob vorsichtig seine Decke wegzog und sagte: „Isaac, wach auf! Sie waren schon hier und haben uns geweckt."

Arbeitslager Wiesau

Die Epidemie brach ohne Vorwarnung aus. Das Revier, die Krankenstube, war überbelegt und ein Mann war schon gestorben. Dennoch wurden sie raus zur Baustelle, ihrem Arbeitsplatz, geschickt. Von Tag zu Tag nahm die Unruhe zu, was hatten die Deutschen mit ihnen vor? Es bestand das große Risiko, dass man alle umbringen würde, um zu verhindern, dass sich die Ruhr (Dysenterie) weiter ausbreitet.

An diesem Tag ging es etwas ruhiger am Arbeitsplatz zu. Die Aufseher wussten, dass man den Männern besser nicht zu nahe kommen sollte und so hielten sie sich auf Abstand. Sie trieben sie nicht an und das Arbeitstempo war langsamer geworden. Viele klagten über Magenschmerzen. Isaac verschnaufte etwas, aber mitten am Tag kam der Befehl, dass sie zum Lager zurückkehren sollten. Es war das letzte Mal, dass sie die Baustelle in Blechhammer sehen sollten.

Die Epidemie, von der man zunächst annahm, dass sie nach ein paar Tagen vorbei sei, erwies sich als sehr hartnäckig. Sie breitete sich wie ein Lauffeuer aus und innerhalb weniger Tage lagen viele mit Ruhr danieder und hatten Blut in ihrem Stuhl. Der Judenälteste, der Leiter der Juden, hielt den Häftlingen einen ermahnenden Vortrag. Sie würden extra Seife bekommen, sie sollten sich sauber halten und sich so oft wie möglich die Hände waschen, besonders nach Toilettenbesuchen. Es wurde ihnen verboten, in andere als in die eigene Baracke zu gehen. Die deutschen Aufseher durften nicht mehr ins Lager selbst gehen, sondern mussten sich in dem Wachhäuschen am Lagereingang aufhalten.

Das Lager in Blechhammer sollte aufgelöst werden. Der „Pferdehändler" kam. Die Häftlinge nannten ihn so, weil man sich bei seinem Erscheinen auf dem Appellplatz aufstellen musste und dann durchgezählt wurde. Er ging dann langsam an den Reihen entlang und suchte sich die Brauchbarsten aus, so wie man sich eine gute Ware aussucht. Zwei Tage später mussten Isaac und Jacob ihre Siebensachen packen und mit ihren Kameraden zur Eisenbahnstation marschieren. Ihre Gruppe war die erste, die Blechhammer verließ. Unter scharfer Bewachung fuhren sie über mehrere Stunden mit dem Zug, bis sie nach Bunzlau kamen. Von da ging es zu Fuß weiter.

So kamen sie an einem Novembertag in einem Lager an, das auf einem kleinen Hügel lag, ungefähr einen Kilometer von der kleinen Stadt Wiesau entfernt. Es gab fünf Baracken um den Appellplatz herum. Das Ganze war von einem hohen Stacheldrahtzaun umgeben.

Die Männer marschierten in ein Lager, das noch nicht zu Ende gebaut war. In drei der fünf Baracken gab es vier große und zwei kleinere Räume. In der vierten Baracke waren Wasch- und Duschräume, in der letzten die Latrinen. Der Appellplatz war lehmig und voller Löcher. Isaac blickte um sich und erneut fragte er sich, was für Kummer und Sorgen sie hier erwarten würden. Wie lange noch würde man das alles noch aushalten können?

Seine Gedanken wurden brüsk von einer Stimme unterbrochen, die „Achtung!" rief. Zwei Männer mit Stöcken in den Händen kamen näher. Die Häftlinge wurden mit einem hämischen Grinsen willkommen geheißen. Und dann kam wieder das lange Heruntergeleier der Lagerordnung, von Bestimmungen und Paragraphen und all dem, was verboten war. Von dem letzten Lager her kannte Isaac nur allzu gut diese Prozedur. Nichts war neu für ihn.

Ihm wurde ein Platz im Raum Nummer 9 in Baracke 3 zugewiesen. Mit Jacob teilte er sich ein schmales Spind und mitten im Raum gab es einen länglichen Tisch mit Hockern rund herum. In der Nähe der Betten stand ein runder Eisenofen. Das war wenigstens etwas tröstlich, denn die Winter waren kalt.

Die Lagerleitung ernannte Isaacs Klassenkamerad Beniek Gitler zum Judenältesten. Der verlangte, nicht mit seinem Namen, sondern mit „Herr Judenältester" angeredet zu werden. Der Wachhabende hieß Brylock. Er war hier die am meisten gefürchtete Person. Zusammen mit Gitler und einigen *Schiebern* führte er brutale Methoden ein und verbreitete Schrecken im Lager, besonders dann, wenn der Lagerführer, der Lagerkommandant, nicht vor Ort war. Dann führte er das Kommando. In noch stärkerem Maß als in Blechhammer bekam Isaac Anlass über die Schlechtigkeit des Menschen nachzudenken und dessen offensichtliche Befriedigung, wenn er in extremen Situationen anderen Menschen Schaden und Schmerzen zufügen konnte. Warum nur? Warum?

In Wiesau begann die Arbeit mit dem Bau einer großen Fabrik. Am ersten Tag bekam Isaac den Auftrag, Steine abzuladen. Ihr deutscher Vorarbeiter war ein Mann um die Fünfunddreißig, der offensichtlich noch niemals vorher Juden zu Gesicht bekommen hatte. Seine erste Begrüßung war: „Juden, was soll man mit denen schon anfangen? Die können ja nicht einmal arbeiten. Aber ich werde euch Hunden schon beibringen, wie man arbeitet!"

Er lief herum, fluchte und schrie. Es hagelte nur so Schimpfworte auf die Häftlinge. Nicht einmal das Wachpersonal war schlimmer. Als die Häftlinge nach zehn Stunden harter Arbeit ins Lager zurückkamen, wurden sie am Lagertor gezählt, bevor man sie herein ließ. Oft waren sie durchnässt und durchgefroren.

So geschah es eines Tages, an dem die Erschöpften und Halberfrorenen es nicht einmal nach der Arbeit schafften, ihre dünne Suppe aufzuessen, die sie in ihren Zinkschüsseln bekamen, dass plötzlich die Hölle losbrach. Es hagelte nur so Schläge und Peitschenhiebe; es wurde blind zugeschlagen. Wegen einem Paar schmutziger Schuhe unter dem Bett, wegen einem Strohhalm auf der Bettdecke oder einfach wegen gar nichts. Es war kalt und draußen lag viel Schnee. Man hatte versucht, sich etwas aufzuwärmen, hatte die durchgeweichten Schuhe zum Trocknen aufgestellt und die durchnässten Kleidungsstücke aufgehängt, und so gut es ging, kam man endlich zur Ruhe. Da wurden sie vom Schreien der Wachmänner aufgeschreckt.

„Aufstellung! Raus aus den Zimmern! Tempo, Tempo, ihr dämlichen Schweine!"

Die Häftlinge sprangen von ihren Pritschen, warfen sich die noch nassen Kleidungsstücke über und rannten raus. An jeder Tür standen Aufseher an den Seiten und schlugen mit ihren Stöcken zu. Als alle Aufstellung genommen hatten, auch die *Schieber* und selbst der „Herr Judenälteste" Gitler, kam Brylock. Er und die Soldaten waren betrunken und brüllten herum. Den

Häftlingen wurde befohlen, im Takt rund um den Appellplatz zu laufen, erst im Gänsemarsch, dann im Laufschritt und danach sollten sie sich auf die Erde legen und im Lehm herumwälzen. So nach und nach durften sie wieder in ihre Baracken zurückgehen, müde, durchnässt und durchgefroren, während die Deutschen sich vor Lachen bogen. Sie hatten sich kaum hingelegt, als Gitler und die *Schieber* schrien, dass sie von Neuem Aufstellung nehmen sollten. Unter Schlägen wurden sie wieder auf den Appellplatz getrieben und wurden dort mehrere Stunden lang herum gejagt. Gitler und seine Bande waren rasend vor Wut. Sie waren erbost, dass auch sie sich im Schnee, der inzwischen zu Matsch geworden war, wälzen mussten. Isaac wusste nicht, ob das einfach nur schlechte Menschen waren oder ob es an der Situation lag, die ihre Rachsucht geweckt hatte. Ebenso wenig wusste er, ob es ihnen Vergnügen bereitete, die Häftlinge zu demütigen. Irgendeine Grenze für das, was sie den Häftlingen körperlich und seelisch an Schmerzen zufügten, schien es für sie nicht zu geben.

„Lauft! Schneller! Runter auf die Knien! Auf dem Boden wälzen!"

Gitler kochte vor Wut. Ihm war bewusst, dass er sein Gesicht durch Brylocks Demütigung verloren hatte und versuchte offensichtlich, die Menschen wieder dadurch in seine Gewalt zu bringen, dass er ihnen Angst machte. Oder war es deswegen, dass er mit seiner eigenen Scham und Angst fertig werden musste und sich deswegen an den Häftlingen abreagierte? Gewann er wieder an Stärke aus deren Angst?

Isaac schaufelte nun Gräben für Wasser- und Abflussleitungen. Sein nächster Arbeitskamerad war Jungewirt, ein Bursche, etwas älter als er, der aus Sosnowiec kam. Sie sprachen täglich über Politik, denn sie standen zwei, drei Meter tief in der Grube und arbeiten ziemlich weit entfernt von den Ohren der Aufseher. Zu Hause hatte Jungewirt der sozialistischen jüdischen Organisation „Bund" angehört. Sein Traum war, dass Juden und Polen gemeinsam für eine polnische sozialistische Gesellschaft kämpfen sollten. Isaac antwortete ihm darauf, dass es für ihn nichts gäbe, für das er in Polen zu kämpfen bereit wäre, denn er hätte erlebt, wie ihre eigenen polnischen Sozialisten sie an die Nazis verraten hätten. Als Beweis führte er an, wie sie zu Beginn des Krieges die Deutschen auf die Juden hingewiesen hätten. Nein, sagte Isaac, er würde versuchen, nach Palästina zu kommen, um für einen eigenen jüdischen Staat zu kämpfen. Jungewirt antwortete ihm, dass er voll und ganz davon überzeugt sei, dass die Polen die Juden wieder mit offenen Armen aufnehmen würden, wenn diese wieder aus den Lagern zurückkämen und man dann zusammen das Land neu aufbauen könne. Übrigens, glaubte denn Isaac wirklich daran, dass die Juden irgendwann einmal ein eigenes Land bekommen würden? Wer sollte es ihnen denn geben?

Jungewirt kämpfte einfach dafür, den Krieg erst mal zu überleben. Er war ein großer und kräftiger Mann, der oft Scherze machte und versuchte die anderen aufzumuntern. Ein Wachmann hatte ihn angezeigt, weil er versucht hatte, einen Deutschen um ein Stück Brot zu bitten. Jungewirt bekam kein Brot. Er wurde beschuldigt, dem Deutschen daraufhin geantwortet zu haben, dass vielleicht mal eine Zeit käme, wo Deutsche ihn um ein Stück Brot bitten würden. Da würde er es ihnen geben. Da standen sie nun alle wieder auf dem Appellplatz. Brylock brüllte, dass das, was der Jude da gesagt habe, eine Anklage zur Folge haben werde. Wie konnte ein Jude so unverschämt sein und einem Deutschen sagen, dass vielleicht mal eine Zeit kommen werde, in der dieser einen Juden um ein Stück Brot bitten würde. Damit meine er doch wohl, dass Deutschland den Krieg verlieren werde und die Juden Herren über Deutschland würden. Dafür hätte es der Jude eigentlich verdient gehenkt zu werden und zwar mitten auf dem Appellplatz.

Fünfzig Peitschenhiebe. Brylock schlug zu. Jungewirt wurde ohnmächtig. Brylock schlug weiter, aber nicht mehr so kräftig wie zu Beginn. Nicht dass ihm etwa Jungewirt leid getan hätte, aber er schaffte es einfach nicht mehr. Als Isaac später Jungewirt in der Krankenstube besuchte, war der immer noch ohne Bewusstsein und nach einigen Tagen an den Verletzungen gestorben. Er bekam keine weitere Gelegenheit mehr, mit ihm über den Aufbau eines gemeinsamen Landes mit den Polen zu diskutieren.

Zusammen mit drei Kameraden wurde Isaac befohlen, Spaten, Hacken und den Leichenwagen zu holen. Mit einem Aufseher machten sie sich auf den Weg. Keiner sagte ein Wort. Der Wagen mit dem Sarg schien ungewöhnlich schwer, aber sie bekamen keine Antwort auf die Frage, wer der Tote sei. Außerhalb des Lagers schaufelten sie ein tiefes Grab. Zusammen mit einem seiner Kameraden stand Isaac in der Grube, als die anderen zwei den Sarg öffneten, um den Körper rauszunehmen. Da lagen drei Tote, zusammengeschlagen und blutig. Isaac erstarrte vor Entsetzen. Zwei von ihnen erkannte er wieder, es waren zwei Holländer, und der Dritte, das war Tuchner, ein Mann aus Trzebinia.

Am Tag darauf bekamen sie heraus, was da passiert war. Brylock und einige Aufseher veranstalteten ein Fest und mitten in der Nacht kamen sie betrunken in das Lager. Sie gingen in die Baracke Nummer 3, zogen die drei

Männer aus ihren Betten und schleppten sie in die Waschbaracke, wo sie sie festbanden. Die Häftlinge wurden mit Eisenstangen zusammengeschlagen.

Die Stimmung war bedrückend und mit jedem weiteren Tag wurde sie düsterer. Die alle wussten, dass diese Männer nicht die letzten Opfer waren. Die Frage war nur, wann und wer als Nächster an der Reihe war. Jeden Tag starben nun mehrere von ihnen an Misshandlungen, an Erschöpfung oder Hunger.

Es kam ein neuer Transport mit Juden an. Abgemagert, in zerschlissener Kleidung, einige ohne Schuhe. Sie alle waren krank und wurden aus verschiedenen Lagern zusammengeführt um weitergeschickt zu werden. Unter ihnen war auch Szlamek Stanner, der jüdische Polizist aus Chrzanow.

Vor zwei Jahren hatte er Isaac ins Gesicht geschlagen, als er ihn während des Ausgangsverbots draußen zu fassen bekam. Seiner Mutter hatte er das letzte Geld abgenommen, als sie außerhalb der vorgeschriebenen gelb markierten Stelle über die Straße ging. Er führte Razzien durch und brachte auf diese Weise viele in Arbeitslager oder schickte sie in das Vernichtungslager Auschwitz. Die Juden in Chrzanow bekamen schon Angst, wenn sie nur den Namen Stanner hörten. Vor Isaac saß nun ein gebeugter und gebrochener Mensch in seinen schmutzigen und zerfetzten Kleidern mit einem blau geschlagenen Gesicht.

Damals in Chrzanow war Stanner mächtig. Er war der große, starke Stanner mit seinen roten Backen, der gut sitzenden Kleidung, seinen glänzenden Stiefeln, mit seiner weißen Armbinde und der weißen Polizeimütze. Er konnte über andere Menschen entscheiden und bestimmen. Er war von seiner eigenen Wichtigkeit überzeugt und davon, dass die Ordnungsmacht solche wie ihn brauchte. Diensteifrig ist er seinen Aufgaben nachgegangen und hat lieber immer etwas mehr gemacht, als nötig war.

Mit der Zeit hatte er sich in ein menschliches Wrack verwandelt. Ohne es ihm vorher mitzuteilen hatte man ihm seine Uniform weggenommen. Sein Selbstbild brach zusammen. Er verstand nicht, was da vor sich ging; wie er meinte, habe er doch nur seine Pflicht getan. Er berichtete, dass er in ein Lager gekommen war, in dem sich viele aus Chrzanow befanden. Sie gaben ihm keine Möglichkeit zu erklären, wie er sich nur durch die schicke Uniform habe täuschen und verführen lassen. Man war auf ihn losgegangen und hatte ihn beschimpft, ihm dann den Rücken zugewandt und einsam zurückgelassen. Nun spuckten ihn die meisten an. Auch in Wiesau gab es niemanden, der Mitgefühl mit ihm hatte.

Isaac hatte keinen Hass und keine Rachegefühle mehr. Stanner richtete sich mit großer Mühe auf und reichte ihm die Hand. Aber Isaac konnte sie nicht ergreifen. Er bat um eine Zigarette. Isaac holte etwas Tabak und Zigarettenpapier hervor. Isaac drehte sie ihm, denn das schaffte Stanner nicht mehr selber. Mit zitternden Händen nahm er die Zigarette entgegen und nach zwei Zügen musste er sich wieder hinsetzen. Es drehte sich alles in seinem Kopf.

Zum wiederholten Male zerbrach sich Isaac den Kopf darüber, was die Menschen antreibt sich gegenseitig Gewalt anzutun. Aber auch diesmal fand er keine Antwort. Er entfernte sich mit dem Bewusstsein, dass auch er gerade einen Menschen abgewiesen hatte. Er konnte ihm nicht das verzeihen, was er getan hatte, und er wollte nichts mehr mit ihm zu tun haben.

Der Todesmarsch

Das Lager in Wiesau wurde geräumt und die Männer, die übrig blieben, wurden nach Bunzlau gebracht, wo das Leben auch nicht viel besser war. Bunzlau gehörte zum Hauptlager Groß-Rosen. Gewalttätigkeiten, Misshandlungen und Bestrafungen waren an der Tagesordnung. Aber man war zufrieden, wenn man nur diese Zeit überlebte. Isaac und Jacob waren noch immer zusammen.

Einmal in der Woche kam der Rittmeister zu Besuch. Das war ein freundlicher Mann um die Sechzig herum. Er war ein höherer Offizier, ein Hauptmann, und für mehrere Lager zuständig, u.a. auch für Bunzlau. Gab es wirklich freundliche Deutsche? Ja, tatsächlich, auch wenn es nur wenige waren, und Rittmeister war einer von denen. Immer wenn er auf seinem Motorrad kam, ging er im Lager oder auf der Baustelle herum und sprach mit den Häftlingen. Er wurde von allen sehr geschätzt und sollte später noch eine wichtige Rolle im Zusammenhang mit dem langen Todesmarsch spielen.

Am Sonntag, dem 4. Februar 1945, wurden Isaac und einige andere Männer nach Glogau a. d. Oder befohlen, um Schützengräben zur Panzerabwehr zu bauen. Da gab es auch schon viele deutsche Frauen und Männer, die mit dieser Arbeit beschäftigt waren. Am Tag darauf sahen sie, dass immer mehr Deutsche evakuiert wurden. Sie zogen kleine Wagen mit allem Möglichen hinter sich her und am Ende wurde daraus eine lange Karawane mit ganzen Familien und Kindern. Die sowjetischen Truppen, die gegen Breslau (Wrocław) vorrückten, hatten schon die Gebiete rund um Bendzin, Sosnowiec und Kattowitz (Katowice) im südwestlichen Polen befreit. Im Lager verbreitete sich das Gerücht, dass die Häftlinge aus Bunzlau evakuiert werden sollten.

Der Krieg nahm einen schlechten Verlauf für die Deutschen, die sich immer noch weigerten zu kapitulieren. Sie waren gezwungen, an zwei Fronten gleichzeitig zu kämpfen, nachdem man den Molotow-Ribbentrop-Pakt aufgekündigt und vor einigen Jahren die Sowjetunion angegriffen hatte. Während die Alliierten im Westen vorrückten, griff die Sowjetunion im Osten an. Hunderttausende Häftlinge aus den verschiedenen Arbeits- und Konzentrationslagern wurden nun in langen Karawanen auf die Straßen geschickt, um menschliche Schilde gegen eventuelle Luftangriffe zu bilden. Die Lager sollten evakuiert und damit alle Spuren beseitigt werden.

Es war kalt und es schneite heftig. Ein sowjetisches Flugzeug überflog das Lager und Panik breitete sich unter den Deutschen aus. Alle sollten sich nun für den Abmarsch bereit machen. So standen am 13. Februar 1945 gegen vier Uhr morgens Tausende von Männern und Frauen vor dem Lager Bunzlau, bereit zum Abmarsch. Aber niemand wusste wohin.

Alle zehn Meter auf jeder Straßenseite gingen Wachleute mit Maschinengewehren. Plötzlich erscholl das Kommando: „Alles zurück!" Die Ersten schafften es als Letzte. Die Wachsoldaten jagten hinter den Menschen her und nun rannten sie fast alle. Ein sowjetischer Vortrupp lag im Wald. Wenn sie nur noch ein wenig weiter gegangen wären, wären die Häftlinge auf die sowjetischen Soldaten gestoßen, die von Osten vorrückt waren. Man wollte nicht in Richtung der Soldaten weitergehen und damit riskieren, dass sie die Häftlinge befreien würden. Daraufhin wurden die Männer gezwungen, in eine andere Richtung weiterzugehen, um sich möglichst weit von den Russen zu entfernen.

Der Marsch ging weiter bis zu der kleinen Stadt Waldau. Sie waren den ganzen Tag auf den Beinen ohne einen Aufenthalt und eine Rast. Hier sollten sie nun auf einem Bauernhof übernachten. In der Frühe am nächsten Morgen musste man sich auf dem Innenhof aufstellen. Über hundert Personen fehlten. Den Wachsoldaten wurde befohlen, nach ihnen in den Schuppen zu suchen. Schultz, der das Kommando hatte, zog seine Pistole und lief in alle Nebengebäude. Ein Ukrainer, der bei dem Bauern arbeitete, sagte dass sich die Juden im Stroh und im Heu versteckt hielten. Bald hörte man Schüsse von dem Schuppen und ein Mann mit erhobenen Armen kam heraus. Schultz packte ihn am Hals und stellte ihn vor die Wand.

„Herr Oberscharführer, lassen Sie mich leben, ich habe Frau und Kinder!"

Schultz schoss ihm mitten ins Gesicht.

Die Männer standen erschrocken da und schwiegen, während die Wachsoldaten auf dem Hof herumliefen und um sich schossen. Nach und nach kamen immer mehr Häftlinge aus ihren Verstecken. Einige schafften es sich unbemerkt bei denen wieder einzureihen, die sich schon aufgestellt hatten.

Schultz gab den Befehl, dass jeder Zehnte zu erschießen sei und für den Fall, dass die Restlichen nicht herauskämen, die Nebengebäude in Brand gesteckt werden sollten. In diesem Augenblick kam Rittmeister mit seinem Motorrad.

„Was ist hier los?"

Schultz trat vor, schlug die Hacken zusammen, streckte den Arm aus und rief: „Heil Hitler! Viele von ihnen hatten sich versteckt und wollten fliehen. Deswegen, Herr Rittmeister, habe ich den Befehl gegeben zu schießen."

Rittmeister wurde sehr aufgeregt, als er die Toten und Verwundeten auf der Erde herumliegen sah. Die Toten wurden begraben, bevor die anderen sich wieder auf den Marsch machten. Niemand wusste, wie viele noch im Heu und unter dem Stroh lagen, verwundet, erschossen oder noch am Leben. Isaac fragte sich, was passiert wäre, wenn Rittmeister nicht gekommen wäre.

Sie zogen weiter, Kilometer um Kilometer, viele Kilometer am Tag. In dem weichen und nassen Schnee wurde jeder Schritt schwerer. Einige hatten sich Papier von Zementsäcken in die Kleidung gesteckt, um es etwas wärmer zu haben. Aber das scheuerte und kratzte. Die Kleidungsstücke waren zerlumpt, durchnässt und schmutzig. Einige waren ohne Schuhe; sie hatten sich Papier und Pappe um die Füße gewickelt. Sie blieben im Schnee stecken. Mit schwerem Schritt kämpften sie sich gegen den Wind vorwärts und suchten Schutz hinter dem Vordermann. So ging es Kilometer für Kilometer. Den ganzen Tag. Nachts hockten sie sich, eng aneinandergedrängt, zwei, drei Stunden in den Schnee. Das war ihre einzige Ruhepause.

Immer wenn man sich einer Stadt oder einem Dorf näherte, wandten die Wachsoldaten mehr Gewalt an. Wie Soldaten mussten die Häftlinge mitten auf der Straße marschieren, zu ihren Seiten schritt das Wachpersonal, das seine Gewehre auf sie gerichtet hielt. Der Zivilbevölkerung wurde befohlen sich fern zu halten. „Hier kommen Verbrecher aus den Konzentrationslagern, keine unschuldigen Menschen."

Der Todesmarsch dauerte nun schon ein paar Wochen, mal ging es vorwärts, mal zurück, ein bestimmtes Ziel schien es nicht zu geben. In dem Umfang, in dem immer mehr Lager evakuiert wurden, gab es immer mehr Häftlinge auf den Wegen und es wurde immer schwieriger, Unterkünfte für die Nacht zu finden. Isaacs Gruppe befand sich nun in Bautzen, einer ziemlich großen Stadt. Große Teile der Zivilbevölkerung waren schon evakuiert, es blieben noch der Heimatschutz und die Hitlerjugend, die sich fragten, was das für Häftlinge wären und wo sich die Rote Armee befände. An den Hauswänden sah man Plakate mit großen Buchstaben: Kämpfen oder Sibirien! Sie fragten, ob sie die Häftlinge erschießen dürften. Sie bespuckten sie, gaben ihnen Fußtritte und schlugen mit Gewehren auf sie ein.

Die Häftlinge marschierten und marschierten. Sie schleppten sich vorwärts. Kilometer um Kilometer. Die, die zurückblieben, wurden erschossen. Der Überlebenswille gab ihnen immer wieder neuen Antrieb. Immer noch ein paar Schritte weiter. Sie waren jetzt in Riesa. Die Elbe floss mitten durch die Stadt und sie mussten über eine breite Brücke. Deutsche Soldaten waren dabei, die Brücke zu verminen. Sie riefen dem Wachpersonal zu sich zu beeilen, denn in Kürze sollte die Brücke gesprengt werden. Das Wachpersonal trieb nun die Häftlinge vorwärts und schlug auf sie ein. Kavallerie ritt vorbei. Das waren Ukrainer, die unter General Wlassow gegen die Rote Armee gekämpft hatten. General Wlassow war ein hoher sowjetischer Militärführer, der sich nach seiner Gefangennahme durch die Deutschen entschieden hatte, mit ihnen zusammenzuarbeiten.

„Ivan gonit!" – „Der Iwan jagt", riefen sie. Die sowjetischen Truppen kamen näher. Die Häftlinge marschierten nun auf der anderen Seite der Elbe weiter, als sie einen ohrenbetäubenden Knall hörten. Als sie sich umwandten, sahen sie, dass es die Brücke, über die sie gerade noch gegangen waren, nicht mehr gab.

Sie näherten sich Leipzig, durften aber nicht in die Stadt hinein. Es ging Richtung Süden weiter – Waldheim, Rochlitz, Glauchau, Zwickau, Reichenbach, Plauen. Plötzlich wandte man sich wieder nach Norden und weiter ging es auf Neustadt zu. Kilometer um Kilometer. Nicht einmal das Wachpersonal kannte das Ziel.

Halbtot schleppten sich alle in dem Schnee vorwärts, der immer mehr aufweichte. Die Häftlinge wussten nicht viel über die politische Lage, aber man verstand, dass sie wohl kaum noch die Chance hatten, von der Roten Armee befreit zu werden, denn sie befanden sich jetzt bereits in der Nähe von Jena, weit weg von den Russen. Aber die alliierten Truppen befanden sich bereits auf deutschem Boden und rückten von Westen und Süden weiter vor. Würden sie durchhalten, bis man sie erreichte? Was würden die Deutschen noch in letzter Minute mit ihnen machen?

Man ging und ging. Seit vier Wochen waren sie nun schon unterwegs, es war jetzt Mitte März. Sonne mit zunehmender Frühlingswärme und Schneeschauer mit Kälte wechselten sich bei dem launenhaften Wetter ab. Plauen ... ja, waren sie da nicht schon mal gewesen? Jena, Weimar. Ständig blieb der Schnee unter Isaacs Holzschuhen kleben. Er war bis zum Zusammenbruch erschöpft. Er schaffte es nicht länger. Den ganzen Tag hatte er sich den Schnee von den Sohlen abgeschlagen. Es war genug, er wollte nicht mehr weiter, nicht mehr länger leben. Es war gegen Abend und dunkel, sie gingen auf einem Waldweg. Er setzte sich an den Wegrand in dem vollen Bewusstsein, dass die,

die nicht weiterkonnten, an Ort und Stelle erschossen wurden. Er war total am Ende. Jacob beugte sich zu ihm runter und flehte ihn inständig an, wieder aufzustehen. Er würde auch die Schuhe mit ihm tauschen. Aber Isaac konnte ihn schon nicht mehr hören. Alle waren schon an ihnen vorbeigegangen, als der letzte Wachsoldat kam. Warum saß Isaac hier? „Er hat Magenbeschwerden", antwortete Jacob. Der Soldat versetzte Isaac einen Schlag mit dem Gewehrkolben in den Rücken und brüllte, dass er weitermachen solle. Jacob und ein Kamerad, der mitbekam, was da vor sich ging, fassten ihn unter die Schultern und schleppten ihn mit.

Der Höllenmarsch ging weiter in Richtung einer kleinen Gemeinde, wo sie hofften übernachten zu können. Plötzlich – Fliegeralarm. Man hörte das Dröhnen von Flugzeugmotoren und danach gab es einen hellen Lichtstrahl, der den ganzen Himmel erleuchtete. Es wurde heller als mitten an einem sonnigen Tag und darauf folgte ein lautes Krachen, das vom Erdboden in der Nähe kam, wo die Flugabwehr stationiert war. Viele baten in einem stillen Gebet darum, dass eine Bombe bei ihnen einschlagen möchte, um dem Elend ein Ende zu bereiten.

Wieder zurück nach Jena, Nordhausen, Dora … So ging das immer weiter. Sie trafen auf Häftlinge aller Nationalitäten aus den verschiedensten Lagern, die auch umherirrten und nicht wussten, wie und wo es weiterging. Entlang des Weges lagen leblose Körper. Man schaute nur noch hin, um zu sehen, ob unter den Toten Freunde oder Verwandte waren.

Der Todesmarsch ging jetzt schon in die sechste Woche. Sie hatten unzählige Kilometer ohne eine Malzeit zurückgelegt, bis sie schließlich zum Lager Dora-Mittelbau kamen, das dem Konzentrationslager Buchenwald unterstellt war. Es war der 25. März 1945. Die Häftlinge arbeiteten dort in Stollen unter der Erde und hatten nicht die Möglichkeit ans Tageslicht und an die frische Luft zu kommen. Die Todeszahlen waren hier höher als in den meisten anderen Lagern.

Sie blieben drei Tage in Dora, dann mussten sie weiter zum Nebenlager Ellrich, das wiederum Dora unterstellt war. Isaac glaubte, dass es nun nicht noch schlimmer kommen könne. Aber es wurde schlimmer. Es schien so, dass von Lager zu Lager die Verhältnisse immer fürchterlicher wurden. Wohin sie auch immer kamen.

Die Westalliierten näherten sich und nach einigen Tagen wurden die Häftlinge in einen Zug gesetzt. Vier Tage waren sie unterwegs, bis der Zug in Hamburg eintraf. Durch die Fenster sahen sie, dass die ganze Stadt in Trümmern lag. Der Zug stand auf einem Abstellgleis, als Fliegeralarm kam. Sie saßen in ihren Waggons und konnten nichts anderes machen, als auf die Flugzeuge zu hören, die über sie hinweg flogen. Erst gegen Morgen fuhr der Zug weiter. Am fünften Tag erreichten sie Bergen-Belsen. Es war der 9. April 1945.

Abb. 2 Ein Todesmarsch von Gunskirchen nach Mauthausen im April 1945. Yad Vashem, Jerusalem.

Abb. 3 Eine von den Arbeitshallen in der Raketenfabrik Dora-Mittelbau. Die Gefangenen arbeiteten ohne die Möglichkeit, ans Tageslicht oder die frische Luft zu kommen. Yad Vashem, Jerusalem.

Der Zug fuhr rückwärts in den Bahnhof Bergen-Belsen ein. „Aufstellen!" Es wurde durchgezählt. Isaac und Jacob hatten nichts weiter bei sich als eine Wolldecke und die Kleidung, die sie anhatten. Als sie in Ellrich in den Zug gestiegen waren, hatten sie nicht gesehen, wie lang der Zug war. Jetzt begannen sie die Wagen zu zählen, aber die nahmen kein Ende. Man hatte die Lebenden ebenso wie auch die Toten aus den Waggons geworfen. Viele hatten da in Schmutz und Nässe gelegen oder waren in ihren eigenen Exkrementen verendet. Unter denen entdeckten sie ihren Freund Abraham F., den Nummernmacher aus dem Lager in Bunzlau. Man nannte ihn so, weil er immer die Häftlingsnummern auf den Kleidungsstücken ausbesserte, wenn sie mit der Zeit blass geworden oder beschädigt waren.

Dann mussten sie weiter marschieren. Wieder wusste niemand wohin. In der Abenddämmerung standen sie plötzlich vor großen Kasernen. Wieder wurde durchgezählt. Zu was diente überhaupt all diese Rechnerei? Sie wurden die Treppen rauf in einen großen Raum getrieben. Isaac hielt Jacob fest bei der Hand. In der Dunkelheit bekam er eine Türklinke zu fassen und sie befanden sich in einem dunklen Raum mit Stockbetten. Sie warfen sich auf die erste beste Schlafstelle, Isaac auf die untere und Jacob auf die obere Pritsche. Es kamen immer mehr Menschen und schnell waren alle Pritschen belegt. Die ersten bekamen einen Schlafplatz mit einer Strohmatratze, die anderen mussten im Flur liegen oder auf dem Boden im Keller auf Sägespänen. Seitdem sie Bunzlau verlassen hatten, hatten sie nicht mehr auf einer Pritsche geschlafen. Jacob entdeckte einige Kohlrüben unter seiner Matratze. Das war ein echtes Vermögen. Wie waren die wohl dahin gelangt?

Abb. 4 Baracken im Konzentrationslager Bergen-Belsen. Yad Vashem, Jerusalem.

Das Lager war sehr groß und es herrschte ein einziges Chaos. Über mehrere Tage bekamen sie nichts zu essen und ernährten sich von ihren Kohlrüben. Es gab kein Wasser; eine Bombe war im Wassertank eingeschlagen. Die Latrinen quollen über und es herrschte ein unerträglicher Gestank. Als die wässrige Kohlrübensuppe herangeschafft wurde, schwankten die, die sich noch einigermaßen auf den Beinen halten konnten, auf die Essenskarre zu. Die Kräftigsten bedienten sich zuerst und es gab viel Streit und Geschrei. Nach wenigen Tagen waren die Häftlinge voller Läuse. Die Nächte waren ein einziger Albtraum. In der Morgendämmerung standen alle in Reih und Glied auf dem Appellplatz, zwei, manchmal bis zu fünf Stunden, hungrig, in dünnen Kleidungsstücken, allzu oft barfuß. Typhus und Durchfall breiteten sich aus. Viele wurden krank und jeden Morgen lagen neue Leichen zwischen denen, die noch am Leben waren. Manchmal ließ man die Leichen zwei oder drei Tage lang in den Baracken liegen, in die sich das Wachpersonal nicht mehr länger rein traute. War es deswegen, weil man sich nicht anstecken wollte oder hielten sie den Gestank von Leichen, Erbrochenem und Fäkalien nicht aus?

Isaac sah, wie der Hunger manche Menschen in den Wahnsinn trieb. Zwei Russen wurden erschossen, weil sie von einer Leiche Stücke abgeschnitten und gegessen hatten. Manchmal wagte sich jemand in die Nähe der Küche in der Hoffnung, an ein paar alte Kartoffelschalen heranzukommen.

Jacob wurde immer kränker. Ein Kamerad versuchte Isaac zu überreden, mit ihm zu fliehen. Er könne ja doch nichts mehr für Jacob tun; er müsse sein eigenes Leben retten. Aber Isaac blieb bei Jacob.

Einige Tage nach ihrer Ankunft wurde ihnen mitgeteilt, dass etwas während der Nacht passieren würde. Sie sollten immer abwechselnd Wache halten und in Kleidern schlafen. Isaac saß am Fenster. Hier und da hörte man aus der Ferne dumpfes und knatterndes Artilleriefeuer. Eine Granate explodierte und erleuchtete den ganzen Himmel. Die Befreiung war nahe. Aber würden es die Alliierten noch rechtzeitig schaffen? Würden Isaac und Jacob noch am Leben sein, wenn der große Tag kommen sollte?

Es war Freitagabend. Isaac saß am Fenster und überlegte. Vielleicht hätte er doch besser mit seinem Kamerad fliehen sollen, er konnte doch nichts machen, um Jacob zu helfen. In diesem Augenblick schien sich die Tür zu öffnen und Isaac sah, wie seine Mutter auf ihn zukam. In den Händen trug sie vorsichtig ein frisch gebackenes, sorgfältig in ein Tuch eingewickeltes *Challa*. Sie kam in die Baracke, begleitet von einigen Chassiden, orthodoxen Juden in schwarzen knöchellangen Gewändern mit dem Gebetsschal auf den Schultern. Sie stellten sich mitten ins Zimmer, sprachen ein Gebet, und danach kamen einige schön gekleidete Frauen und stellten das Sabbatmahl auf den

Tisch. Alle erhoben sich von ihren Betten, setzten sich an den Tisch und aßen. Isaac sah seine Mutter auf sich zukommen. „Isaac, wo ist (dein Bruder) Jacob?“ fragte sie, „warum sitzt er nicht mit am Tisch?“

Isaac erhob sich und ging zu der Pritsche, auf der sein jüngerer Bruder lag. Jacobs Gesicht war aschfahl. Isaac konnte ihm nicht aufhelfen. Seine eigene Hilflosigkeit grub in seinem Innern an dem immer tieferen Grab seines Bruders und mit der Frage der Mutter kam das Gefühl von Schuld hinzu. Er wusste nicht, was er hätte anders machen können, aber das Schuldgefühl war einfach da. Gerade als er seiner Mutter erklären wollte, dass Jacob schwer krank sei und er es nicht schaffe, bis zum Tisch zu gehen, merkte er, dass die Mutter und die *Chassiden* plötzlich nicht mehr da waren.

Isaac setzte sich hin und weinte. Er schaffe es einfach nicht mehr, er müsse nun aufgeben, so dachte er.

Aber kurz darauf sprang die Tür auf und ein Häftling rief: „Kameraden! Die Engländer sind hier! Wir sind frei!“

Die Befreiung

Die, die noch dazu in der Lage waren, liefen auf den Zaun zu, winkten mit den Armen und riefen irgendetwas. Andere krochen am Boden herum und versuchten sich mit letzter Kraft aufzurichten und zu lächeln, bevor sie wieder schwerfällig auf den Boden zurücksanken. Aber viele lagen auf der Erde oder dem Steinboden mit aufgerissenem Mund, mit Augen wie zwei tiefe Löcher in dem ausgedörrten, leichengrauen Gesicht, nur noch magere ausgemergelte Körper. Isaac selbst glaubte, dass er wieder einmal in einem Wunschbild schwebte, dass alles nur eine Illusion sei. Es brauchte schon eine Weile, bis er verstand, dass das, was hier passierte, Wirklichkeit war. Er drehte sich um, rannte zum Haus zurück und lief in den Raum, in dem sein Bruder lag. Er konnte nur noch rufen: „Jacob! Wir sind frei, man hat uns befreit!“ Jacob reagierte nicht auf diese Worte, so rief Isaac wieder: „Jacob! Wir sind frei. Die Engländer sind hier, ich habe sie gesehen, komm mit raus, damit du sie auch sehen kannst!“

Jacob antwortete nicht. Plötzlich wurde Isaac von einer entsetzlichen Angst und der verzweifelten Furcht erfasst, dass sein Bruder ihn nun für immer verlassen hätte, gerade jetzt in dem Augenblick, wo aller vorüber zu sein schien. Er dachte, wenn sie es zusammen bis zu diesem Tag geschafft hätten, dann müssten sie auch die Befreiung gemeinsam erleben. Isaac wollte nicht, dass Jacob stirbt, er darf einfach nicht sterben. Jacob lag da wie ein Embryo im

Mutterleib, zusammengekrümmt an die Wand gelehnt. In seiner großen Verzweiflung packte Isaac ihn mit letzter Kraft und rollte ihn nach vorne auf die Bettkante. Mit schwacher Stimme bat Jacob, dass man ihn in Ruhe lassen möge. Warum sich um ihn kümmern, er sei am Ende. Isaac wurde hysterisch, er fing an zu weinen und ihn zu schütteln und sagte ihm, dass er nun im allerletzten Augenblick nicht aufgeben dürfe. Isaac hob Jacobs lange Beine auf den Boden runter und zog seinen Oberkörper hoch, so dass er nun eine Sitzhaltung eingenommen hatte. Seine Gliedmaßen baumelten am Körper ohne die Kraft sich zu wehren. Er legte den einen Arm seines Bruders um seinen Nacken und während er den mit aller Kraft festhielt, packte er Jacobs Taille und stellte ihn auf die Füße. Jacob schwankte hin und her. Dann schleppte Isaac ihn an die frische Luft. Jacob fing an Luft zu holen, riss die Augen weit auf und blickte in alle Richtungen.

„Warum laufen da alle herum und schreien die ganze Zeit?“ fragte Jacob mit schwacher Stimme, „wo sind all die Deutschen und die Kapos?“

Tränen liefen über Isaacs Wangen und er tat einen tiefen Atemzug. War das vor Freude oder wegen all der Hilflosigkeit, Kümmernis und den Enttäuschungen, die er während dieser grauenvollen Jahre hatte erleben müssen? Er nahm Jacob wieder fest unter den Arm und langsam gingen sie auf die Giebelseite des Hauses zu, wo sie sich dann auf den Boden setzten. Von dort sahen sie, wie auf dem Weg hinter der Einzäunung die Militärfahrzeuge der Alliierten vorbeifuhren.

Ein Panzer rollte in das Lager. Die Luke öffnete sich, ein Soldat tauchte auf und wurde von den unbeschreiblichen Freudenrufen von Hunderten von Häftlingen begrüßt. Er erklärte, dass sie nur zu einem Vortrupp gehören würden und weiterfahren müssten, dass sie auch keine Lebensmittel bei sich hätten, dass aber am folgenden Tag andere mit dem Lebensnotwendigen kämen. Die Häftlinge vergaßen, wie hungrig sie waren. Es war Sonntag, der 15. April 1945.

Die Tage, die folgten, wurden zu einem einzigen Freudenrausch und zugleich herrschte vollständiges Chaos. Die Häftlinge waren plötzlich freie Menschen, sie konnten kommen und gehen, wohin sie wollten, aber nur innerhalb des Lagers, verlassen durften sie es nicht. Die alliierten Soldaten und das Krankenpersonal begegneten ihnen mit Respekt. Von einem Tag auf den anderen hatte sie nun nicht mehr den Sarkasmus und die Bestrafungen der SS-Männer zu fürchten. Nachdem sie mehrere Jahre in Angst und Schrecken gelebt hatten, wurde ihnen nun mehr und mehr bewusst, dass sie noch weiterhin Menschen waren. Sie hatten vergessen, was das für ein Gefühl ist.

Aber es gab etwas in Isaac, das ihn immer noch zurückhielt und er konnte die Freude nicht so genießen, wie er sich das gewünscht hätte. In seinem

Innersten wusste er, dass sich alles im Leben schnell ändern konnte, dass alles unbeständig und wechselhaft ist wie die Wellen des Meeres. Ihm wurde auch klar, dass er weiterhin eine Trauer, ein Leid in sich tragen musste, von dem er sich niemals würde befreien können.

An diesen Tagen ging er im Lager umher und überlegte, wozu Jacob und er sich entscheiden sollten. Sollten sie wieder nach Polen zurückkehren? Oder sollten sie lieber nach Palästina fahren? Als er wieder einmal so in Gedanken versunken dahinging, kam er vom Weg ab und glaubte seinen Augen nicht zu trauen, als er sich plötzlich vor einem großen Berg ausgemergelter Leichen befand. Er ging um den Haufen herum und meinte, dass es wohl Tausende sein müssten, die dort lagen. Erstarrt vor Entsetzen blieb er stehen.

Abb. 5 Überlebende Frauen im Lager Bergen-Belsen bereiten neben einem Berg von Schuhen über dem offenen Feuer eine Mahlzeit zu. United States Holocaust Memorial Museum, mit der Genehmigung von George Stein.

Da näherte sich ihm ein Mann und fragte ihn, ob er ein *amchu* sei. Dies ist ein hebräisches Wort, das Juden unter sich verwenden, wenn sie fragen, ob jemand Jude sei. Dieses Wort war für Juden wichtig, hatte für andere aber keine Bedeutung.

„Ja", antwortet Isaac. Da begann der Mann Jiddisch zu sprechen und erzählte, dass er aus Rumänien stamme. Isaac wies auf den Leichenberg und der Mann sagte ihm, dass es etwas weiter entfernt noch viel größere Haufen mit unbestatteten Leichen gäbe. Erst als der Mann Isaac die großen Massengräber zeigte, verstand er richtig, dass der Mann die Wahrheit gesagt hatte. Er zeigte ihm auch einen riesigen Berg von Schuhen, Tausende von Schuhen. Schuhe, die einmal an den Füßen von Menschen gesessen hatten. Schuhe, die man niemals mehr brauchen würde.

Sie gingen noch eine Weile herum und unterhielten sich, als sie sahen, wie einige Männer zur Küche liefen. Nach wenigen Augenblicken kam Isaac mit zwei gekochten Kartoffeln in der Hand zu Jacob zurück. Als er wieder in dem Raum war, ging er zu Jacob und drückte ihm eine der beiden Kartoffeln in die Hand. „Iss", sagte er leise, so dass niemand anders sie hören konnte, „aber iss langsam!" Jacob wollte ihm die Hälfte abgeben, aber Isaac antwortete, dass er noch eine hätte.

Jacob war weiterhin sehr schwach, aber in seine Augen kam immer mehr Leben. Das war es zumindest, was Isaac sich gewünscht hatte und nun auch wahrzunehmen schien. Jacob begann sich zu erholen und als er zum ersten Mal wieder aus eigener Kraft etwas länger auf seinen Beinen stehen konnte, wusste Isaac, dass ihr Kampf nicht vergeblich gewesen war. Sie waren beide noch am Leben und sie hatten sich gegenseitig, der eine den anderen. Aber wer sonst noch aus der Familie war am Leben? Und wenn überhaupt noch jemand lebte, wo befand er sich?

Die Weißen Busse

Es war Frühjahr geworden, und auch wenn sich am frühen Morgen oft ein diesiger und grauer Tag ankündigte, kamen jetzt doch einige warme Frühsommertage. Isaac machte eine merkwürdige Entdeckung: Er konnte wieder die Farben der Natur wahrnehmen, wenn auch nicht in ihrer ganzen Vielfalt, so doch jedenfalls in einigen Nuancen. Er sah nicht länger alles nur in grauschwarzen Tönen. Er konnte wieder stehen bleiben, um dem Gesang der Amsel zu lauschen, und wenn er den Kuckuck rufen hörte, begriff er, dass es Hoffnung und neues Leben gab. Das erfüllte ihn mit behutsamer Zuversicht.

Erst drei Wochen nach der Befreiung des Konzentrationslagers Bergen-Belsen kapitulierte Deutschland und der Krieg war damit endgültig zu Ende. Jacob hatte sich erholt und die beiden beratschlagten, was sie unternehmen und wohin sie sich auf den Weg machen sollten. Sollten sie wieder nach Polen zurückkehren und versuchen, Familienangehörige und Freunde zu finden, die überlebt hatten? Oder sollten sie nach Palästina gehen? Wo sollten sie das Geld für die Reise hernehmen? Sie besaßen nichts weiter als ihre Kleidungsstücke, in denen sie schliefen und herumliefen. Aber sie waren glücklich darüber, dass sie wieder ihre Freiheit zurückgewonnen hatten. Jetzt konnten und mussten sie ihre Entscheidungen selber treffen.

Isaac machte oft kleine Rundgänge im Lager Bergen-Belsen, bei denen er eines Tages seiner Freundin Helena Tuchner aus Trzebinia in Polen begegnete. Betrunkene Wachmänner hatten im Lager Wiesau ihren Vater und zwei Holländer totgeschlagen. Isaac gehörte zu denen, die die misshandelten und erschlagenen Männer später begraben hatten. Helena war in Begleitung ihrer Freundin Rakel, die zum ersten Mal wieder an der frischen Luft war, nachdem sie mehrere Wochen auf der Krankenstation gelegen hatte. Isaac kannte Rakel schon von früher, ihr Bruder Mendel war einer seiner Freunde und er hatte sich oft bei ihnen zu Hause aufgehalten. Sich hier wiederzusehen, erfüllte sie alle mit unbeschreiblicher Freude.

Isaac fragte Rakel, ob er etwas für sie tun könne. Sie erwiderte, dass sie sich so hilflos fühle. Die Einsamkeit sei schwer zu ertragen und belaste sie sehr. Vor dem Krieg hatte sie in Polen eine große Familie gehabt und dass sie nun plötzlich ganz alleine dastand, das sei schwierig für sie. Sie hatte sich für einen Krankentransport nach Schweden angemeldet, aber sie wusste nicht, wann die Reise losgehen sollte. Ihr Arzt meinte, dass sie es dort besser hätte und sich schneller erholen würde.

Isaac und Rakel trafen sich jeden Tag; gemeinsam machten sie längere Spaziergänge und redeten über alles. Sie waren gerne zusammen. Als Isaac eines Tages, nachdem er einige Besorgungen gemacht hatte, ins Lager zurückkam, berichtete ihm Jacob, dass Rakel am Vormittag nach ihm gesucht habe, um sich von ihm zu verabschieden. Sie würde nun nach Schweden fahren und sei sehr traurig darüber, ihn nicht angetroffen zu haben. Isaac lief zum Krankenhaus, aber der Transport war schon abgegangen.

Es gab viele, die mit den *Weißen Bussen* mitwollten. Isaac wusste nicht, nach welchen Kriterien die, die dafür zuständig und verantwortlich waren, die Leute aussuchten. Denjenigen, die einen Platz in den Bussen erhalten hatten, zeichnete man ein großes Kreuz auf die Rückseite ihres Mantels oder Umhangs. Das bedeutete, dass diese Personen mitfahren durften.

Jacob und Isaac meldeten sich bei der Lagerleitung für die Transporte nach Schweden an. Sie berichteten kurz über ihre Bewegründe und es schien, dass sie die Voraussetzungen erfüllten, die man für die Mitnahme brauchte. Zu Beginn waren es nur Skandinavier, die mitfahren durften, aber dann wurden auch Polen und Juden mitgenommen.

Abb. 6 Ein Konvoi mit den „Weißen Bussen" des schwedischen Roten Kreuz. Die Busse wurden dazu benutzt um Häftlinge im Frühjahr 1945 von den Konzentrationslagern nach Schweden zu bringen. United States Holocaust Memorial Museum, mit der Genehmigung von Eric Saul.

Als die *Weißen Busse* mit dem großen roten Kreuz auf dem Dach aus dem Lager fuhren, empfand Isaac ein unendlich starkes und tiefes Gefühl von Freiheit. Er war voller Erwartung, aber zugleich erfüllte ihn auch eine gewisse Unruhe. Wie würde man sie in dem neuen Land aufnehmen? Dürften sie dort bleiben? Waren sie dort überhaupt willkommen? Und was sollten sie dort machen? Je mehr Kilometer sie zurücklegten, umso mehr Fragen gingen ihnen durch den Kopf. Sie fragten sich, ob sie wirklich den richtigen Entschluss getroffen hatten. Es war zum ersten Mal seit sechs Jahren, dass man ihnen gestattete, selber über ihr Leben zu entscheiden. Aber eines war für sie ganz sicher: sie wollten weiterleben.

An einem schönen Sommertag im Juli 1945 kamen sie in Malmö an und mussten dann ganz schnell nach Lund weiterfahren, wo sie in einer Schule untergebracht wurden. All ihre Kleidungsstücke und was sie sonst noch so bei sich hatten, wurde ihnen abgenommen. Alles wurde verbrannt, um zu verhindern, dass sich ansteckende Krankheiten ausbreiten konnten. Viele waren erkrankt, unter anderem an Flecktyphus, der sich mit den Flöhen verbreitete und mit denen sie täglich in den Lagern zu kämpfen hatten. Einige waren natürlich traurig darüber, sich von vielen kleinen Gegenständen trennen zu müssen, die oft einen besonderen Wert für sie hatten, aber Jacob und Isaac brachten nichts weiter mit als die Kleidungsstücke, in denen sie ankamen. Und sie waren froh, diese loszuwerden und sich endlich richtig waschen zu können. Sie durchliefen eine medizinische Untersuchung und dann blieben sie für drei Wochen in Lund in Quarantäne. Danach wurden sie nach Öreryd geschickt, einem Ort 20 Kilometer nördlich von Gislaved.

Sie wussten nichts über die kleine Gemeinde, in die sie geraten waren. Sie wussten nicht einmal, in welchem Land sie sich befanden. Erst sehr viel später verstand Isaac, dass der Ort an einem großen Weg lag, den man in Småland „Nissanstigan“ nennt. Er war nicht groß, hatte vielleicht ein paar hundert Einwohner. Hier gab es ein großes Gelände mit Baracken, aber ohne Zäune und Wachen. Während des Krieges hatte man hier norwegische Widerstandskämpfer untergebracht, denen es gelungen war, über die Grenze nach Schweden zu gelangen. Vorher war hier ein militärisches Ausbildungslager mit Schießanlagen für Gewehre, Maschinengewehre und Granatwerfer zusammen mit einem Vorratslager für Munition und Verbandsmaterial. Nun wohnten hier fünfhundert polnische Juden und einhundert Polen. Leider war für gewisse Polen der Krieg immer noch nicht zu Ende. Ganz schnell entstand Streit zwischen den Gruppen. Der alte Antisemitismus aus der Vorkriegszeit lebte wieder neu auf.

Viele, die hier herkamen, hatten fast keine Schulbildung. Es waren meistens die Jüngeren, die überlebt hatten und die hatten noch nicht einmal die Schule beendet, als der Krieg ausbrach. Im Konzentrationslager Ravensbrück gab es einige ältere polnische Frauen, die ohne Bücher oder andere Hilfsmittel Unterricht erteilten. Die Jugendlichen, die jetzt nach Öreryd kamen, hatten hier nun die Möglichkeit, ihre Ausbildung abzuschließen und Prüfungen abzulegen.

Isaac arbeitete in der Küche, wo er beim Abwasch half. Er schälte Kartoffeln und erledigte andere kleine Aufgaben. Die Hausmutter konnte sich nicht vorstellen, dass sie während so langer Zeit in den Lagern nichts Richtiges zu essen bekommen hatten. Viele hatten Magenbeschwerden und konnten nicht alles vertragen. Sie verstand auch nicht, warum sie ihren Blutpudding nicht essen wollten. Manchmal arbeitete Isaac bei den Bauern oder im Wald, um sich etwas Geld zu verdienen. Schweden war für ihn wie ein Paradies, hier gab es keine Wachleute und Aufseher. Auch wenn es weiterhin mit dem Magen noch nicht so gut ging und alles zugeteilt werden musste, so war er doch frei. Immer wann er wollte, hätte er sogar nach Gislaved fahren können. Aber um eine Fahrkarte zu kaufen, brauchte man einen Passierschein. Deswegen fuhr er niemals hin, was sollte er dort schon machen?

Die Streitereien in dem ehemaligen Lager nahmen immer mehr zu und der Umgangston war zeitweise sehr unangenehm. Das war scheußlich. Aber es gab Glücksmomente wie zum Beispiel der Augenblick, als Jacob, nachdem sie schon einige Wochen im Lager waren, angelaufen kam. Seine Augen glänzten vor Freude.

„Komm", rief er Isaac zu, „beeile dich, du wirst gleich jemand treffen!"

Und da stand schon Abram vor ihm, der „Nummermacher" aus Bunzlau. Sie hatten noch mitbekommen, wie er bei der Ankunft in Bergen-Belsen mit den Leichen aus dem Güterwaggon geworfen wurde. Isaac glaubte seinen Augen nicht zu trauen, aber der Mann sagte mit einem Lächeln:

„Ja, das bin ich, Abram!" Sie fielen sich in die Arme. Abram berichtete, dass er in einem Flüchtlingslager in Nossebro in Västergötland lebe, 150 Kilometer nördlich von Öreryd. Das erste Mal seit sechs Jahren überkam Isaac ein zaghaftes Glücksgefühl.

Einige Zeit später musste man alle polnischen Juden in ein Lager nach Dalarna verlegen. In Öreryd gab es den täglichen Streit mit den Polen und es war nur eine Frage der Zeit, bis etwas Schlimmes passieren würde. Isaac sah ein, dass die Entscheidung, die Gruppen zu trennen, sicherlich richtig war.

Es dauerte einige Zeit, bis sich Isaac etwas Schwedisch beigebracht hatte. Es gab keinen Sprachunterricht für ihn und er musste, so gut es eben ging, selber zurechtkommen.

Er nahm die Arbeiten an, die er bekommen konnte, aber ohne Sprachkenntnisse und eine Berufsausbildung waren es die Arbeiten, die am schlechtesten bezahlt wurden. Einige Zeit war er in Höganäs und arbeitete in einem Keramikbetrieb, dann in Norrköping, wo er eine Stelle als Waldarbeiter fand. Aber er wollte nach Göteborg, weil er wusste, dass Rakel dort lebte. Zu der Zeit waren noch Genehmigungen erforderlich, um sich in Städten wie Stockholm, Göteborg oder Malmö niederzulassen, aber immerhin glückte es ihm schließlich nach Mölndal bei Göteborg zu kommen. Er fand eine Arbeit, engagierte sich in der Gewerkschaft, wurde zu Sprachkursen geschickt und lernte auf diese Weise Schwedisch.

Abram und Isaac trafen sich regelmäßig und bald konnten sie eine Doppelhochzeit feiern. Isaac heiratete Rakel und Abram eine ihrer Freundinnen.

Im Februar 1946 bekamen Jacob und Isaac einen Brief von ihrem Bruder Srulek, der sich in München in Deutschland aufhielt. Sie hatten sich über das Rote Kreuz wiedergefunden. Von den neun Geschwistern hatten nur drei Brüder überlebt, von den fünf Geschwistern in Rakels Familie nur Rakel. Auch deren Eltern waren ermordet worden.

Dies war eine ewige Tragödie, die Isaac während seines ganzen weiteren Lebens begleiten sollte. Er unternahm alles, was er konnte, um die dunklen Bilder von sich fernzuhalten, aber sie tauchten immer wieder dann auf, wenn er am wenigsten damit rechnete. Er konnte sich niemals von ihnen befreien, sie sollten ihn weiterhin verfolgen und ihn plötzlich, mal mit unterschiedlicher, mal mit vernichtender Kraft treffen. Um weiter zu leben, musste er mit dem Strom schwimmen, sich von ihm tragen lassen, anstatt sich ihm entgegenzustellen. Auch wenn das Lachen und die Freude zurückgekommen waren, so ist doch die Trauer sein ständiger und treuer Begleiter geblieben. Zu bestimmten Zeiten war das unglaublich schwer zu ertragen, immer dann, wenn Hilflosigkeit und Ohnmacht mit ihrer grenzenlosen Verzweiflung und ihrem tiefem Schmerz plötzlich über ihn kamen und eine tiefe Angst in seiner Seele hervorriefen.

Wenn es am schlimmsten wurde, begann er die Ereignisse von den ersten Tagen nach Kriegsausbruch bis zu seiner Ankunft in Schweden niederzuschreiben, zunächst in Jiddisch, denn das war seine Muttersprache. Später übersetzte er sie ins Schwedische, damit seine Kinder es einmal lesen und verstehen könnten. Am Ende wurden es die etwa 200 eng beschriebenen Schreibmaschinenseiten über „Die sechs dunklen Jahre".

Es gab die Nachwirkungen des Krieges, aber Isaac hat doch weitergelebt und versucht dankbar zu sein für die Liebe, die er früher einmal von den Seinen bekommen hatte und erleben durfte, bevor sie ermordet wurden. Sie haben immer in ihm weitergelebt.

Deborah

Das Ghetto in Warschau

„Nun ist endgültig Schluss mit mir", dachte Deborah, als sie zusammen mit ihrer Arbeitsgruppe und begleitet von den Wachposten plötzlich auf der Dzikastraße angehalten wurde. Es war in dem Augenblick, als einer der SS-Männer mit seinem Gewehr auf sie zeigte und brüllte: „Du, du und du – einen Schritt vortreten!" Deborah befand sich unter den zehn Personen, die ausgesucht und mit einem LKW zu dem jüdischen Friedhof transportiert wurden. Sie bekamen zwei Stunden Zeit, eine drei Meter tiefe, fünf Meter breite und zehn Meter lange Grube zu graben.

Im Frühjahr 1940 begannen die Arbeiten. Man errichtete eine drei Meter hohe Mauer um das jüdische Viertel in Warschau. Es ging das Gerücht um, dass die Deutschen die Absicht hätten, alle Juden in ein Ghetto zu sperren. Ähnliche Mauern, oben mit Stacheldraht oder Glassplittern versehen, wurden auch in anderen größeren Städten gebaut. Im Oktober des gleichen Jahres kam die Bekanntmachung, dass sich spätestens bis zum 15. November alle Juden in den Bereichen innerhalb der Mauern einzufinden hätten. Die dort wohnhaften Nichtjuden hätten bis zu diesem Zeitpunkt diese Stadtteile zu verlassen. Am Tag darauf wurde das Ghetto abgesperrt. Den Juden war es untersagt, sich außerhalb des Ghettos aufzuhalten. Wer außerhalb angetroffen wurde, wurde umgehend erschossen.

Deborah wohnte mit ihrem Mann Władysław bereits in der Miłastraße 43 in dem jüdischen Viertel von Warschau. Von ihrem Fenster aus sah sie jeden Tag einen Strom von Flüchtlingen, die durch das Ghetto zogen. Das Ghetto wurde jetzt eine Sammelstelle, wohin man alle Juden aus den kleineren Städten schickte, die „judenfrei" werden sollten.

Einige zogen ihre Habseligkeiten auf Karren hinter sich her oder trugen sie in Reisetaschen, kleinen Handkoffern oder größeren Reisekoffern, aber die meisten kamen mit leeren Händen, ohne Geld und ohne alles. Es waren erschöpfte Frauen, Männer und Kinder in ihren zerschlissenen Kleidungsstücken, die sich barfuß, verdreckt, müde und entkräftet die Straße entlang schleppten.

„Ich fragte mich, wohin nur der Weg all diese Menschen führen soll. Es finden sich doch nirgends genug Wohnungen für so viele Menschen", berichtet Deborah. Eine Zeitlang schweigt sie, bevor sie fortfährt: „Schnell gab es Mangel an allem und dadurch blühte der Schwarzhandel auf. Die, die etwas zum Tauschen hatten, tauschten es gegen ein paar Nahrungsmittel. Es war für mich schwer mit ansehen zu müssen, wie ausgemergelte Kinder um ein Stück Brot oder etwas Wasser bettelten. Viele waren ohne ihre Eltern gekommen; manche wurden losgeschickt, um etwas Essbares aufzutreiben.

Ich hätte ihnen gerne geholfen, aber wir hatten selber nichts, was wir ihnen hätten geben können. Manchmal wurde ich mitten in der Nacht wach und dann sah ich die traurigen und bittenden Blicke der Kinder vor mir. Ich konnte nicht begreifen, warum gerade sie so sehr leiden mussten. Das konnte kein Mensch verstehen. Sie lebten hier in einer Hölle."

Abb. 7 Ein Teil der Ghettomauer, die im Frühjahr 1940 in Warschau errichtet wurde. Polska Källinstitutets Arkiv i Lund. Universitetsbiblioteket, Lunds Universitet.

Abb. 8 Eine Frau mit Kindern im Ghetto Warschau. Yad Vashem, Jerusalem.

Nach kurzer Zeit befanden sich mehr als eine halbe Millionen Menschen hinter den Mauern des Ghetto Warschau. Die meisten lebten in elenden Verhältnissen. Immer mehr Menschen drängten sich in einem einzigen Raum zusammen, sie schliefen auf dem Fußboden oder in stinkenden feuchten Kellerräumen. Alte wie Junge wurden von den Deutschen misshandelt, durch die Straßen gejagt, gedemütigt, gequält und oft gnadenlos erschossen. Viele von ihnen starben an Krankheiten und Epidemien, an Kälte und Hunger oder fielen anderen Entbehrungen zum Opfer.

Abb. 9 Juden, die während des Warschauer Ghettoaufstands im Frühjahr 1943 gefangen genommen wurden und auf dem Weg zum „Umschlagplatz" sind, von wo aus sie (in die Vernichtungslager) deportiert wurden. Die Frau vorne links ist Yehudit Neyer (geb. Tolub). Sie hält ihre Schwiegermutter am Arm. Das kleine Mädchen ist Yehudits Tochter und hinter dem Mädchen geht ihr Vater Avraham Neyer. Er war der einzige, der überlebt hat. (Das Bild stammt aus einem Bericht des deutschen SS-Befehlshaber Jürgen Stroop, der für die „Säuberung" des Ghettos verantwortlich war. Der Bericht war zu einem Buch mit Ledereinband gebunden und als Geschenk für Heinrich Himmler gedacht. Es wurde als Beweismaterial bei den internationalen Nürnberger Prozessen 1945–46 in Deutschland benutzt. United States Holocaust Memorial Museum, mit Genehmigung der National Archives and Records Administration, College Park.

Aber für diejenigen, die Geld hatten, gab es im Ghetto auch ein ganz anderes Leben, nur einige Straßenecken von diesem Elend entfernt. Bestimmte Schaufenster waren angefüllt mit den herrlichsten Waren, Cafés waren geöffnet, Orchester spielten und in den Nachtclubs trieb sich eine gewisse „Elite" herum, bestehend aus Geschäftsleuten, Schmugglern und der jüdischen Polizei. Die zuletzt Erwähnten rekrutierten sich aus jungen Burschen, die glaubten, dass sie sich und ihre Familien vor der Gewalt der Nazis retten könnten, wenn sie nur deren Angelegenheiten und Anweisungen gewissenhaft ausführen würden. Der eine oder andere hatte wohl Tausende jüdischer Leben auf dem Gewissen. Zu den Leitern der jüdischen Polizei ernannten die Deutschen Personen, die ihre Befehle nicht in Frage stellten. Die Ghetto-Bewohner betrachteten deshalb die jüdische Polizei mit Misstrauen und Verachtung. Auch die Mitglieder des Judenrats waren nichts anderes als ein Werkzeug in den Händen der Gestapo und auch sie luden große Schuld auf sich.

Der Winter 1941 war ungewöhnlich kalt. Zugleich führten die Deutschen Razzien und Verhaftungen durch, sie exekutierten und brachten Menschen an den Galgen, schossen wild auf den Straßen und in den Häusern herum. Nachdem sie die Menschen aus ihren Wohnungen getrieben hatten, plünderten sie oder zerstörten das, was übrig geblieben war. Auf das Versprechen von Essen oder „freiem Geleit" hin verrieten Mitläufer und Denunzianten die Verstecke. Es herrschten Willkür und Gewalt. Die Menschen starben wie die Fliegen. Früh morgens wurden die Leichen vor die Haustüren auf die Straßen gelegt, wo sie dann auf Karren geladen, abtransportiert und in großen Massengräbern beigesetzt wurden. Es gab weder die Zeit noch die Kraft für Einzelbeerdigungen. Die Leichen mussten so schnell wie möglich fort, um die Verbreitung von Krankheiten zu verhindern.

Die großen Deportationen begannen. Die jüdische Polizei ging von Haus zu Haus, um die Tausenden und Abertausenden zusammenzutreiben, die für die Deportation in die Arbeits- und Vernichtungslager bestimmt waren. Es gab auch eine Razzia in Deborahs Haus. Alle sollten runter auf den Hof. Sie wohnte in ihrer Wohnung auf der ersten Etage zusammen mit einem anderen Ehepaar und einer älteren Frau. Sie nahm ihren einjährigen Sohn Adam auf den Arm und zusammen mit der alten Frau versteckte sie sich in einer kleinen Abstellkammer. Sie versuchte die Tür von innen zu blockieren, aber das gelang ihr nicht; ein junger jüdischer Polizist drückte die Tür auf. Er packte die alte Frau und stieß sie in Richtung der wartenden deutschen Soldaten. Um Deborah besonders zu bestrafen, riss ihr der Polizist das Kind aus den Armen.

„Ich wurde wahnsinnig", berichtet Deborah. „Ich erhielt einen Adrenalinstoß, ein wilder Zorn packte mich und machte mich rasend." Sie schrie, trat um sich, brüllte, kratzte, biss, verfluchte und verdammte den Polizisten. In ihr war ein totales Chaos und sie hatte jede Beherrschung verloren. Sie wusste auch nicht, wo sie die Kraft dafür hernahm. Sie ahnte nicht, was für eine Kraft in einer Mutter steckt, wenn sie ihr Kind verteidigen muss.

Der Polizist war so verblüfft, dass er das Kind losließ und zurückwich. Deborah spürte, wie sie am ganzen Körper zitterte und ihr die Tränen über das Gesicht liefen. Mit dem Kind in den Armen glitt sie auf den Boden. Nach einer Weile schleppte sie sich vorwärts und kroch unter den Tisch, wo sie sich eine Schlafstelle hergerichtet hatte. Sie hatte ein großes Tischtuch auf den Tisch gelegt, das an den Seiten bis zum Boden runter hing und sie verdeckte. Nur zu gut wusste sie, dass die Polizei bald wiederkommen würde, um sie aufzustöbern. Aber sie war mit ihren Kräften am Ende. Sie lag nur noch da, das Kind eng an sich gedrückt.

Abb. 10 Helena Nagórzewska, die Deborah und Adam versteckte. Privatsammlung.

Nach diesem Ereignis sahen Deborah und ihr Mann ein, dass sie so auf Dauer nicht davonkommen würden. Sie wusste, dass die Polizei bald wiederkommen würde, um sich zu rächen. Władysław arbeitete damals in einer Schuhfabrik auf der arischen Seite. Er gehörte zu einer Gruppe Arbeiter, die jeden Tag von Soldaten zur Arbeitsstelle hin- und zurückgeführt wurde. Er wollte Adam raus aus dem Ghetto zur Fabrik schmuggeln und ihn dort mit einem Zettel zurücklassen in der Hoffnung, dass sich jemand seiner annehmen würde. Aber Deborah weigerte sich, sie wollte ihr Kind nicht hergeben.

In der Fabrik arbeiteten viele Polen, meist gut ausgebildete Leute. Sie halfen Deborah und Władysław, Kontakt zu einer älteren polnischen Frau zu bekommen, die bereit war, Adam aufzunehmen. Eines Morgens verließ Władyslaw wie immer das Ghetto, in seinem Rucksack hatte er Adam versteckt. Das war die einzige Möglichkeit. Viele hatten so etwas schon vor ihm versucht. Einigen war es geglückt, andere wurden dabei erwischt. Diesmal ging alles gut. Der kleine Adam zeigte sofort auf die Frau, lief zu Helena hin und sagte gleich *Babcia*, Großmutter, zu ihr.

Im Ghetto gab es doch noch Menschen, die sich bei all dem Kummer und der Trübsal viel Mühe gaben und sich aufopferten, um das Leid anderer Menschen zu lindern. Jüdische Ärzte versuchten die Ausbreitung von Epidemien zu verhindern, Schmerzen zu lindern und die wenigen Medikamente, die es noch gab, gerecht zu verteilen. Es wurde ein Heim für elternlose Kinder gegründet und eine Flüchtlingszentrale eingerichtet, um arme Juden aus den Dörfern aufzunehmen. Für eine gewisse Zeit gab es auch eine Essenausgabe für die, die völlig ihrem Schicksal überlassen waren; sie bekamen dort wenigstens einen Teller warme Suppe am Tag.

Angst und Verzweiflung waren die ständigen Begleiter dieses immer vom Schicksal bedrohten Daseins. Es war eine schreckliche Zeit, von Trauer und Hoffnungslosigkeit geprägt. Aber trotz des erbarmungslosen Terrors der Nazis, ihrer Brutalität und den Demütigungen gab es auch Widerstand. Der Wille, auch als Juden zu überleben, führte die Menschen zusammen. Sie beteten gemeinsam, schlossen Ehen, sie gaben Unterricht und bildeten sich weiter. Das war ein leiser, aber starker Widerstand, oft unter dem Einsatz von Leib und Leben.

Im Sommer nahmen der Terror und das Morden im Ghetto weiter zu. Im Juli kam die Bekanntmachung heraus, dass alle Fabriken, die nicht Waren für die Deutschen herstellten, schließen müssten. Früh am Morgen des 22. Juli drangen SS-Männer in das Ghetto ein; besondere Wachposten an den Mauern wurden eingerichtet und die Telefonleitungen wurden gekappt.

Der Judenrat bekam die Anordnung, dass die Bewohner deportiert werden müssten. Ausgenommen seien nur die Juden, die in deutschen Unternehmen arbeiteten, weiterhin jüdisches Klinikpersonal und die Mitglieder des Judenrats und der jüdischen Polizei nebst deren Familien. Auf der Bekanntmachung, die vom Judenrat aufgesetzt und angeschlagen wurde, versprach man denjenigen Arbeit und Essen, die sich freiwillig zum Bahnhof am Umschlagplatz begeben würden, der Ort, wo sich die Juden in Erwartung ihrer „Umsiedlung nach Osten" zu versammeln hatten. Zunächst wusste man noch nicht, dass es sich dabei in Wirklichkeit um den Transport in die Vernichtungslager handelte.

Als sie merkten, dass dies nur wieder eine der üblichen Lügen war, versuchten sie sich der Deportation zu entziehen. So hatte die jüdische Polizei jetzt die Aufgabe, täglich einige tausend Juden zu „liefern", manchmal waren es 15 000 an einem Tag. Die Transporte wurden von der jüdischen Polizei und SS-Männern überwacht und von Ukrainern, die sich Hitler angeschlossen hatten, nachdem er im Sommer 1941 die Sowjetunion angegriffen hatte.

Abb. 11 Die Deportation von Juden aus dem Warschauer Ghetto. United States Holocaust Memorial Museum, mit Genehmigung der Leopold Page Photographic Collection.

Die Menschen mussten sich aufstellen und wurden „sortiert", einige nach rechts, andere nach links. Die eine Gruppe durfte noch für eine gewisse Zeit in ihren Lebensalltag im Ghetto zurückkehren. Aber sie wussten nicht, dass die Menschen in den anderen Gruppen in Viehwaggons zu den Vernichtungslagern Auschwitz-Birkenau, Treblinka, Sobibor u.a. transportiert wurden. Auch wussten sie nicht, dass viele schon während der Fahrt umkamen. In jedem Viehwaggon hockten bis zu 200 Personen dicht aneinander gedrängt auf dem Boden, manchmal lagen sie auch einfach übereinander.

Adam Czerniakow, der *Preses* des Ghettos, versuchte mit den Deutschen zu verhandeln. Er wollte, dass die Waisenkinder aus dem Kinderheim von Janusz Korczak bleiben durften. Aber er hatte keinen Erfolg. Die Deportationen von 6000 Personen am Tag sollten nun unmittelbar beginnen. Würde man den Befehl nicht umgehend ausführen, würden einige hundert Personen erschossen. Von ihrem Fenster aus sah Deborah gegen Mittag des 5. August, wie Janusz Korczak mit seinen 200 Waisenkindern zum Umschlagplatz zog. Diejenigen, die den Transport überlebten, überlebten nicht das Vernichtungslager.

Czerniakow ging zurück in sein Büro, nahm einen Zettel und schrieb an den Judenrat, dass er dies alles nicht mehr länger mittragen könne. Seine Tat, meinte er, weise auf das hin, was einem noch zu tun bliebe. Danach holte er die Cyanidkapsel hervor, die er immer bereit hielt.

In der Bekanntmachung der Deutschen stand, dass jede Person nur bis zu 15 kg Gepäck mit sich führen dürfe. Den Juden wurde empfohlen, Wertsachen wie Gold, Schmuck und Geld und weiterhin Essen für drei Tage mitzunehmen. Die Menschen auf den Straßen wurden unruhig; Panik breitete sich aus. Lange Schlangen bildeten sich vor den Betrieben. Da gab es Arbeitsplätze, nach denen sich Tausende von Menschen drängten, für die man sich einschreiben lassen und eine Arbeitserlaubnis bekommen wollte. Es wurden gefälschte Dokumente hergestellt. Diejenigen, die sofort bezahlen konnten, bekamen sie an Ort und Stelle; diejenigen, die weniger Geld bei sich hatten, erhielten sie später. Aber diejenigen, die kein Geld hatten, bekamen gar keine.

Die ersten, die sich am Anfang zum Umschlagplatz begaben, waren die sogenannten Eliten aus der Unterwelt mit ihren Familien. Sie wollten als Erste zur Stelle sein, um an den neuen Orten die „versprochenen besten Arbeitsplätze“ zu bekommen. Dann kamen Tausende von Juden freiwillig, weil sie keine Arbeitserlaubnis erhalten hatten. Man hatte ja bekannt gegeben, dass alle die, die ohne Arbeitserlaubnis weiterhin im Ghetto angetroffen würden, würden umgehend erschossen werden. Hatten sie da noch eine Wahl? Nach drei Tagen begann man mit den Razzien und Absperrungen, Erschießungen fanden statt. Man wollte zeigen, dass man es mit den „Umsiedlungen“ erst meinte. Die Maßnahmen wurden immer grausamer und ihre Durchführung blutiger. Bald konnte man kaum noch über die Straße gehen ohne aufgegriffen zu werden und es reichte schon längst nicht mehr, seine Arbeitserlaubnis vorzuzeigen. Alle, die man aufgriff, wurden direkt zum Umschlagsplatz gebracht.

Die Lage verschlimmerte sich immer mehr. Die Lebensmittel wurden teurer. Der Preis für ein Brot stieg von 15 Złoty bis auf 80 bis 100 Złoty. Um die Umsiedlungsaktion zu beschleunigen, versprach der Judenrat all denen, die sich freiwillig für die Transporte melden würden, drei Kilo Brot und ein Kilo Marmelade. Darüber hinaus würden die Familien nicht getrennt werden. Es zeigte sich schnell, dass dies alles nur leere Versprechen waren. Aber mehrere tausend Menschen gingen in diese Falle. Sie bekamen weder Brot noch Marmelade und die Familien wurden auseinandergerissen.

Deborah und ihre Arbeitskameraden hatten angefangen zu graben. Mit Spaten und Hacken beförderten sie große Mengen an Erde, Steinen, Schotter und Lehm nach oben. Immer wenn sie dachte, dass sie nun auf etwas festere Erdschichten gestoßen sei, brach die Erde wieder von den Seiten der Grube herunter und dann musste man wieder von neuem anfangen zu schaufeln. Das war eine schwere Arbeit, mühselig und anstrengend.

„Ich war richtig böse auf mich selber, dass ich in eine derartige Situation geraten war. Aber es gab vermutlich nichts, was ich hätte anders machen können. Ich war überzeugt, dass meine letzte Stunde gekommen war und ich mein eigenes Grab grub und dass die Gestapo mich nun erschießen würde", berichtete Deborah.

Da standen nun alle zehn weiter in der Grube und schaufelten und schaufelten. Deborah war so müde, dass ihr schlecht wurde. Einige Male wollte sie schon aufhören, sie schaffte es einfach nicht mehr. Vielleicht, dachte sie, wäre es besser, gleich zu sterben, als in dieser Hölle sein Ende zu finden. Aber dann sah sie wieder Adam vor sich und das gab irgendwie neue Kraft und sie machte wieder einen Spatenstich. Und noch einen und noch einen. Schließlich war die Grube groß genug. Höhere SS-Offiziere tauchten auf. Vier Juden wurde befohlen in der Grube zu bleiben, während die anderen herausklettern mussten. Vier sollten vor der Grube arbeiten, die beiden anderen sich zur Ablösung bereit halten. Die Nazis hatten einige Flaschen Wodka mit und zwangen die Juden zu trinken. Gleichzeitig wandte sich der Leiter der Zwangsumsiedlungen in Warschau, der Obersturmbannführer Brandt, an sie und gab ihnen den strengen Befehl, unter keinen Umständen auch nur Wort über das zu verlieren, von dem sie gleich Zeugen sein würden.

Deborah stand noch in der Grube, als ein Transport von etwa 600 Personen ankam, bewacht von Ukrainern und SS-Männern. In Zehnergruppen wurden sie an den Rand der Grube geführt, dann wurden sie gezwungen, sich hinzuknien. Mit einem Maschinengewehr wurden sie erschossen und fielen gleich vornüber in die Grube, wo die Körper dann dicht an dicht hingelegt wurden. In einigen Körpern war noch Leben, als sie herunterfielen, aber auch diese Körper wurden zu den Toten gelegt.

Um ihre Aktion zu beenden, schossen die Ukrainer und SS-Männer einfach noch mal so in die Grube. Mit dem Blut an ihren Gewehren sangen sie: „Wenn das Messer spritzt vom Judenblut, dann geht's uns gut und wir haben Mut!"

Da hatte Deborah entschieden, dass wenn sie schon sterben müsse, dann sollte das zusammen mit ihrem Kind sein. Aber es dauerte noch ein weiteres halbes Jahr, bevor es ihr gelang, aus dem Ghetto zu entkommen.

Die Schlinge zieht sich zu

Anfang August 1942 wurde im Warschauer Ghetto eine Verordnung bekannt gegeben, dass alle, die eine Arbeit hatten, in dem Betrieb wohnen müssten und dass diese Bereiche durch Mauern abgesperrt würden. Auf diese Weise wurden in dem großen Ghetto zehn kleinere Ghettos geschaffen. Die Bewohner des einen Betriebs sollten keinen Kontakt zu Bewohnern anderer Betriebe haben und durften das Gelände nicht verlassen. So waren sie voneinander isoliert und gezwungen, unter den unterschiedlichsten Umständen und Verhältnissen in ihrer kleinen eingemauerten Welt zu leben.

Die Deportationen gingen weiter. Nun war die Aufgabe für die SS-Männer leichter, weil die Menschen jetzt in kleineren Gebieten zusammengezogen waren. Um die Quote der zu Deportierenden zu erfüllen, musste man jetzt nur in einen Betrieb stürmen und ein Viertel oder die Hälfte der Arbeiter mitnehmen. Wer zufällig zur falschen Zeit am falschen Platz war, musste mit. Es gab keine Ausnahme. Diese Aktionen kamen immer völlig unerwartet und die Juden lebten in ständiger Angst.

Im Juni wurde die Bestimmung erlassen, dass alle Juden ihre Wohnungen zu verlassen hatten. Jedem Betrieb wurde eine Straße als Sammelstelle zugewiesen, so etwa zwischen der Gęsiastraße und der Stawkistraße oder zwischen der Zamenhofstraße und der Smoczastraße. Zu einembestimmten Zeitpunkt hatten sich alle an Ort und Stelle einzufinden. Nach denen, die nicht kämen, würde gesucht und sie würden sofort erschossen. Władysławs Betrieb musste sich auf der Ostrowskastraße versammeln. Andere Betriebe kamen aus allen möglichen Richtungen zu ihren „Straßen". Der Judenrat kam, alle ohne Ausnahme waren anwesend. Allen war klar, was da vor sich ging. Jeder Betrieb musste sich in Reihen zu fünft aufstellen, und dann marschierte man zur Smoczastraße, bewacht von Soldaten, die im Abstand von zehn Metern am Straßenrand postiert waren. Hier nahmen dann höhere SS-Offiziere die Auslese vor. Alte und Kinder mussten nach links zum Umschlagplatz gehen, während eine kleinere Gruppe nach rechts gehen durfte, zurück in ihre Betriebe. So wurden während weniger Tage Zehntausende von Menschen deportiert.

Sie standen da und warteten, nirgendwo konnte man sich verstecken. Überall standen Wachposten und SS-Männer. Jetzt mussten die Arbeiter aus Władysławs Betrieb in Richtung Smoczastraße losmarschieren, danach kam Deborahs Betrieb. Immer in Reihen zu fünft. Die Betriebsleiter mit ihren Familien in der ersten Reihe, dann die Beschäftigten aus der Bürstenwerkstatt und zuletzt die aus der Tischlerei und all die anderen. Dann begann die Selektion. Aus den ersten Reihen wurden junge gesunde Personen ausgesucht, etwa dreitausend, und wieder zu ihren Betrieben zurückgeschickt. Ohne weitere Umstände wurden die übrigen viertausend nach links zum Umschlagplatz geführt. Kurz darauf kam Deborah an die Reihe, sie durfte zu ihrem Betrieb zurückgehen. Aber mehrere von ihren Freundinnen und Freunden sah sie zum letzten Mal.

Diejenigen, die von der jüdischen Ghetto-Polizei noch übrig geblieben waren, wohnten jetzt mit ihren Familien in der Miłastraße. Etwa 200 Polizisten hatte man ausgewählt, die übrigen wurden mit ihren Familien zum Umschlagplatz geschickt. Als sie in die Waggons klettern mussten, fielen manche vor den SS-Männern auf die Knie, baten und bettelten, erinnerten an ihre treue Pflichterfüllung, ihren Gehorsam und flehten darum bleiben zu dürfen. Aber das half alles nichts. Rücksichtslos wurden sie in Waggons gestoßen und verschwanden hinter den Türen. Zwischen dem 22. Juli und dem 12. September wurden über eine Viertelmillion Juden von Warschau in das Vernichtungslager Treblinka transportiert.

Die Schlinge zog sich immer enger über dem Ghetto Warschau zusammen. Die Straßen waren leer. Deborah arbeitete bei Többens, eine der beiden größten Fabriken im Ghetto, die Unterwäsche und Uniformen für die Deutschen herstellte. Im Winter wurden die traurigen Verhältnisse im Ghetto noch schlimmer. Im Januar 1943 wurde das Ghetto von den Deutschen umzingelt, sie hatten große Scheinwerfer dabei. Es kam zum ersten Aufstand im Ghetto. Vor längerem war Deborah schon gezwungen, ihren Wohnplatz zu verlassen, sie hatte ein Versteck in einer kleinen Abstellkammer gefunden, die zu einer Küche gehörte. Hier hielten sich mehrere Juden versteckt. Draußen liefen die Deutschen herum und suchten nach den Aufrührern. Sie gingen in die Wohnungen, schnitten Kissen und Federbetten auf und suchten überall. Gewöhnlich hatten sie auch Hunde dabei, aber diesmal nicht.

Am Morgen hörten sie Schritte. SS-Männer mit ihren jüdischen Mithelfern kamen durch den Hauseingang. Sie schrien, dass alle in den Hof runterkommen sollten. Dreißig Menschen hielten sich in einem kleinen Schlupfwinkel versteckt, der hinter einer Anrichte verborgen war, die man vor die Tür gestellt hatte. Der Zugang zu dem kleinen Raum ging durch die Türen der Anrichte, deren Rückwand man abgenommen hatte. Wenn man in dem Versteck war, setzte man die Schranktüren wieder ein, ebenso wie die Regale, auf die man alte Kleidungsstücke legte, und zum Schluss dann die Rückwand.

Nachdem die SS-Männer eine Weile herumgebrüllt hatten, gingen sie in die einzelnen Wohnungen. Sie kamen auch in die Wohnung, in der sich Deborah versteckt hatte. Sie nahmen mit, was sie brauchten, suchten überall herum, rückten auch sogar an dem Schrank. Die Juden saßen alle zusammengekrümmt in dem kleinen Raum und hielten den Atem an. Deborah meinte, ihr Herz würde aufhören zu schlagen. Unter ihnen befanden sich auch einige Kinder. „Wenn die Kinder anfangen zu weinen, müssen wir ihnen die Kehle zudrücken", sagte ein Mann. Aber sie blieben ruhig. Instinktiv mussten sie den Ernst der Lage erkannt haben. Ich hörte alles, all die Bewegungen in dem Wohnraum selbst. Ich dachte, es würde eine Ewigkeit dauern. Über uns und uns gegenüber hörte man eine männliche Stimme, die um Gnade bat, dann die Stimme einer Frau. Zwei Schüsse und etwas später aus einer anderen Richtung wieder ein Schuss, ein gedämpftes Stöhnen und dann Stille. „Drei Menschenleben", berichtet Deborah. „Vier Tage lang hatten wir nichts zu essen. Die Kinder bettelten um etwas zu essen. Es war hoffnungslos, ich konnte ihnen nicht helfen, ich konnte nur noch weinen." So berichtet Deborah.

Als sie sich wieder hervorwagten, suchten sie die Leichen zusammen und legten sie vor den Hauseingang. Tote vor geöffneten Eingängen waren ein Zeichen, dass das Haus durchsucht worden war, man aber vergessen hatte die Erschossenen fortzuschaffen. So waren sie zunächst geschützt. Am Nachmittag gab es wieder eine neue Treibjagd, aber diesmal war es nicht so schlimm. Tags darauf eine dritte Razzia, bei der man den ganzen Straßenzug durchsuchte und „säuberte". Allmählich konnte Deborah ihr Versteck verlassen.

Langsam kehrte das Leben wieder zurück. Von fast einer halben Million Juden, die sich vorher im Ghetto befanden, waren noch knapp 60 000 übriggeblieben. Sie kamen zu der Einsicht, dass man nur eine Überlebenschance hatte, wenn man sich verstecken konnte. Sie bauten sich Schutzräume und richteten sich Verstecke ein, in die man sich flüchten konnte, wenn wieder eine Razzia begann. Das war aber nur eine Frage der Zeit.

Im Ghetto gab es illegale Gruppen und es gelang endlich, eine starke und wirksame Widerstandsbewegung zu schaffen, die im Untergrund aktiv war. Es wurde eine regelrechte Organisation gegründet und man traf sich täglich. Diese Partei setzte sich vier Ziele. Es sollten neue Nachrichten von der Front gesammelt und erklärt werden, welche Absichten die Nazis hatten und was die Deportationen bedeuteten. Geld sollte gesammelt werden, um Waffen zu kaufen und der Widerstand musste organisiert werden.

Abb. 12 Ukrainische Soldaten betrachten Juden, die während des Ghettoaufstandes 1943 getötet wurden. Die Leichen, die in offenen Eingängen lagen, waren ein Zeichen dafür, dass das Haus durchsucht worden war und die, die sich eventuell versteckt gehalten hatten, erschossen worden waren. Yad Vashem, Jerusalem.

Mit großer Entschlossenheit machte sich die Organisation an ihre Aufgaben. In kurzer Zeit entledigte man sich der bekannten jüdischen Mitläufer. Sie holte sich Geld bei vermögenden Juden und den Betriebsleitern, die durch den Verkauf von Arbeitserlaubnissen reich geworden waren. Den Betreffenden wurde eine Mitteilung geschickt, dass zu einem bestimmten Zeitpunkt jemand eine gewisse Summe abholen würde. Oft funktionierte das problemlos und die Kuriere kamen mit dem Geld zurück. Aber manchmal weigerten sich die Angesprochenen und ließen die Boten festnehmen. Die Organisation zögerte da nicht lange und erledigte die, die die Zusammenarbeit verweigerten.

Erst im März 1943 gelang es Deborah ihre Pläne zu verwirklichen. Sie zog sich Arbeitskleidung an und verließ zusammen mit einer Gruppe Juden, die in einer Bekleidungsfabrik auf der arischen Seite arbeiteten, die von Deutschen betrieben und kontrolliert wurde, das Ghetto.

Raus aus dem Ghetto

Deborah war sich der Risiken, die sie einging, durchaus bewusst. Aber sie konnte nicht einfach so länger im Ghetto bleiben, denn sie wusste, dass es nur eine Frage der Zeit war, bis man sie aufgreifen und zum Umschlagplatz bringen oder gleich an Ort und Stelle erschießen würde. Als sie in Arbeitskleidung das Ghetto verließ, versuchte sie sich in der Mitte der Gruppe zu halten, um dadurch so wenig Aufsehen wie möglich zu erregen und so folgte sie einfach denen, die vorne gingen. Sie wusste weder, wo die Fabrik lag, noch welchen Weg man gewöhnlich nahm. Alles andere war sorgfältig geplant und ein paar Personen in der Arbeitsgruppe waren in ihr Vorhaben eingeweiht. Sie hatten Geld bekommen, um die Wachposten zu bestechen, so dass diese sie nicht mitzählten und man nicht merkte, dass bei der Rückkehr am Abend eine Person fehlte.

Deborah hatte vorher noch niemals Faden und Nadel in den Händen gehalten. Nun saß sie an einer Nähmaschine und tat so, als ob sie voll und ganz mit ihrer Aufgabe beschäftigt wäre. Sie wollte den Faden durch das Nadelöhr ziehen, wusste aber nicht, an welchem Ende sie anfangen sollte. Das klappte natürlich nicht. Sie stand auf und ging in Richtung Toilette. Aber stattdessen schlüpfte sie durch eine Hintertür. Sie war überrascht, wie einfach das ging und fragte sich, ob das nicht vielleicht eine Falle sei. So blieb sie einige Sekunden stehen, schaute erst nach rechts, dann nach links. Alles war still und ruhig. Der Hof hinter der Fabrik lag verlassen da. Langsam ging sie an dem Gebäude entlang, kam um die Ecke und blickte vorsichtig auf die Straße. Aber auch da sah alles ganz ruhig aus.

Sie ging jetzt weiter die Straße hinunter, immer noch unruhig, ob nicht jemand sie anhalten würde. Mit ihren dunklen Haaren und ohne Ausweispapiere war es recht gefährlich für sie. Einige Polen waren ganz geübt darin, Juden zu erkennen und sie den Deutschen zu melden, um dafür Geld oder etwas anderes zu bekommen. Darüber hinaus liefen überall Deutsche in Uniform herum. Schon vorher hatte sie daran gedacht, sich zunächst zu ihrer polnischen Freundin Ewa zu begeben, die auf der anderen Seite des Flusses wohnte. Vielleicht könnte man da die Kleidung wechseln und sich ein paar Tage aufhalten.

Obwohl es Juden verboten war, stieg Deborah in einen Straßenbahnwagen. Sie löste eine Fahrkarte und setzte sich. Sie sprach ein stilles Gebet und bat darum, ohne Zwischenfall weiterzukommen. Diesmal wurde es erhört; niemand kümmerte sich um sie. Ewa war überrascht, als Deborah kam, und sie war auch etwas verlegen und fühlte sich irgendwie belästigt. Ewa wollte sie nicht bei sich haben. Während der Nacht hatten einige Polen ein paar Juden, die sich versteckt hatten, angegriffen und zusammengeschlagen.

Diejenigen, die Juden Unterschlupf boten, wurden entweder gleich erschossen oder in ein Konzentrationslager gebracht. Deborah konnte Ewa keine Vorwürfe machen. Schon am selben Abend sah sie sich gezwungen weiterzugehen. Ewa hatte ihr etwas Geld und saubere Kleider gegeben.

Von da ab wanderte sie planlos umher. Obwohl sie unbedingt wieder mit Adam zusammen kommen wollte, wagte sie es nicht, direkt zu Helena zu gehen aus Angst, entdeckt zu werden. Tagsüber hielt sie sich, so gut es ging, versteckt und wenn die Dämmerung kam, suchte sie sich einen Platz, wo sie schlafen konnte. Aber natürlich konnte es nicht lange so weitergehen. Nach ein paar Tagen beschloss sie, das Risiko einzugehen und Helena aufzusuchen.

Um zu Helena zu gelangen, musste Deborah das Bahnhofsgelände durchqueren. Die Straßenbahn hielt am Hauptbahnhof. Wie immer war sie in Unruhe. Gegen Abend war sie hier angekommen, weil sie meinte, dass es hier nachts sicherer sei. *Szmalcownicy*, Denunzianten und Erpresser, zeigten tagsüber Juden an, die sie mit arischen Papieren entdeckten. Sie beeilte sich, aber vielleicht ging sie zu schnell.

In dem Augenblick, als sie über die breite Straße ging, fühlte sie, wie sich eine Hand auf ihre Schulter legte. Als sie sich umdrehte, stand sie Auge in Auge einem *Szmalcownik* gegenüber. Ihr war bewusst, dass es nun schlimm für sie aussah. Er fragte sie nach ihren Ausweispapieren. Auf dem Weg zur Polizeistation versuchte sie ihn zu bestechen und bot ihm Geld an. Er nahm das Geld, ließ sie laufen, meldete sie aber einem polnischen Polizisten, der ihr schon länger auf den Fersen war. Der zwang sie, ihm zur Polizeistation zu folgen. Da fragte man sie aus und durchsuchte sie gründlich. Sie verhandelte mit ihnen und zum Schluss einigte man sich darauf, dass man ihr fast das ganze Geld abnahm und ihr nur so viel ließ, dass sie sich eine Fahrkarte für die Straßenbahn kaufen konnte.

Noch immer zögerte sie und wagte es nicht, sich direkt zu Helena zu begeben. Nur zu gut wusste sie, dass ihr der *Szmalcownik* wahrscheinlich folgen würde, um zu sehen, wohin sie ging. Später würde er dann dort wieder auftauchen, um sie und Helena zu erpressen.

Obwohl sie sehr müde war, ging sie doch zum Łazienki-Park. Der lag ein ganzes Stück entfernt und soweit würde ihr der *Szmalcownik* wohl nicht folgen. Im Park kam sie an den Trümmern des Chopin-Denkmals vorbei, das die Deutschen einige Jahre vorher zerstört hatten. Alle Zeichen des alten polnischen Kulturlebens und seiner gebildeten Oberschicht sollten ausgelöscht werden. Es ging das Gerücht, dass einige Tage nach der Schändung bei den Resten des Denkmals ein Zettel gefunden wurde, auf den jemand geschrieben hatte: „Ich weiß nicht, wer mich zerstört hat, aber ich weiß warum – damit ich nicht meinen „Trauermarsch“ für euren Führer spielen muss.“

Deborah legte sich auf eine Bank, um sich eine Weile auszuruhen, und trotz der Kühle schlief sie ein, um erst wieder bei der Morgendämmerung aufzuwachen. Sie schaute um sich, sie war allein. Sie rückte ihren Schal auf dem Kopf zurecht, um ihre schwarzen Haare zu verbergen, und ging in Richtung Jerusalem-Allee auf Nebenstraßen, zum einen, um leichter festzustellen, ob ihr jemand folgte, zum anderen, um weniger Menschen zu begegnen. Auf der Allee nahm sie ein Taxi, das sie an den Stadtrand bringen sollte, in die Gegend, wo Helena wohnte. Der Fahrer verlangte einen zu hohen Preis.

„Hier wird nicht lange verhandelt, das sind unsere Preise“, sagte er. Sie gab ihm ihren Ehering.

Deborah merkte, dass der Fahrer ahnte, dass sie Jüdin war, und sie hatte Angst, er könnte sie anzeigen. Deshalb bat sie ihn, an einer Kirche anzuhalten. Sie ging in die Kirche, machte einen Knicks und bekreuzigte sich, wie es die Katholiken machen, ließ sich mit den Knien auf einen Hocker gleiten, der vor einem Pfeiler stand, den sie so im Rücken hatte, faltete ihre Hände und tat so, als ob sie betete. Erst nach einer Weile wagte sie sich wieder nach draußen. Als sie sicher war, dass ihr niemand folgte, ging sie bis zu Helenas Hauseingang.

„Die Freude, die ich empfand, als ich in ihre Wohnung trat, entschädigte mich für all das Leid und Elend der letzten Jahre. Adam kam auf mich zugelaufen und warf sich in meine Arme. In diesem Augenblick verließ mich die Angst, ohne ihn sterben zu müssen. Endlich waren wir zusammen. Wenn wir sterben müssten, sollten wir gemeinsam sterben“, berichtete Deborah später.

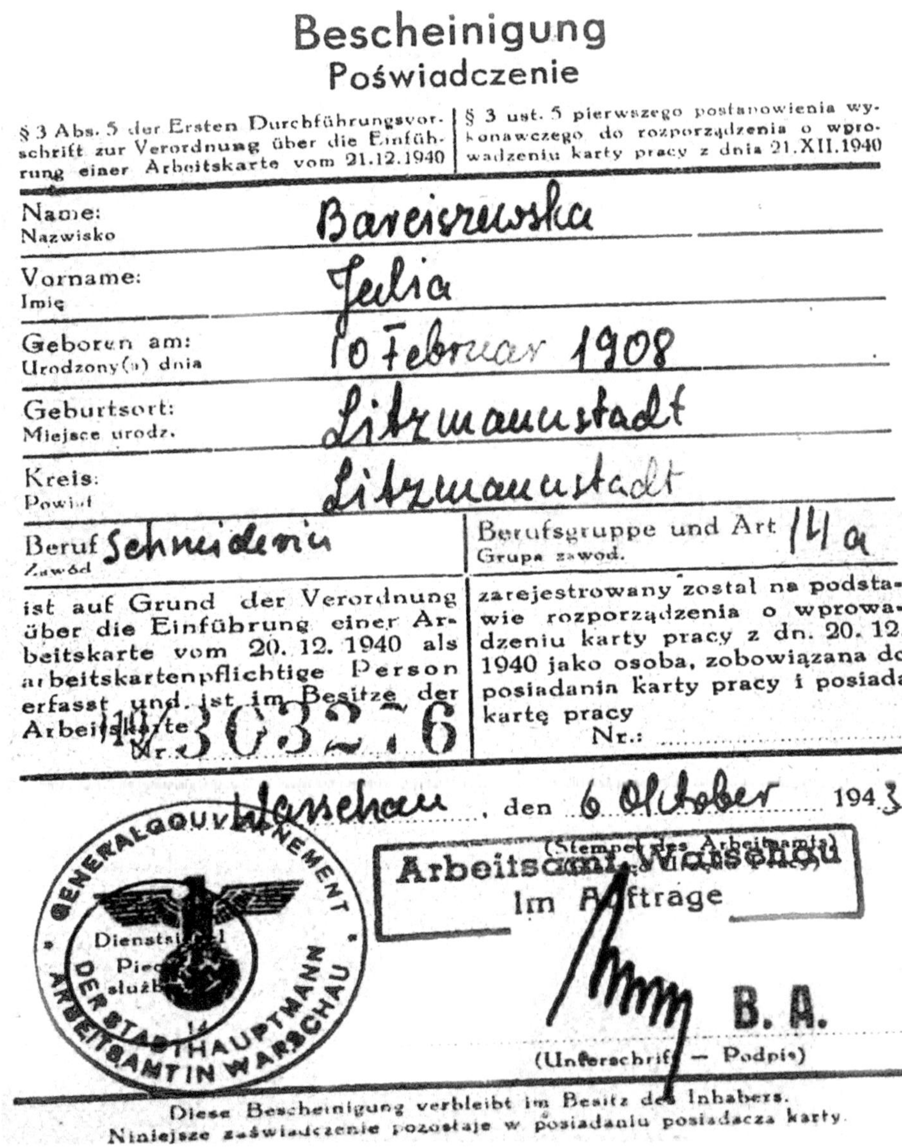

Bescheinigung
Poświadczenie

§ 3 Abs. 5 der Ersten Durchführungsvorschrift zur Verordnung über die Einführung einer Arbeitskarte vom 21.12.1940 | § 3 ust. 5 pierwszego postanowienia wykonawczego do rozporządzenia o wprowadzeniu karty pracy z dnia 21.XII.1940

Name: Nazwisko: Barciszewska

Vorname: Imię: Julia

Geboren am: Urodzony(a) dnia: 10 Februar 1908

Geburtsort: Miejsce urodz.: Litzmannstadt

Kreis: Powiat: Litzmannstadt

Beruf Zawód: Schneiderin | Berufsgruppe und Art Grupa zawod.: 14 a

ist auf Grund der Verordnung über die Einführung einer Arbeitskarte vom 20. 12. 1940 als arbeitskartenpflichtige Person erfasst und ist im Besitze der Arbeitskarte Nr.: 363276 | zarejestrowany został na podstawie rozporządzenia o wprowadzeniu karty pracy z dn. 20. 12. 1940 jako osoba, zobowiązana do posiadania karty pracy i posiada kartę pracy Nr.: ...

Warschau, den 6 Oktober 1943

(Stempel des Arbeitsamts) Arbeitsamt Warschau Im Auftrage

Generalgouvernement · Dienstsiegel · Pieczęć służbowa · Der Stadthauptmann Arbeitsamt in Warschau

B. A.

(Unterschrift — Podpis)

Diese Bescheinigung verbleibt im Besitz des Inhabers.
Niniejsze zaświadczenie pozostaje w posiadaniu posiadacza karty.

Abb. 13 Deborahs gefälschte Arbeitserlaubnis, ausgestellt auf Julia Barciszewska. Privatsammlung.

Rz.-Kat. Parafia Św. Józefa
w Łodzi

Nr. aktu 15
Rok 1908

Wolne od opł. stempl. na podst. art. 142 p. 17 Ustawy z dnia 27|VIII 35 r. Dz. Ust. R. P. Nr. 64|35 poz. 404

Świadectwo urodzenia
WYDANE NA ZASADZIE KSIĄG METRYKALNYCH

Zaświadcza się, że Julia Barciszewska
urodziła się w Łodzi dnia dziesiątego, miesiąca lutego
tysiąc dziewięćset ósmego r.
z ojca Andrzeja
z matki Barbary [illegible]

Zgodność powyższego świadectwa z oryginałem stwierdzam.
Łódź, dnia 17 m-ca marca 1938 r.
URZĘDNIK STANU CYWILNEGO

Abb. 14 Deborahs gefälschte Geburtsurkunde, ausgestellt auf Julia Barciszewska. Privatsammlung.

Helena nahm Deborah mit offenen Armen auf. Neben Adam betreute sie auch noch weitere jüdische Kinder, zwei kleine Mädchen. Trotz der Risiken für sich, ihren Mann und ihre eigene Tochter ließ sie Deborah bei sich wohnen. Helena besorgte ihr nicht nur gefälschte Ausweispapiere, sondern auch eine gefälschte Taufurkunde. Deborah hieß jetzt Julia Barciszewska, geboren am 10. Februar 1908. Weiterhin bekam sie eine Arbeitserlaubnis und wurde in der Schokoladenfabrik „Wedel“ angestellt, die die deutsche „nationalsozialistische Kriegsmacht, die SS, die Polizei und die zivilen deutschen Behörden“ mit ihren Erzeugnissen versorgte.

Helena und ihr Mann arbeiteten beide und verließen die Wohnung früh am Morgen. Direkt danach begab sich ihre Tochter auf den Weg zur Schule. Deborah mit den drei kleinen Kindern blieb in der Wohnung. Bis zu ihrer Ankunft mussten die Kinder den ganzen Tag alleine sein. Aber die Lage war trotzdem gefährlich. Ein unüberlegtes Wort konnte einen Verdacht bei den Nachbarn, Bekannten oder Arbeitskollegen wecken. Man hatte die Vereinbarung getroffen, dass Helena und ihr Mann extra laut mit den Schlüsseln klappern, bevor sie die ins Schloss stecken, falls irgendein Fremder mitkäme und sie sich somit rechtzeitig verstecken könnten. Während ihres Aufenthalts in Helenas Familie schlief sie ständig in ihren Kleidern und hatte immer eine Handtasche mit ihren Papieren in Reichweite. Bei einem unerwarteten Besuch hätte sie dann sagen können, dass sie hier nur auf ihrem Weg zu einem anderen Ziel nach etwas gefragt hätte. Aber es ging gut und es passierte nichts und sie hielt sich bis Kriegsende bei Helena versteckt. Auch Władysław gelang es Anfang April aus dem Ghetto zu entkommen, unmittelbar bevor der große Aufstand losbrach.

In der Nacht zwischen dem 18. und 19. April 1943 – nur einige Wochen, nachdem Deborah das Ghetto verlassen hatte – wurde der letzte Akt der jüdischen Tragödie in Warschau eingeleitet. Als deutsche SS-Truppen in das Lager einrückten, um es endgültig zu „säubern", stießen sie auf gezielten Widerstand. Da war man vorgewarnt und alles war strategisch bis ins Detail geplant. Der Kampf sollte sechs Wochen dauern.

Der Ghettoaufstand

Zwischen Januar und April 1943 hatten die Männer vom jüdischen Widerstand genügend Zeit gehabt, ihre alten Verstecke weiter zu sichern und unterirdische Gänge anzulegen, die das Ghetto mit der anderen Seite außerhalb des Ghettos verbinden sollten. Deborah meinte später, dass sie sich niemals – auch nicht in ihrer kühnsten Phantasie – hätte vorstellen können, mit wie großer Genialität und mit wie viel Verstand das alles organisiert worden war und dass es wirklich sehr schade war, dass das doch später alles zusammengebrochen war.

Während der dunkleren Tageszeiten schickte die Gestapo Patrouillen los, die aus Deutschen bestanden, auch aus Ukrainern und Litauern, die zu den Deutschen übergelaufen waren. In den frühen Morgenstunden drangen dann zweitausend schwer bewaffnete SS-Männer mit Panzern in das Ghetto ein. Die Juden, die noch im Ghetto waren, hatten zunächst Schutz gesucht, die Straßen waren leer. Sie waren fest entschlossen, nicht zu sterben, ohne zu kämpfen. Den ersten Zusammenstoß gab es an der Nalewkistraße, vorne an der Ecke zwischen der Miłastraße und der Zamenhofstraße, wo die deutschen Panzer von den Widerstandskämpfern mit Granaten und Benzinflaschen, die man aus den Fenstern warf, angegriffen wurden. Es fing überall an zu brennen. Die Deutschen wurden überrumpelt und hatten große Verluste.

Am späten Nachmittag zogen sich die Deutschen in die nicht mehr bewohnten Viertel des Ghettos zurück. Am nächsten Tag änderten sie die

Taktik; sie gruppierten sich um und setzten Flammenwerfer ein. Um die Menschen aufzuspüren, benutzte man Abhörgeräte und Hunde. Kämpfe brachen an mehreren Stellen im Ghetto gleichzeitig aus, die heftigsten gab es in der Nowolipkistraße und der Lesznostraße. Die Deutschen verbreiteten das Gerücht, dass der Aufstand eigentlich von deutschen Deserteuren ausgegangen sei. Man setzte jetzt schwere Artillerie ein. Die Deutschen waren nun zum Nahkampf gezwungen und sie mussten sich von Straße zu Straße, von Haus zu Haus vorwärtskämpfen. Sie schütteten die Wasserbrunnen zu und setzten die wenigen Lebensmittelvorräte, die noch vorhanden waren, in Brand. Nach und nach verließen sie das Ghetto und griffen jetzt mit Flugzeugen an. Das ganze Ghetto war ein einziges Flammenmeer.

Abb. 15 Juden werden nach dem Ghettoaufstand in Warschau 1943 gezwungen ihre Verstecke zu verlassen. Yad Vashem, Jerusalem.

Die polnischen Widerstandsgruppen kamen den jüdischen Widerstandskämpfern nicht zur Hilfe. Sie bereiteten die Befreiung von Warschau vor und wollten ihre eigenen Pläne nicht gefährden; davon durfte nichts durchsickern. Die Juden hatten nicht genug Waffen, es fehlte an Granaten, Geweh-

Abb. 16 Wohngebäude, die 1943 im Ghetto Warschau von den Nazis in Brand gesetzt werden. Yad Vashem, Jerusalem

Abb. 17 Ruinen der Großen Synagoge in der Thomackistraße in Warschau, die von den Nazis im Mai 1943 gesprengt wurde. Yad Vashem, Jerusalem.

ren, Maschinengewehren und Sprengstoff. Sie waren auch zu wenige und versuchten nun noch möglichst viele aus dem Ghetto herauszubekommen, aber es war zu spät. Ihr Hauptquartier in einem Bunker in der Miłastraße wurde gesprengt und Anielewicz, der Anführer der Widerstandskämpfer, wurde erschossen. Die Lage war unhaltbar. In dieser Situation kam die Aufforderung zu Selbstmordaktionen und etliche Widerstandskämpfer erschossen sich und ihre Familienangehörigen. Am 16. Mai 1943 wurde das Ghetto von den Deutschen ausgelöscht. Diejenigen, die man noch lebend antraf, wurden brutal ermordet. Nur etwa achtzig Personen gelang es, durch das Abwassersystem zu entkommen Aber dieser Aufstand war ein großes Ereignis und sollte später eine besondere Bedeutung bekommen. Die Selbstverteidigung in einem Ghetto war Wirklichkeit geworden. Als die Waffen schwiegen, lag das ganze Ghetto in Schutt und Asche. Um sich als Sieger zu feiern, sprengten die Nazis noch die Große Synagoge in der Thomackistraße.

Nach dem Krieg

Die sowjetischen Truppen rückten weiter vor und standen Anfang August 1944 östlich von Warschau. Die polnische Widerstandsbewegung ging davon aus, dass die Truppen bald in die Stadt eindringen und die Deutschen schlagen und damit eine neue Offensive einleiten würden. Aber die sowjetische Armee machte im Stadtteil Praga auf der anderen Seite der Weichsel halt, ohne weiter anzugreifen. Die Widerstandsbewegung hatte mit ihren eigenen Mitteln keine Chance, die militärisch überlegenen Deutschen zu vertreiben.

Deborah wohnte weiterhin bei Helena am Stadtrand von Warschau. Sie hörte, wie die deutschen Flugzeuge über Warschau hinweg flogen und ihre Bomben abwarfen. Nach einigen Tagen war die Stadt ein brennendes Inferno mit Gewehrfeuer und Explosionen. Das war ein schreckliches und entsetzliches Gefühl für mich, berichtet sie. Trotz ihrer völligen Hilflosigkeit fand sie doch zu einer Art innerer Ruhe zurück; vielleicht lag das daran, dass Adam bei ihr war. Sie musste wieder daran denken: müssten sie sterben, würden sie gemeinsam sterben.

Die Kämpfe dauerten zwei Monate. Während dieser Zeit machten die Deutschen Warschau dem Erdboden gleich und Hunderttausende von Menschen verloren ihr Leben. Danach zogen die Deutschen nach Westen ab, aber der Krieg war damit noch nicht zu Ende. Es sollte noch weitere Monate bis Mai 1945 dauern, bis Frieden in Europa herrschte. Als Deborah sich raus auf die Straßen wagte, lag Warschau in Trümmern.

So seltsam es auch war, die Jahre unmittelbar nach dem Krieg sollten in Deborahs Leben ihre glücklichsten werden, berichtet sie. Umgehend bekam sie Kontakt zu einer jüdischen Organisation, die nach jüdischen Kindern forschte, die überlebt hatten. Diese kamen jetzt aus ihren Verstecken hervor, aus den Wäldern und aus den Kellern. Je mehr sie danach suchte, um so mehr traf sie auf elternlose jüdische Kinder und die Organisation richtete ein Kinderheim auf dem Land ein. Mit ihrem ganzen Herzen widmete sich Deborah den Kindern. Sie spielte mit ihnen, freute sich an ihrem ungezwungenen fröhlichen Lachen, gab ihnen Liebe und Geborgenheit und antwortete auf ihre Fragen, so gut sie eben konnte. Sie fühlte, dass sie eine sehr große Aufgabe hatte.

Die Kinder brauchten Deborah und es bedeutete viel, dass sie ihnen ein wenig Zuversicht und Sicherheit geben konnte, auch wenn ihre Lage weiterhin schwierig war. Niemand wusste, was noch kommen würde, wer sich weiter um sie kümmern sollte, alles war zerstört und sie hatten nichts und niemanden mehr. Sie suchten nach überlebenden Angehörigen, aber in den meisten Fällen gab es keine mehr. Mit der Zeit bekamen die Kinder die Möglichkeit, nach Israel zu reisen, und man meinte, dass das das Beste für sie wäre.

Die polnischen Juden, die überlebt hatten und nach Polen zurückkehrten, kamen vor allem aus der Sowjetunion, in die sie geflüchtet waren. Die meisten waren Sozialisten oder Kommunisten, die schon vor dem Krieg nach einer Gesellschaft für Gleichberechtigung und religiöse Toleranz gekämpft hatten. Im Unterschied zu der jüdischen Vorkriegsbevölkerung wiesen die meisten von ihnen weder in ihrer Kleidung noch in ihrer Sprache Merkmale auf, die sie von den anderen unterschieden. Man sah selten fromme Juden mit ungestutztem Bart und in langen Kaftanen, man hörte selten Jiddisch auf den Straßen. Viele nahmen auch polnische Namen an, um sich nicht länger von der polnischen Bevölkerung zu unterscheiden. Drei Millionen Juden, die in Polen lebten, kamen nie wieder zurück. Es gab sie nicht mehr. Nur noch etwa ein Prozent ihrer vorherigen Anzahl war übrig geblieben.

Nach Kriegsende verlor Polen große Gebiete im Osten, die der Sowjetunion einverleibt wurden. Zum Ausgleich wurden Polen an die westliche Grenze in die ehemaligen deutschen Gebiete östlich der Oder-Neiße-Linie umgesiedelt. Gleichzeitig verstärkte Stalin seinen Einfluss in Polen; Polen wurde ein Satellitenstaat der Sowjetunion. Für die höheren polnischen Führungspositionen wurden Leute aus ihren eigenen Reihen ausgesucht. Dies waren moskautreue Kommunisten, die schon die meiste Zeit des Krieges in der Sowjetunion zugebracht hatten und danach nach Polen zurückgekehrt waren. Sie wurden ausgewählt, um die sowjetische Politik in Polen durchzusetzen. Unter ihnen befanden sich auch Juden, was ein weiterer Grund für den wieder zunehmenden Antisemitismus unter den Polen war, die die Kriegsjahre in Polen zugebracht hatten.

Abb. 18 Deborah mit einigen der jüdischen Kinder, um die sie sich nach dem Krieg gekümmert hatte. Privatsammlung.

Die Stimmung gegen die Juden wurde immer angespannter. Wenn Überlebende in ihre Heimatorte zurückkehrten, begegneten ihnen Feindseligkeit und Misstrauen. Der Pogrom in Kielce ist nur ein Beispiel für die Grausamkeit gegenüber Juden, die latent in der Gesellschaft vorhanden war. Was eigentlich an einem schönen, warmen Sommertag im Juli 1946 in Kielce geschah, wurde lange geheim gehalten. Erst nach dem Zusammenbruch des Kommunismus erhielten Forscher Zugang zu dem Geheimarchiv des Innenministeriums und zu dem Archiv in Kielce, so dass man etwas über die Ereignisse von damals in Erfahrung bringen konnte. Aber wichtige Dokumente über die Rolle des Militärs während des Pogroms wurden Ende der 80er Jahre verbrannt. Es ist somit unwahrscheinlich, dass jemals die ganze Wahrheit ans Licht kommt.

Das, was man aber mit Sicherheit weiß, ist, dass der Pogrom seine Ursache darin hatte, dass ein neunjähriger polnischer Junge ohne Erlaubnis von zu

Hause weglief, um Freunde außerhalb der Stadt zu besuchen. Als er gegen Abend nicht nach Hause kam, suchten die Eltern nach ihm und meldeten ihn während der Nacht bei der Polizei als vermisst. Nach ein paar Tagen kam der Junge wieder zurück und aus Angst, bestraft zu werden, erzählte er, dass ihn ein Mann, der nicht Polnisch sprach, in einem Keller gefangen gehalten hätte. Um seine Geschichte glaubwürdiger zu machen, beschuldigte er einen Juden, der ihn eingesperrt haben sollte. Die Polizei führte eine Hausdurchsuchung durch, Militär wurde hinzugezogen und schnell verbreitete sich das Gerücht, dass Juden Jagd auf kleine Kinder machen würden. Damit wurde der Pogrom ausgelöst, bei dem über 40 Juden ermordet und viele verletzt wurden. Dieses Ereignis wurde für viele überlebende Juden zu einem Wendepunkt, sie verließen während weniger Monate Polen.

Die Sowjetunion verstärkte gleichzeitig ihre Macht und ihren Einfluss in Polen und in den anderen osteuropäischen Staaten, denen sie ihre radikale Ideologie aufzwang. Grundsätze, die auf kommunistischen Prinzipien beruhten, wurden festgelegt; die Geheimpolizei bekam unbegrenzte Macht, Unternehmen wurden verstaatlicht und die staatliche Planwirtschaft wurde eingeführt. Durch die starke Industrialisierung änderte sich die Infrastruktur des ganzen Landes.

Mitte der 50er Jahre gab es innerhalb der kommunistischen Partei Polens zwei politische Hauptströmungen, nämlich eine eher reformfreundliche Gruppe auf der einen Seite, zu der auch viele Juden gehörten, und auf der anderen Seite eine konservative Gruppe unter Führung von Władysław Gomułka. Er traf zwar eine Vereinbarung mit seinen Gegnern, aber schon kurz darauf hatte er eigene Gefolgsleute auf die wichtigsten Posten der Gegenpartei gesetzt. Hinzu kam noch, dass sich nach einigen Jahren eine neue Gruppe bildete, die immer mehr an Einfluss gewann und von General Moczar angeführt wurde. Moczar war ein extrem nationalistischer und antisemitischer Politiker, gleichzeitig Innenminister und Chef der Geheimpolizei und ausgebildet beim sowjetischen KGB. Ohne dass das an die Öffentlichkeit drang, spielte sich ein harter innenpolitischer Machtkampf innerhalb der kommunistischen Partei zwischen Gomułka und Moczar ab, wobei der Antisemitismus ein Druckmittel und die Juden Spielfiguren waren.

Nach Simon Wiesenthals Dokumentation über den Nachkriegsantisemitismus in Polen hatten viele Polen in öffentlichen Positionen und Journalisten in leitender Stellung bei wichtigen Presseorganen eine fragwürdige Vergangenheit in der faschistischen *Falange*-Bewegung. Nach dem Krieg wurden sie von dem kommunistischen System aufgesogen, das ihnen neue Aufgaben bot. Sie schlossen sich dann der katholischen *PAX*-Bewegung an, die von der Geheimpolizei gegründet wurde, um die katholische Kirche zu infiltrieren und um den Kommunismus unter den katholischen Polen zu fördern. Viele peitschten die Stimmung gegen die Juden auf. Moczar und mehreren Chefredakteuren der parteitreuen Zeitungen wurde vorgeworfen, dass sie hinter der antisemitischen Welle standen, die Polen überschwemmte. Diese Leute hatten ganz einfach ihren Mantel nach dem Wind gehängt und sich der aktuellen politischen Situation angepasst; zugleich setzten sie ohne Unterlass ihre antisemitische Hetze gegen die Juden fort. Die rechtsextremen antisemitischen Artikel, die vor dem Krieg veröffentlicht wurden, wurden nun den kommunistischen Lehre angepasst und erneut von denselben Journalisten veröffentlicht. Nur wurde das Wort „Jude" durch „Zionist" ersetzt.

Während dieser Zeit arbeitete Deborah beim Rundfunk in Warschau und machte Programme auf Jiddisch für die polnischen Juden. Es war schon merkwürdig, dass sie damit weitermachen konnte, denn der Antisemitismus war weiterhin ziemlich stark. Vielleicht war dies eine Möglichkeit für das Regime, zu zeigen, dass sie die Anwesenheit nationaler Minderheiten im Lande duldete. Aber all das war nur Fassade. Deborah war gezwungen, sehr genau und sorgfältig darüber nachzudenken, wovon die Programme handeln sollten und was sie sagen durfte. Alles musste von der Zensur genehmigt werden. Man durfte nicht von der Parteilinie abweichen. Leider wurden später alle ihre Aufnahmen gelöscht oder die Bänder überspielt.

Nach dem Sechstagekrieg im Juni 1967 zwischen Israel und den arabischen Ländern Syrien, Ägypten, Jordanien und dem Irak gab der Oberste Sowjet den osteuropäischen Satellitenstaaten sofort Anweisungen, wie in den Medien über den Konflikt zu berichten sei. Polnische Zeitungen überboten sich mit Verurteilungen gegenüber Israel. Den arabischen Ländern wurde militärische und finanzielle Unterstützung angeboten und zugleich wurden die diplomatischen Beziehungen zu Israel abgebrochen.

„Wir wollen keine Fünfte Kolonne in unserem Land." Am 19. Juni 1967 hörte Deborah in einer Direktübertragung des Rundfunks, wie der polnische Generalsekretär der Kommunistischen Partei Gomułka sagte, dass man nun mit den polnischen Juden hart umgehen müsse, denn sie seien potentielle Verräter und würden die innere Sicherheit und den Weltfrieden bedrohen. Auf Parteikongressen schlug er einen scharfen Ton an und richtete deutliche Warnungen an die Juden, wobei er gleichzeitig betonte, dass Polen sie nicht an ihrer Ausreise nach Israel hindern würde. Die Kampagne begann mit einem politischen Protest gegen Israel, aber unter Moczar und seinen politischen Anhängern wurde daraus schnell eine antisemitische Kampagne gegen die polnischen Juden, die allesamt beschuldigt wurden, Zionisten zu sein. Obwohl Gomułka, dessen Frau Jüdin war, später versuchte die antisemitischen Töne etwas abzuschwächen, leitete die Geheimpolizei eine regelrechte Treibjagd auf Menschen jüdischer Herkunft ein. Das war der Beginn der Ausweisung von Tausenden von Juden aus Polen zwischen den Jahren 1968 bis 1972.

Studentenunruhen

Im März 1968 gab es drei Tage lang in Warschau Studentendemonstrationen. Mehrere tausend Studenten kamen zusammen und zogen Richtung Parteizentrale und verlangten mehr Meinungsfreiheit, Demokratie und Säuberungen innerhalb der Regierung. Man verlangte den Rücktritt von Innenminister Moczar und des Staatsratsvorsitzenden Ochab. Die übrige polnische Bevölkerung wurde aufgefordert, sich den Demonstrationen anzuschließen.

Die Demonstrationen begannen am Freitag, den 8. März 1968, und dauerten bis Montag. Deborah war auf dem Weg zurück nach Hause vom Rund-

Abb. 19 Studentendemonstration in Warschau im März 1968. Instytut Pamięci Narodowej, Warszawa.

funkhaus, als sie sah, wie die Studenten in langen Demonstrationszügen eine der Hauptstraßen entlangzogen und dabei antikommunistische Parolen skandierten. Ähnliche Demonstrationszüge mit der Forderung nach mehr Demokratie zogen auch durch andere Straßen Warschaus ebenso wie durch andere polnische Städte.

Im Nachbarland Tschechoslowakei machte zur gleichen Zeit der Parteisekretär Alexander Dubček große Anstrengungen, um eine liberalere und reformfreundlichere Politik durchzusetzen. Während des Prager Frühlings 1968 vom Januar bis zur Invasion sowjetischer Truppen im August desselben Jahres versuchte er eine sozialistische Gesellschaft ohne Zensur und mit weniger Kontrolle der Menschen zu schaffen. Die polnischen Studenten verfolgten diese Entwicklung aus nächster Nähe.

Am Samstag konzentrierten sich die Demonstrationen rund um die Technische Hochschule. Mehrere tausend Studenten marschierten zur Hochschule und riefen: „Polen wartet auf Dubček“. Die freiwillige Reserve der Bürgermiliz ORMO griff brutal ein und die Demonstranten wurden auseinandergetrieben; in kleineren Gruppen versammelten sie sich dann wieder an verschiedenen anderen Plätzen in Warschau.

Am Montag kam es zu neuen Demonstrationen mit Tausenden von Studenten. Nach Mitteilung der Schwedischen Botschaft in Warschau wurde in der polnischen Tageszeitung *Trybuna Ludu* nur von kleineren Unruhen berichtet, angestiftet von einigen wenigen Einzeltätern. Die Zeitung wurde demonstrativ von Studenten verbrannt. Danach marschierten sie zur kommunistischen Parteizentrale, der Sowjetischen Botschaft und zum Kulturpalast. Auch hier griffen die Sicherheitskräfte wieder ein, um die Demonstrationen aufzulösen. Während dieser drei Tage wurden mehrere hundert Studenten und ihre Anführer festgenommen und zu Gefängnisstrafen zwischen zwei und sechs Monaten verurteilt.

Deborah war sehr beunruhigt. Aus Erfahrung wusste sie, dass das kommunistische Regime eine nicht noch so kleine Demonstration gegen die Regierung dulden würde. Hart und schonungslos würde gegen die vorgegangen, die es wagten, das System in Frage zu stellen. Auch ganz unschuldige Menschen riskierten, in Schwierigkeiten zu geraten. Es gab keine Gerechtigkeit; alles wurde von einem System bestimmt, das durch Bedrohung und Gewalt absolute Macht und Kontrolle über seine Mitbürger hatte.

„Spät am Samstagabend wurde an unserer Tür geklingelt“, berichtet Deborah. „Zwei Männer in dunklen Ledermänteln und schwarzen Filzhüten fragten nach Adam. Mir brach der kalte Schweiß aus und ich griff nach dem Türpfosten, um nicht zusammenzubrechen.“

Aber sie hatte sie sich schnell wieder in Gewalt und erklärte, dass er nicht zu Hause sei und sie auch nicht wüsste, wann er heimkäme.

Abb. 20 Sicherheitskräfte in Warschau im Zusammenhang mit Demonstrationen im März 1968. Instytut Pamięci Narodowej, Warszawa.

Die Männer drängten sich in die Wohnung und sagten, dass sie hier auf ihn warten würden. Sie waren hartnäckig und ließen sich nicht davon abbringen. Sie gingen etwas im Wohnzimmer hin und her und schienen sich alles zu merken, was ihnen da so auffiel. Deborah war elend zu Mute. Es war widerlich, diese Typen in ihrer Wohnung zu haben, aber sie konnte nichts machen, um sie loszuwerden.

Sie fragte sich, was sie wohl von Adam wollten. Sie konnte sich nur schwer vorstellen, dass er an den Demonstrationen beteiligt war. Er studierte an der Technischen Hochschule und interessierte sich nur für sein Studium, nicht für Politik. Wo mag er sich wohl in diesem Augenblick befinden? Was würde passieren, wenn er gerade jetzt heimkäme, wo die Geheimpolizisten noch da sind? Sie wusste nicht, ob es besser sei, wenn er jetzt heimkäme oder später.

Es war totenstill. Die Männer wechselten kein Wort mit Deborah, während sie warteten. Sie hatten reichlich Zeit. Ihr fiel auf, dass sie auch nicht miteinander sprachen, sondern sich, ohne eine Miene zu verziehen, mit Blicken verständigten. Sie waren beide wohl im selben Alter, so um die 50 herum. Jeder hatte seinen Stuhl so gestellt, dass er Eingang und Flur überblicken konnte. Zwischendurch stand der eine ab und zu auf, machte ein paar Schritte in der Wohnung, ging zum Fenster und schaute raus auf die Straße. Der andere folgte ihm mit Blicken. Zunächst konnte sie die Männer nicht aus den Augen lassen. Aber schließlich ging sie raus und setzte sich in die Küche, aber in dem Spiegel über dem niedrigen Buchregal konnte sie sie beobachten. Sie fühlte sich wie eine Verbrecherin. Die Zeit verrann. Nach ein paar Stunden des Wartens standen die beiden auf und sagten:

„Sage deinem Sohn, dass er sich morgen früh als erstes auf der Polizeistation einzufinden hat." Danach gingen sie ihrer Wege.

Es war schon ziemlich spät am Abend und Adam war immer noch nicht zurück. Deborah legte sich hin. Sie würde schon hören, wenn er zurückkäme. Er würde sich unmöglich in die Wohnung schleichen können, ohne dass sie es bemerken würde. Sie hatte Mühe einzuschlafen, aber dann musste sie wohl doch eingeschlummert sein. Mit einem Ruck wachte sie auf, als sie in den frühen Morgenstunden den Schlüssel im Türschloss hörte.

Sie hatte Tee gekocht und die beiden saßen am Küchentisch. Adam sagte, dass die Unruhen weitergehen würden. Die Polizei habe am Samstagmorgen die Technische Hochschule umstellt und es habe Schlägereien gegeben. Adam war dabei. Das war wohl die Erklärung dafür, dass die Geheimpolizei gekommen war. Sie hatten sich darauf verständigt, dass er sich auf der Polizeizentrale melden würde. Würde er nicht hingehen, würde das die Angelegenheit nur noch verschlimmern. Sie sprachen darüber, was er sagen solle und was nicht. Sie riet ihm, auf keinen Fall zu sagen, dass er mit der Sache etwas zu tun habe; er könne doch einfach sagen, dass er da zufällig vorbeigekommen und gegen seinen Willen in die Auseinandersetzungen hineingezogen worden sei. Er versuchte ihr zu erklären, dass er am Aufbau einer neuen freieren Gesellschaft mitwirken wolle, jetzt habe man die Möglichkeit dazu. Jetzt gäbe es die Aussicht, demokratische Veränderungen durchzusetzen. Würde sie das denn nicht einsehen? Sie müsste doch verstehen, wie wichtig die Meinungsfreiheit sei. Natürlich verstand Deborah das, aber sie hatte ihre Erfahrungen mit der rücksichtslosen Gewalt von totalitären Gesellschaften gemacht. Sie wusste, wie man mit Macht und Unterdrückung die Menschen so gefügig macht, dass sie sich nach dem richten, was man ihnen vorschreibt.

Am Morgen darauf ging Adam zur Polizei. Er wurde umgehend verhaftet und ins Gefängnis gebracht. Nach einiger Zeit begannen die Verhöre. Am

Anfang hielt er sich an die Ratschläge seiner Mutter, aber in dem Maße, wie die Verhöre fortgesetzt und intensiver wurden, fiel es ihm schwerer, seine Gedanken auseinanderzuhalten und logisch zu argumentieren. Er stand unter Druck. Seine Aussagen änderten sich. Bald wusste er nicht mehr genau, was er gesagt hatte und was nicht. Aber er hatte auch den Eindruck, dass das schon längst keine Rolle mehr spielte.

In seiner Zelle befand sich ein etwas älterer Mann, der sehr mitteilsam war und der versuchte sein Vertrauen zu gewinnen. Er behauptete, dass auch er Jude sei. Doch Adam war wachsam und auf der Hut. Er hatte den Verdacht, dass der Mann ein Spitzel war und dass es seine Aufgabe war, Namen von Studenten, die an den Unruhen beteiligt waren, von ihm herauszubekommen. Er nannte keine Namen.

Adam wurde angeklagt und zu drei Monaten Gefängnis verurteilt. Nach seiner Entlassung wurde er von der Universität relegiert. Normalerweise hätte er um diese Zeit sein Studium beendet und die Universität als Diplomingenieur verlassen. Nun stand er ohne Abschlussexamen da. Als die Grenzen des Landes für ausreisewillige Juden geöffnet wurden, gehörte er zu den ersten, die eine Ausreisegenehmigung beantragten. Nach einiger Zeit kam er über Wien und Rom nach Schweden.

Auch Deborah machte sich über eine Emigration Gedanken, aber das stellte sie vor eine schwere Entscheidung. Sie war zwar eine polnische Jüdin, aber zugleich auch eine Polin, die ihr Heimatland liebte. Als Adam abreiste, war Helena, von der sie durch den ganzen Krieg hindurch beschützt und somit letzten Endes gerettet wurde, schon schwer krank. Sie lebte alleine und es gab niemanden, der sich um sie kümmerte. Nach all dem, was Helena für sie und Adam getan hatte, konnte Deborah sie jetzt nicht einfach alleine zurücklassen. Das gab den Ausschlag für ihre Entscheidung; sie blieb in Warschau.

Nach Helenas Tod wollte Deborah, dass Helenas Name im Yad Vashem Museum in das Verzeichnis von Polen aufgenommen würde, die während des Krieges Juden geholfen hatten: Righteous Among the Nations – Die Gerechten unter den Völkern. Sie verfasste einen kurzen Brief, den sie dann in mehrere kleine Stücke zerriss. Sie versteckte einen Teil in ihrem Schuh und ging zur Niederländischen Botschaft, um die Zettelchen dort zu hinterlegen. Die Niederlande waren die Schutzmacht für Israel in Polen. Das wiederholte sie mehrere Male, solange sie noch Briefstücke hatte. Am Ende konnte der ganze Brief in der Botschaft wieder zusammengesetzt und nach Israel geschickt werden. Das konnte sie nicht machen, solange Helena noch lebte. Auch konnte sie nicht den ganzen Brief einfach abgeben. Für sie wie auch für

Helena hätte das schlimme Folgen haben können, wenn die Mitteilung auf diese Weise in die Hände der Geheimpolizei geraten wäre.

Nachdem Helena gestorben war, schaffte es Deborah nicht mehr zu emigrieren. Sie fühlte sich zu alt, um noch einmal ein neues Leben in einem fremden Land anzufangen. Während vieler Jahre konnte sie Adam nicht treffen. Ihr wurde ein Ausreisevisum verweigert und Adam konnte nicht nach Polen kommen, denn in seinen ersten Jahren in Schweden hatte er nur einen Ausländerpass. Auch als er dann später die schwedische Staatsangehörigkeit erhielt, sah er von einer Reise ab. Ehemalige polnische Staatsbürger wurden nur nach Gutdünken in das Land hereingelassen. Über Telefon und durch Briefe blieben Deborah und Adam weiterhin in Kontakt, aber beide wussten, dass sie nicht offen und frei schreiben konnten. Erst nach dem Zusammenbruch des Kommunismus konnten sie sich wieder ab 1989 regelmäßig treffen.

Das Begräbnis

Schweden 2003

Deborah zitterte am ganzen Körper, so heftig und verzweifelt weinte sie. Sie weinte hemmungslos. Sie war tieftraurig und wie vernichtet. Ihr Sohn war gestorben. Als Zeichen der Trauer hatte sie auf der rechten Seite ihrer Bluse die *Kriah* zerrissen. Diese Bluse würde sie während der ganzen Woche tragen, wenn sie das *Shiva* setzte und die Totenwache hielt.

Sie hatte die ganze Nacht über bei ihrem aufgebahrtem Sohn gewacht, zusammen mit der *Chevra Kadisha*, der jüdischen Trauergemeinde, die ihn zu seiner ewigen Ruhe begleiten sollte. Sie hatte eine Kerze an das Kopfende gestellt und zu Hause alle Spiegel zugedeckt. Niemand aß etwas in diesem Raum und alle Gespräche galten dem Verstorbenen und handelten von ihm.

Am Morgen holte die Trauergemeinde den Verstorbenen, um ihn in einfache weiße Tücher zu hüllen. Man legte ihm seinen Gebetsschal über die Schultern, eines von den *skådetrådar,* wurde abgeschnitten, so dass sie nicht mehr länger in religiöser Funktion verwendet werden konnten. Somit war er nun von allen irdischen Pflichten befreit. Der Leichnam lag in einem einfachen schmucklosen Sarg aus mit Holzdübeln zusammengefügten Brettern. Es gab keine Nägel, Schrauben oder andere Teile aus Eisen oder Metall, die als Symbole für Krieg galten. Reich oder arm, gelehrt oder ungebildet, jung oder alt – alle wurden in den gleichen einfachen Gewändern und in dem gleichen einfachen Sarg bestattet. Wenn der Tod uns holt, sind wir alle gleich und wir alle werden unseren ewigen Frieden haben.

Die Kapelle war nicht besonders groß, sie war sehr einfach eingerichtet. Auf jeder Seite des Mittelgangs standen etwa zehn Stuhlreihen. Die meisten waren leer. Die Frauen saßen rechts, die Männer mit ihrer Kippa auf dem Kopf hatten links Platz genommen. Der Sarg wurde vor eine große *Menora*, den Siebenarmigen Leuchter, gestellt und mit einem schwarzen Tuch zugedeckt. Daneben lag ein Blumenkranz.

Eingehüllt in seinen *Tallit* kam der Kantor durch eine Seitentür herein und leitete die Trauerfeier mit einem Gesang ein. Von draußen hörte man Vogelgesang aus den Sträuchern und Bäumen, der daran erinnerte, dass das Leben weiterging. Der Kantor las einige Abschnitte aus der *Thora*, hielt eine kurze Rede zum Gedenken an den Verstorbenen und beendete die Zeremonie mit einem Gebet.

Auf dem Weg zur Grabstelle las der Kantor einen Psalm und blieb dreimal stehen, wie es Brauch ist. Als der Sarg heruntergelassen wurde, hörte man wieder das herzzerreißende Weinen der alten Frau. Der Kantor warf drei Schaufeln Erde auf den Sarg und legte dann den Spaten auf den Boden. Danach traten die Männer und Frauen nach vorne und machten es dem Kantor nach. Einige Frauen blieben etwas länger stehen und verabschiedeten sich mit einem leisen Gruß.

Der Sarg wurde mit Erde zugedeckt und man wandte sich mit tröstenden Worten an die trauernde Frau. Aber sie fand keinen Trost. Immer wieder fragte sie, wo Gott war, als sie ihn am meisten brauchte.

Als sie in die Wohnung des Verstorbenen zurückkam, zündete sie wieder eine Kerze an, die sieben Tage lang brennen würde. Sie konnte immer noch nicht verstehen, was geschehen war. Während der ganzen Woche, in der sie das *Shiva* setzte, wiederholte sie immer wieder dieselben Worte – ich wusste nichts … Doch nun war Adam erlöst, er lag im Grab und hatte die ewige Ruhe gefunden.

Samuel

Deportation nach Sibirien

Bis zum Kriegsausbruch lebte Samuel mit seinen Eltern in Posen (Poznán) im westlichen Polen. Über viele Jahrhunderte war die Stadt ein blühendes wirtschaftliches und politisches Zentrum und ein bedeutender Ort für Bildung und Kultur. Posen war ebenso ein alter jüdischer Wohnort und Handelsplatz, gelegen am Schnittpunkt wichtiger Handelswege. In diesem ganzen Gebiet lebten Polen, Deutsche und polnische Juden seit vielen Generationen, insgesamt etwa fünf Millionen Menschen. Sie alle hatten die polnische Staatsangehörigkeit, seit Polen nach dem ersten Weltkrieg als selbständiger Staat wieder neu entstanden war.

Als Polen im September 1939 besetzt wurde, wurde das Land aufgeteilt. Die westlichen Provinzen wurden unter dem Namen Warthegau dem Deutschen Reich einverleibt. Die zentralen Regionen mit den Städten Warschau, Radom, Lublin und Krakau waren nun das von den Deutschen besetzte Generalgouvernement. Gut zwei Wochen später besetzte die Sowjetunion – entsprechend der Vereinbarung zwischen Hitler und Stalin im Molotow-Ribbentrop-Vertrag – die östlichen Teile Polens. Hitler beabsichtigte, den Warthegau von Polen und Juden zu „säubern"; übrig bleiben sollten dort nur noch Volksdeutsche, Deutsche, die außerhalb der deutschen Landesgrenze wohnten, aber als Deutsche galten.

Im November 1939 wurde die Bestimmung erlassen, dass alle Juden innerhalb von drei Monaten Posen zu verlassen hatten. Diese Anordnung schlug wie ein Blitz ein und mit den Deportationen nach Osten wurde unmittelbar darauf begonnen. Alles musste schnell gehen. Es gab keinen hinreichenden Platz für das Gepäck und die Juden konnten kaum etwas mitnehmen. Es gelang Samuels Vater noch, ein paar Fotografien und wichtige Unterlagen zusammenzusuchen, die er dann seinem deutschen Nachbarn mit der Bitte gab, sie aufzubewahren. Sie sollten später noch mal eine besondere Bedeutung für Samuel bekommen.

Es gab ein wildes Durcheinander. In einem großen Gedränge und Gewimmel kam Samuel zum Bahnhof. Die verzweifelten Rufe von Menschen vermischten sich mit dem Pfeifen der Lokomotiven und dem Motorengeräusch von Lastautos. Ein Zug wartete am Bahnsteig. An den Türen hing ein großes Schild mit der Aufschrift: „Nur für Deutsche". Während einige gut gekleidete Herren in den Zug stiegen, wartete ein junger Bursche in Samuels Alter darauf, dass er einsteigen konnte. Ihre Blicke begegneten sich für den Bruchteil einer Sekunde, bevor der Junge sich abwandte. In der Hand hatte er eine Reisetasche und gut angezogen war er auch. Durch ein Abteilfenster konnte man flüchtig Frauen mit kostbaren Hüten erkennen. Samuel hatte kaum Zeit sich zu fragen, was für eine Gesellschaft da auf Reisen ging, als eine scharfe Stimme ihn zu den wartenden Lastwagen befahl, mit denen er zusammen mit vielen anderen Polen nach Osten deportiert werden sollte.

Kinder, Ältere und Kranke hatten große Mühe, auf die offene Ladefläche der LKWs zu gelangen. Wenn das nicht schnell genug ging, wurden ihnen Gewehrkolben in den Rücken gestoßen oder man schlug wahllos mit Stöcken auf sie ein. Ausgestreckte Arme flehten um Hilfe, mit kraftlosen Armen und Beinen versuchte man irgendwie rauf zu kommen; die Körper, die man hochgezogen hatte, schrammten an den harten Klappen der Ladefläche entlang. Es war kalt und sie froren bitterlich. Eigentlich sollten sie ins Generalgouvernement transportiert werden, aber der Generalgouverneur Hans Frank weigerte sich, weitere polnische Staatsbürger aufzunehmen. Er meinte, er hätte schon genug Probleme und Ärger mit denen, die sich in seinem Gebiet befänden. Also wurden sie weiter nach Osten transportiert bis nach Ostrow Lubelski, Włoszczowa, Grodzisk Mazowiecki, Zyrardow oder Błonie, also in den Teil von Polen, der nach der Teilung von Polen von der Sowjetunion besetzt war. In diesem allgemeinen Chaos wurde Samuel von seinen Eltern getrennt.

„Sobald ich von dem Fahrzeug herunter war, lief ich von LKW zu LKW, so wie sie der Reihe nach auf dem großen Sammelplatz eintrafen, und ich suchte nach meinen Eltern", berichtet Samuel. Er sah Menschen, konnte ihre Gesichter nicht erkennen, aber vielleicht entdeckte er ein Halstuch oder einen Mantel, wie ihn sein Vater trug, oder einen Schal, der zu seiner Mutter passte. Aber obwohl er immer wieder feststellte, dass es fremde Menschen waren, drängte er sich weiter durch die Menschenmassen in der Hoffnung, doch noch die, die er verloren hatte, zu finden. Aber erst wenn er ganz nah dran war, musste er immer wieder aufs Neue feststellen, dass er sich getäuscht hatte. Seine Eltern fand er nicht wieder.

Von einem Tag auf den anderen befand sich Samuel in einer für ihn völlig fremden Umgebung. Während sowjetische Soldaten auf den Straßen patrouillierten und Polen festnahmen, wusste er nicht, welchen Weg er einschlagen sollte. Er war erst siebzehn Jahre alt.

Unmittelbar nach der Besetzung begann der sowjetische Geheimdienst NKWD mit der Verhaftung und Deportation von Polen und Juden. Es war das Ziel, die Region möglichst schnell unter Kontrolle zu bekommen. Aber gleichzeitig mussten auch die Fabriken für die Kriegsproduktion und die großen Bauprojekte in der fernen nordöstlichen Sowjetunion mit Zwangsarbeitern versorgt werden. Die Verhaftungen wurden überraschend und völlig willkürlich vorgenommen. Polnische Staatsangehörige wurden einfach zu jeder Tageszeit abgeholt und dann auf den Polizeistationen verhört.

Abb. 21 Die Deportation von Juden aus Posen in das östliche Polen, das sich unter sowjetischer Besetzung befand. Yad Vashem, Jerusalem.

Langwierige Verhöre unter Anwendung von besonders demütigenden Methoden und von Folter und Misshandlungen wurden durchgeführt, bis die Opfer es vor Schmerzen und Scham nicht mehr aushielten. Alle Mittel waren erlaubt, um eine Geständnis zu erzwingen. Was sollte man denn gestehen? Das spielte sowieso keine Rolle. Der sowjetische Geheimdienst musste seine Quoten erfüllen und genügend Zwangsarbeiter für die Erfüllung der wirtschaftlichen Produktionspläne liefern.

Stalins politische Vorstellungen wurden mit Gewalt und Terror durchgesetzt. Andersdenkende und Abweichler wurden nicht geduldet. Diese waren für Stalin „Volksfeinde" – ein immer wieder offiziell angewandter Begriff. Wer das denn auch immer sein konnte, jemand, der sich entweder offen gegen das sozialistische System gestellt hatte oder jeder Beliebige. In dem Maße, wie die Zahl der zu Deportierenden steigen musste, wurden auch die inzwischen schon knappen Verhöre immer kürzer. Und bald verzichteten die sowjetischen Behörden ganz auf diese gerichtlichen Scheinuntersuchungen. Stattdessen bekamen die Menschen nun den Befehl, sich direkt auf der nächsten Zugstation für den Transport nach Osten einzufinden. Scharf bewacht von den Soldaten der Roten Armee wurden die Menschen abtransportiert. Auf diese Weise wurden auch Familien auseinandergerissen.

Samuel wurde vom NKWD verhaftet und als „Volksfeind" angeklagt. Ein selbsternanntes „Volksgericht" kam zu dem Ergebnis, dass es ihm nicht gelungen war, seine Pläne umzusetzen und verurteilte ihn deswegen „nur" zu sechs Jahren Haft. Nachdem man ihn zwischen mehreren Gefängnissen hin- und hergeschoben hatte, wurde er mit anderen Häftlingen auf einen streng bewachten Zug gesetzt, in dem er durch die ganze Sowjetunion hindurch während mehrerer Wochen nach Osten transportiert wurde.

In dem Güterwaggon herrschte großes Gedränge und der Mangel an Essbarem war nur schwer zu ertragen. Das heißt, wenn es überhaupt etwas zu essen gab. Die Luft war stickig und Wasser gab es auch nicht. Die Stimmung wurde zunehmend gereizter. Schlägereien drohten. Der Gestank von dem Fäkalieneimer, der in einer Ecke des Waggons stand, war unerträglich. Auf dem Boden lagen Menschen in ihren eigenen Exkrementen. Samuel ekelte sich und zog sich so weit wie möglich in die andere Ecke des Waggons zurück.

Er bemerkte, dass er sich immer mehr von der Stadt und dem Land, in dem er aufgewachsen war, entfernte. Er wusste nicht, wohin der Transport ging. Niemals war er so lange unterwegs gewesen und er war niemals weiter als bis nach Warschau gekommen. Anfang der dreißiger Jahre begleitete er oft seinen Vater, wenn der dort Geschäftsfreunde traf. Aus irgendeinem Anlass wurde er einmal zusammen mit seiner Kusine Rebecca mitgenommen.

Rebecca war ein fröhliches und aufgeschlossenes Mädchen in Samuels Alter. In Warschau liefen sie durch die Straßen, die sich nicht nennenswert von den jüdischen Straßen in anderen polnischen Städten unterschieden. Es brodelte nur so von Leben, Geräuschen und Gerüchen. Alles vermischte sich und schmolz bis zur Unkenntlichkeit zusammen. In den kleinen Läden und Wohnungen arbeiteten Handwerker aller möglichen Berufe.

Während der Vater seinen Geschäften nachging, konnten die Kinder auf eigene Faust in der Stadt herumstromern. Manchmal verschwanden sie durch ein Tor, dann wieder liefen sie eine verwinkelte Treppe hinauf, einen Laubengang mit einem morschen Holzgeländer entlang, der einen engen und dunklen Hinterhof umgab, zu dem nur wenig Sonnenlicht durchdrang. Die Häuser standen so dicht nebeneinander, dass auch im Sommer die Sonnenstrahlen kaum jemals die oberen vier, fünf Wohnungen erreichten. Aus einer der oberen Wohnungen hörte man eine Stimme auf Jiddisch. Sofort antwortete eine andere aus einer anderen Wohnung und bald war ein lebhaftes Gespräch zwischen den – für die Kinder nicht sichtbaren – Menschen in Gang. Gleichzeitig hörte man im Hintergrund das Geräusch von eifrig summenden und pochenden Maschinen.

Jemand stimmte ein *Nigun*, eine chassidische Melodie, an und bald fielen andere Stimmen mit ein. Anhaltende Düfte von Gerichten, die man irgendwo zubereitete, mischten sich mit anderen miefigen Gerüchen und dem widerlichen Gestank aus den Latrinen.

Das letzte Mal, als die Kinder mit in Warschau waren, gingen sie die Miłastraße entlang, wo die *Cheder*, die jüdische Religionsschule, lag. Die Jungen lernten dort lesen und mit hebräischen Buchstaben schreiben. Durch ein geöffnetes Fenster drang eine eintönige Stimme bis auf die Straße, ein Lehrer unterrichtete in jüdischer Religion. Samuel und Rebecca sahen durch das geöffnete Fenster kleine Jungen mit Schirmmützen und *Peies*, den Schläfenlocken, vor ihren aufgeschlagenen Büchern. Der Lehrer war ein älterer Mann mit einem langen grauen Bart, er trug ein langes – früher wohl einmal weißes – Hemd mit einer dunklen zerschlissenen Weste darüber. Halb nach vorne geneigt, hatte er sich über einen Jungen gebeugt und zeigte in eines der Bücher. Auf einer langen Holzbank saßen die Jungen nebeneinander. Ihr Kinn ruhte auf der abgenutzten Tischkannte, bis zu der sie kaum heranreichten. Keiner von ihnen schaute in die aufgeschlagenen alten hebräischen Bücher. Einer war fast eingeschlafen.

Durch die Gasse kam ein abgerissener Mann herangeschlurft. Er war früher einmal politisch aktiv gewesen, kam dann aber ins Gefängnis. Er zog ein Gestell mit einem Schleifstein hinter sich her, blieb hier und da stehen, um Messer zu schleifen. Er trug einen zotteligen zerlumpten Fellmantel mit großen Löchern an den Ellbogen. Die zu weiten Stiefel waren voller Lehm und die Ballonmütze saß tief über seinen Augen. Manchmal blieb er stehen und blickte um sich, die Hände in den Ärmeln des Mantels versteckt.

Entlang der Straße boten Händler ihre Waren an, die in großen Säcken oder Körben vor ihnen lagen. Wenn sich die „Ordnungsmacht“ näherte, packten sie eilig ihre Sachen zusammen und verschwanden schnell. Auch provozierte die Polizei oft, dann gab es Streit und Unruhen. Einmal wurde sogar ein vierzehnjähriger Junge getötet. Danach hieß die Miłastraße auch „Klein-Moskau“. So wie es aussah, liefen hier die Geschäfte sowieso nicht besonders gut. Gegen Nachmittag, wenn lange schmale Schatten auf die Straße fielen, waren die Körbe und Säcke am Straßenrand immer noch voll.

An der Miłastraße lagen auch einige kleine Kneipen. Besonders eine war immer gut besucht. Gegen Abend kamen die Männer hierher, um ein Bier zu trinken und die Weltprobleme zu lösen. Jeder hatte seine eigene Meinung und Ansicht und keiner gab nach. Oft gab es noch etwas zum Knabbern dazu, das mussten sie nicht extra bezahlen, es war eine Zugabe des Wirtes. Wenn sie dann nach Hause gingen, waren die großen Probleme der Welt immer noch nicht gelöst.

Am Freitagabend hörte alles Leben und Treiben auf den jüdischen Straßen auf. Die Läden waren geschlossen und man wünschte sich *Gut Shábes,* ein angenehmes Wochenende. Religiöse Juden waren auf dem Weg zur Synagoge, die *Chassiden* gingen zu ihrem *Shtibel*, ihrem Bethaus. Die Luft war gefüllt mit dem Duft von *Gefillte Fisch* und *Challa*; in den Fenstern brannten die Kerzen in den Sabbatleuchtern. In die Miłastraße und in die kleinen Gassen zogen Frieden und Gemächlichkeit ein, es herrschte eine ruhevolle Stille.

Seit mehreren Tagen schon war Samuel auf dem Weg gen Osten und er wusste nicht, wohin es ging. Manchmal hörte man die heiseren Signaltöne der Lokomotive. Danach erhöhte sich der regelmäßige Schlag der Räder auf die Schienen und Holzschwellen und steigerte sich bis zu einem ohrenbetäubenden Quietschen, wenn die Blockbremsen zugriffen und Vibrationen hervorriefen, die sich endlos fortzusetzen schienen. Kurz darauf bog der Zug mit einem rasselnden und quietschenden Geräusch in eine Kurve ein, um anschließend wieder zu beschleunigen oder um einfach irgendwo mitten im Niemandsland stehen zu bleiben. Dann wurden die Waggontüren geöffnet und man konnte den übervollen Fäkalieneimer entleeren, der in einer Ecke des Waggons stand. Alles war hier durcheinander gemischt: Kriminelle und ihresgleichen mit Frauen, Männern, Kindern und Alten. Hier waren alle gleich, alle hatten die gleichen natürlichen Bedürfnisse, niemand schämte sich vor der oder dem anderen. Streit und Konflikte brachen auf, wenn sich aufgestauter Zorn Bahn suchte oder jemand etwas für sich verlangte, was es gar nicht gab. So rollte der Zug Kilometer für Kilometer. Die Kinder weinten. Wenn der Zug an irgendeinem Bahnhof anhielt, wurden die Menschen allzu oft von dem Wachpersonal daran gehindert, sich mit Wasser zu versorgen. Es war die reine Hölle. Damals konnte sich Samuel in seiner kühnsten Fantasie nicht vorstellen, dass es noch schlimmer werden könnte. Aber es sollte noch schlimmer kommen.

Aus Tagen wurden Wochen. So nach und nach wurde es immer stiller in dem Waggon. Die Kinder waren völlig entkräftet, die verzweifelten Eltern hatten aufgegeben. Der Zug rollte weiter. Immer noch wusste man nicht, wo es hinging. Drei Wochen lang fuhren sie nun schon durch die tiefste Sowjetunion, begleitet von dem hämmernden Rhythmus der rollenden Waggons, dem ekligen Gestank der Latrinen und den Bajonetten der Soldaten, bis sie zu der Stadt Kotlas kamen, einem Eisenbahnknotenpunkt in Sibirien am Zusammenfluss der Ströme Dwina und Vychegda. Sie wurden in ein Durchgangslager geschafft, wo ihnen das Wachpersonal die wenigen kleinen Wertsachen wegnahm, die sie noch bei sich hatten.

„Was sollten sie uns sonst noch wegnehmen", fragte sich Samuel. Schon bei der Festnahme und während der Zugfahrt hatte man ihnen fast alle Wertsachen gestohlen, wenn sie überhaupt noch welche hatten. Ihr endgültiger Bestimmungsort war ein Arbeitslager an der nördlichen Eismeerküste.

Die Reise musste noch weitergehen, aber eine Eisenbahn gab es weiter nördlich nicht mehr. Sie mussten viele Kilometer zu Fuß laufen, Kilometer um Kilometer, bis sie schließlich am Ziel waren. Manchmal wurden sie auf Prahmen, flachen breiten Kähnen, transportiert, manchmal bauten sie sich selber Flöße, mit denen sie ein Stück weiterkamen. Nach einer Weile erreichten sie Workuta, das in der sowjetischen autonomen Republik Komi im Uralgebirge liegt. Dort befanden sie sich hundert Kilometer nördlich vom Polarkreis nahe am nördlichen Eismeer. Das heißt, nur die, die bis hierher durchgehalten hatten. Die, die es nicht geschafft hatten, lagen unter Eis und Schnee begraben. Nur die Stärksten überlebten.

Stalins Arbeitslager

Sie hackten und gruben, gruben und hackten. Andere schippten und schaufelten, schaufelten und schippten. Immer wieder. Andere dagegen zogen ohne Unterbrechung schwere, mit Kohle beladene Wagen. Damit die Wagen sich leichter ziehen ließen, legte man Holzplanken als Schienen auf den Schnee. Aber das half nicht viel. Wenn die Stege schwieriger wurden, das Tempo beim Schaufeln abnahm, das Hacken und Graben aus dem Takt gerieten, wurden die Häftlinge auf brutale Weise daran erinnert, dass ihr Dasein hier sehr hinfällig und zerbrechlich war.

Der Unglückliche, dessen Knie unter den Lasten schwach wurden oder dessen Arme es nicht mehr schafften zu hacken und zu schaufeln, bekam die Peitsche zu spüren. Sie behandelten uns wie Tiere, berichtet Samuel. Aber auch in der schlimmsten Hölle gibt es immer etwas Tröstliches. Es war hier in dem Gulag Stalins, dass Samuel Boris begegnete, von dem er die menschliche

Wärme und Hoffnung erhielt, ohne die ein Mensch nicht leben kann. Das war etwas, womit Stalin nicht gerechnet hatte, und es lag vielleicht an dieser winzigen Lücke in dem stalinistischen System, dass Samuel das Glück hatte zu überleben.

Stalin hatte Millionen Zwangsarbeiter nach Sibirien geschickt. Es waren meistens unschuldige Menschen, die von den Sicherheitsdiensten verhaftet und beschuldigt wurden „Feinde des Kommunismus" zu sein und dann deportiert wurden. Im Jahr 1939 begann man mit den Arbeiten an der Eisenbahnverbindung zwischen Kosnoja, Kotlas und Workuta, eine Strecke von 1500 Kilometern, die nach zwei Jahren fertig war. Andere Häftlinge arbeiteten in Kohlengruben, in den Wäldern oder in der Flößerei. Das Klima in dieser Region war grimmig kalt, lange strenge Winter mit eisigen Stürmen und schwül-warme Sommer.

Der Gulag Workuta war ethnisch und kulturell ein Schmelztiegel, in dem sich eine Unzahl von Nationalitäten und Glaubensrichtungen begegneten. In Samuels Baracke saßen Finnen, Balten, Ukrainer, Polen, Deutsche und Menschen anderer Herkunft zusammen. Im Arbeitslager insgesamt waren es über sechzig Nationalitäten und Volksgruppen. Es gab politische oder religiöse Häftlinge, Kriegsgefangene, Dissidenten, Juden, Christen … Unter ihnen befanden sich auch Kriminelle. Samuel war der Jüngste. Es verging kein Tag ohne unendliche Diskussionen und Streitereien um Kleinigkeiten, Streitereien, die aber in diesem Milieu, in dem sie lebten, sehr gefährlich werden konnten und manchmal über Tod oder Leben entschieden. Oft arteten die Dispute in Handgreiflichkeiten und ernste Schlägereien aus. Zorn und Hass lagen ständig in der Luft. Die Frustrationen und die Machtlosigkeit, die sie erdulden mussten, führten zu einem aggressiven Verhalten, das oft unvermeidbar und nur schwer zu bändigen war.

Den Häftlingen wurde befohlen, selber die primitiven Holzbaracken zu bauen, die für etliche Jahre ihr Aufenthaltsort sein sollten. Mit einfachem Werkzeug wurden per Hand Tannen gefällt, entastet und zugeschlagen und dann weiter in das Lager transportiert, wo andere damit beschäftigt waren, zu sägen und zu hobeln und dünne Bretter zuzuschneiden, aus denen dann die langen niedrigen Baracken voller Armseligkeit und Dürftigkeit zusammengenagelt wurden. Die Arbeit war ermüdend und Kräfte zehrend, nicht zuletzt auch wegen der strengen Kälte, die oft schon im frühen Herbst über sie einbrach. Das Wachpersonal, das ständig seine Gewehre auf sie gerichtet hielt, erleichterte auch nicht die Plackerei, zu der sie gezwungen waren. Es hagelte nur so Schreie und Zurechtweisungen. Diejenigen, die Schläge und Misshandlungen überlebten, wurden durch grobe und beleidigende Beschimpfungen immer wieder daran erinnert, wie wenig Menschenwürde sie noch besaßen und die von Tag zu Tag mehr und mehr zerstört wurde. Es herrschte ein ständiger Überlebenskampf. Sie hatten alles verloren, sie wurden gedemütigt und erniedrigt, sie schufteten wie Tiere in einem unmenschlichen Klima, sie hungerten und wurden misshandelt.

Die Einrichtung in den großen Schlafsälen war kümmerlich mit zu wenigen Holzpritschen, die übereinander zu Stockbetten zusammengezimmert waren. Hier suchte sich jeder seinen Platz für die Nacht und etwas Ruhe, die er aber meistens nicht fand. Bestenfalls stand da noch ein Tisch, der aus den ungehobelten Resten von Brettern zusammengebaut war, es gab einige wacklige Hocker rund um einen kleinen Heizofen, der nur wenig Wärme verbreitete, vorausgesetzt man hatte überhaupt etwas, womit man heizen konnte. Es war verboten, Brennholz aus dem Wald mitzunehmen. Sie schliefen in denselben Kleidungsstücken, in denen sie tagsüber arbeiteten. Die Läuse waren eine einzige Plage. Samuel konnte sich niemals an den nasskalten beißenden Geruch der ewig feuchten schmutzigen Kleider, an den Gestank der Fäkalien und von Erbrochenem gewöhnen. In der Enge breiteten sich Krankheiten und Epidemien aus, etwas, das von den miserablen sanitären Einrichtungen noch begünstigt wurde.

Im Lager und in jeder einzelnen Baracke galten klare Hierarchien und ungeschriebene Gesetze unter den Häftlingen. Wenn jemand einem anderen Tabak oder Kleidungsstücke gestohlen hatte, wurde er so geschlagen, dass er es niemals mehr ein zweites Mal versuchte. Jemandem Brot zu stehlen bedeutete den Tod. Ganz versehentlich passierte dann an einem der folgenden Tage dem Unglücklichen ein tödlicher Unfall am Arbeitsplatz, wenn die Wachen gerade einmal in eine andere Richtung schauten.

Als die Baracke fertig war, wurde Samuel eine Arbeit in einer Grube im Tagebau angewiesen, wo die Arbeiter durch sechs bis acht Meter tiefen Schnee und durch den gefrorenen Boden Kohle zu fördern hatten. Sie schlugen mit ihren Hacken und gruben mit ihren Spaten und je tiefer sie kamen, desto größer wurde die Gefahr, dass alles zusammenstürzte. Sie schaufelten und schleppten die Kohle hoch. Stunde für Stunde. Tag für Tag. Woche für Woche. Mit der Arbeit aufhören durften sie erst, wenn die Temperatur unter 40° sank, aber wer hatte schon ein Thermometer? Also musste immer gearbeitet werden.

Das ganze Lager war von hohen wackligen Wachtürmen umgeben, die man in etwa gleichem Abstand in eine Art Niemandsland gesetzt hatte, ein schmaler etwa acht Meter breiter gerodeter Streifen mit einem auf der einen

Seite zum Lager hin acht Meter hohen Stacheldrahtzaun, auf der anderen Seite mit einem etwas niedrigerem Zaun. Die Türme endeten oben mit einer „Kanzel", eine Art Korb, etwa einmal ein Meter groß, der auf fünf etwas schräg gestellten Pfählen stand. Eine wacklige Leiter führte zu dem „Korb", der wohl ein Holzdach, aber zu allen Seiten große Öffnungen hatte, durch die der Wind blasen konnte. Aber sie hatten nur eine geringe Bedeutung. Manchmal lag der Nebel so dicht über dem Lager oder es schneite so heftig, dass man nicht weiter als einige Meter sehen konnte. Wer zu fliehen versuchte, war bald wieder zurück im Lager. Welchen Weg sollte er schon in der unendlich weiten Taiga einschlagen, deren einzige Besiedlung aus weiteren erbärmlichen Baracken im Abstand von einigen Dutzenden von Kilometern bestand. Um sich eine Überlebenschance zu bewahren, blieb einem nichts anderes übrig, als da zu bleiben, wo man war.

Abb. 22 Gulag Workuta. Lager mit Wachturm. Skizze nach einem Foto, U. Kasten

Die Essensrationen hingen von der Art der Arbeit ab; Unterernährung war Normalität. Schaffte man mehr als das Tagessoll, bekam man 600 Gramm Brot, sonst nur 300 Gramm. Die, die nicht arbeiteten, bekamen nichts. Die Brotration wurde am Morgen ausgeteilt und jeder musste sehen, wie er den Tag über damit auskam. Für die Häftlinge bestand ein ständiger Mangel an Essen. Jeder Tag war ein einziger Kampf um das Tagessoll zu erfüllen. Es war eine Überlebensfrage. Manchmal bekamen sie auch eine dünne, wässrige

Suppe. So lebten sie eigentlich nur von dunklem Roggenbrot. An manchen Tagen waren sie davon so angeekelt, dass sie es einfach nicht mehr herunterbekamen, so hungrig sie auch waren.

Abb. 23 Gulag Workuta. Kohle-Tagebau. Skizze nach einem Foto, U. Kasten

Hier in Workuta war es, dass Samuel Boris begegnete, einem russischen Intellektuellen in den fünfziger Jahren, der als „Dissident" zu lebenslanger Haft verurteilt war. An der Schule, an der er Mathematik unterrichtete, wurde er von einem Kollegen denunziert. Seine Frau war völlig verzweifelt, als eines Morgens um vier Uhr der NKWD ganz unerwartet vor der Haustür stand und ihn mitnahm. Sie sagten, es handele sich nur um eine reine Formalität. Boris müsse nur ein paar Fragen beantworten, dann käme er wieder frei. Aber sie wusste natürlich, dass das eine Lüge war. In ihrer Verzweiflung hatte sie sich auf die Männer gestürzt, um sie an der Festnahme zu hindern, aber was konnte sie schon gegen sie ausrichten? Sie war nur eine unbedeutende Figur in diesem komplizierten und willkürlichen Machtspiel, in dem das Leben eines einzelnen Menschen keinerlei Bedeutung hatte.

Boris kam in ein Gefängnis nach Moskau, wo man ihn misshandelte und folterte. Am schlimmsten war es, berichtete Boris Samuel, wenn die Polizisten seinen Kopf ins Wasser tauchten und ihn dann an den Füßen hochhielten. Mit dem Kopf unter Wasser und keine Luft zu bekommen, das habe bei ihm eine Todesangst hervorgerufen, wie er sie sich vorher nie hätte vorstellen können.

Er hätte was auch immer zugegeben, um dieser Tortur zu entgehen, wenn er nur gewusst hätte, was er hätte gestehen sollen. Aber sie waren gar nicht auf ein Geständnis aus, sie wollten ihm nur Angst einjagen. Man hatte ihn schon vorher gezwungen mit anzusehen, wie zwei Männer an einer Decke aufgehängt wurden. Man hatte ihnen die Arme auf dem Rücken zusammengebunden und ihnen einen dicken Strick um die Handgelenke gebunden, der an der Decke befestigt wurde. So wurden die Körper in eine ungewohnte und abnorme Haltung gezwungen. Die Arme sprangen aus den Schultergelenken und die Blutzirkulation wurde auf diese Weise unterbrochen. Aber der Tod ließ auf sich warten; die Elenden drehten sich noch unter großen Qualen eine Weile hin und her, bis sie bewusstlos wurden. In dem System Stalins gab es keine Grenzen für seelische und körperliche Qualen, die man den Menschen zufügen konnte.

Jeder Mensch hat die Wahl, erklärte Boris Samuel. Es steht jedem frei, entweder das zu wählen und auszuführen, was er für richtig und gerecht hält, oder nur auf den eigenen Vorteil bedacht zu sein und blind dem Druck der Menge zu folgen. Erst in seinem Handeln und in seinen Taten verwirklicht und legitimiert sich der Mensch. Seiner Verantwortung kann niemand entgehen. „Durch das Böse kann sich niemals der Mensch retten.“[1] Er wollte, dass sich Samuel bei allem, was er auch immer tut, an diesen Satz erinnert.

Trotz der schweren Lebensumstände fand Boris oft heraus, aus welcher Richtung ein günstiger Wind wehte.[2] Er hatte jegliche Hoffnung und Erwartung aufgegeben, jemals wieder frei zu kommen. Doch blies jeden Tag ein neuer Wind in Samuels Segel und wies ihn an, welchen Kurs er einzuschlagen hatte. Boris war sein Trainer und zeigte ihm, wie man bei jedem Wetter den richtigen Wind erwischt, auch wenn der immer und immer wieder umschlägt. Wenn brechende Wogen ihre Zweimannsjolle gegen scharfe Klippen geschleudert hatten, schaffte es Boris immer wieder die Wrackteile zu bergen. So gelang es ihnen, wenn auch mit großer Mühe, wieder einen Tag oder eine Weile weiterzuleben, auch wenn alles um sie herum „Finsternis und Kummer, tiefe Mutlosigkeit, Krankheit und Verbitterung“[3] war.

Boris brachte Samuel Russisch und Mathematik bei. Er tröstete ihn und munterte ihn immer dann auf, wenn für ihn das Leben allzu schwer wurde und er aufgeben wollte. Irgendwie fand er immer das richtige Wort, um das schwache Lebenslicht am Brennen zu halten, das Samuel half weiterzuleben, sei es auch nur für eine Stunde oder einen Tag. Gemeinsam lebten sie in der

1 In Anlehnung an „Der Prediger VIII, 8“ aus dem Alten Testament.
2 In Anlehnung an „Der Prediger I, 6“ aus dem Alten Testament.
3 In Anlehnung an „Der Prediger V, 16“ aus dem Alten Testament.

Ungewissheit und gemeinsam fanden sie darin etwas Freude, dass sie zusammen ein paar glückliche Momente hatten.

Boris wurde für Samuel der Vater, nach dem er sich so sehr sehnte, und Samuel war für Boris der Sohn, dem er nachtrauerte. Hätten sie sich nicht gefunden, hätten sie wahrscheinlich beide nicht das Böse und die schlimmen Verhältnisse überlebt, denen sie ausgesetzt waren, meinte Samuel.

Sie konnten in tiefgründige philosophische Diskussionen geraten, simple praktische Probleme lösen oder manchmal einfach nur träumen. Sie sprachen über alles miteinander. „Dein Wissen, das, was du im Kopf hast, kann dir niemals jemand nehmen", sagte Boris. Er erinnerte ihn oft daran, dass alle Menschen den gleichen Wert haben und dass alle im Grunde eigentlich gut seien. Das, was die Menschen unterscheidet, waren seiner Meinung nach nur die andere Sprache, Kultur und Religion. Aber alle waren mit Verstand und Gefühlen ausgestattet. Für jeden einzelnen ginge es nur darum, Verstand und Gefühl vernünftig anzuwenden und die jeweils richtigen Schritte zu tun. Für den Menschen gibt es immer die Wahl zwischen Gut und Böse. Besonders warnte er vor dem Hass. Er meinte, dass der Hass ein schwächendes und zersetzendes Gefühl sei, das dem Menschen seine Freiheit nimmt. „Der Hass hat die Eigenschaft, sich im Innern des Menschen festzubeißen und kann sich dort wie das Blut im Körper ausbreiten, so dass das ganze Leben des Menschen am Ende von diesem zerstörerischen Gefühl beherrscht wird. Der Hass," sagte Boris, „sei ein Gefühl, das einem alle Kraft nimmt und man an nichts anderes mehr denken kann, das Körper und Seele vergiftet und alle anderen Gefühle erstickt. Weil der Mensch sich niemals von dem befreien kann, was sein Innerstes ausmacht, ist er gezwungen mit dieser destruktiven Kraft in seinem Inneren weiterzuleben." Hassen ist so etwas wie sich selber verleugnen, meinte Boris.

„Halte dich niemals am Hass fest, lass dich nicht von ihm zerfressen, sondern gehe weiter und befreie dich von ihm", sagte er oft.

Sicherlich konnte Boris auch oft niedergeschlagen sein. Dann erzählte Samuel ihm von seinem Leben in Polen. „Vergiss niemals deine Wurzeln!" sagte Boris oft zu Samuel. Immer wieder erzählte Samuel die gleichen Geschichten und jedes Mal erinnerte er sich an eine neue Einzelheit, die er vorher vergessen hatte. Geduldig hörte Boris zu. Samuel berichtete darüber, wie sich die ersten Juden schon im Mittelalter in der Handelsstadt Posen niedergelassen hatten. Zu allen Zeiten gab es an den Straßenseiten kleine jüdische Läden, die Gewürze, Fleisch und andere Lebensmittel, Eisenwaren, Pelze, Uhren, Kleidungsstücke, Kurzwaren, Schuhe, Hüte, Nähzeug, Korsetts und vieles andere mehr verkauften. Viele Juden waren Händler, andere Handwerker oder Bankangestellte, Fotografen, Friseure, Ärzte, Zahnärzte, Juristen oder Schlachter. Die Berufe wurden oft über viele Generationen vom Vater auf den Sohn weitervererbt. Jeder hatte seine Aufgabe und seinen festen Platz in der Gesellschaft.

Die meisten betrieben ihre Geschäfte und übten Tätigkeiten in den jüdischen Vierteln aus, aber es gab auch Handwerker und Kaufleute, die ihre kleinen engen und dunklen Läden unter den Arkaden rund um den Marktplatz in Posen hatten. Der große Adler auf der Kuppel des alten Rathauses aus dem Mittelalter gab den Bewohnern ein Gefühl von Sicherheit. Die beiden Ziegenböcke, die sich auf einem Absatz oberhalb der Uhr hervorschoben und jeden Tag genau beim Glockenschlag Zwölf mit ihren Hörnern aufeinander zustießen, bürgten dafür, dass alles so war, wie es sein sollte. Es wird berichtet, dass an dem Tag, an dem die Glocke enthüllt werden sollte, der Koch das Rehfleisch hatte verbrennen lassen, das bei dem Bankett serviert werden sollte. So stahl er zwei Ziegenböcke, aber die rissen sich los und flüchteten sich in den Bankettsaal und auf der erhöhten Bühne gingen sie vor den überraschten Gästen aufeinander los. Der Bürgermeister gab daraufhin die Anweisung, dass die beiden kämpfenden Ziegen oberhalb der Glocke platziert werden sollten. Von dem weiteren Schicksal des Kochs hatte Samuel niemals etwas gehört.

An den Markttagen lebte die ganze Stadt richtig auf. Fischhändler, Händler mit Kleidung, Stoffen oder Schuhen, Verkäufer von Pferdegeschirr, Stricken und Seilen, von Bürsten und allem Möglichen füllten den Markt. Wiehernd standen die Pferde in langen Reihen eingespannt vor ihren voll beladenen Wagen, Kühe blökten und Schweine quiekten, während irgendwelche Geschäfte getätigt wurden. Die Menschen kamen von weit her, um zu kaufen und zu verkaufen oder vielleicht auch nur, um sich umzusehen und an irgendeiner Ecke ein Schwätzchen zu machen. Sie liefen herum, musterten kritisch die Angebote, sie redeten, mal ruhig, mal lauter, boten ihre Waren an und es wurde heftig gefeilscht. Gleichzeitig wurde irgendwo ein Kauf mit einem Handschlag besiegelt oder das Geschäft verlief im Sande. Es herrschte ein großes Durcheinander und Getümmel, aber es gab ungeschriebene Gesetze und alle kannten genau diese „Spielregeln". Ein kurzer Blick oder eine kaum wahrnehmbare Handbewegung und die Angelegenheit war geklärt.

Eingehüllt in einem großen karierten Tuch stand da gewöhnlich eine Frau mit knochigem Gesicht und verkaufte ihr Gemüse. Vielleicht steht sie da noch immer. Aber sicherlich ist sie auch schon nach irgendwohin deportiert worden. Immer hatte sie mehrere großen Körbe vor sich hingestellt, angefüllt mit Kartoffeln und aller Art Gemüse. Damit verdiente sie einige wenige *Groszy* (Groschen), so dass ihre Familie an dem Tag etwas zu essen hatte. Etwas weiter entfernt neben einem der Marktbrunnen stand eine andere Frau mit einer

Decke über den Schultern mit anderem Grünzeug. Zusammen kämpften sie um das bisschen Geld für ihren täglichen Unterhalt. Soweit sich Samuel erinnern konnte, kamen sie jede Woche und bei jedem Wetter hierher. Hierher kam auch immer ein alter Mann mit einem traurigen Gesicht, der immer eine Zigarette in einem Mundwinkel hatte und mit gebeugtem Rücken auf dem Brunnenrand an der Wasserpumpe saß. Samuel waren seine großen Stiefel aufgefallen. Irgendetwas war sonderbar an dem Mann, aber Samuel konnte nicht sagen, was es war. Vielleicht war es nur, dass er immer auf seine Beine herunter starrte, wenn er da an der Brunnenmauer hin und her schwankte. Wenn er schon mal aufblickte, sah man nur zwei Augen ohne jeden Glanz, niemals ein Lächeln. Aber auch ihn hatte man wohl inzwischen mit großer Wahrscheinlichkeit deportiert.

Die Stadt hatte viele Brunnen, berichtete Samuel. Der eine war für Pferde bestimmt. Er hatte auch unten zwei kleinere Schalen, damit Hunde und Katzen sich am Wasser erfrischen konnten und etwas zu trinken hatten. Der Brunnen auf dem alten Markt (*Stary Rynek)* hatte seinen Namen nach griechischen Göttern bekommen. Boris erklärte Samuel die symbolische Bedeutung dieser Götter der Antike. Er erzählte ihm von Ursprung des Wassers in Legenden und Mythen und welche Bedeutung es in Religionen und im Volksglauben hatte. Das Wasser war der Ursprung allen Lebens. Ohne Wasser – kein Leben auf der Erde. Wasser war auch das einzige, von dem sie genug hatten, wenn sie sich hier oben am Nördlichen Eismeer durch das Eis hackten. So schlimm sonst auch alles war, so war es für sie doch immer wieder wie ein kleines Wunder, wenn sie fühlten, wie das Eis langsam in ihrem Mund schmolz und die kleinen Eiskristalle sich in Wasser verwandelten. Gerade in dieser Einfachheit lag etwas Großes, auch wenn Eis und Schnee meistens schwarz von dem Kohlenstaub waren, der langsam, aber unaufhaltsam ihre Lungen zerstörte.

Samuel berichtete auch von der Synagoge, die eine Straße weiter hinter dem Markt lag, und von den anderen orthodoxen Synagogen der Stadt. Oft saßen auf den Treppen mehrere Männer, die immer eifrig und aufgeregt diskutierten. Jeder hatte seine eigene Meinung und alle redeten durcheinander, aber es gab auch den einen oder anderen, der nur den Kopf schüttelte und mit den Armen herumwedelte, um anzudeuten, dass das Ganze für ihn nur *Schtuss*, dummes Zeug, war. Neben dem Gebäude saß Tag für Tag eine nach vorne gebeugte ältere Frau auf einem Stuhl. Sie stützte sich auf den Stock zwischen ihren Beinen, den sie mit beiden Händen festhielt. Wie sie so da saß mit ihrem auf die Brust gesunkenen Kopf konnte man meinen, dass sie schliefe. Ein paar Stofffetzen, die sie sich um die Füße gewickelt hatte, gaben ihr etwas Wärme. Ihre Jacke war viel zu weit.

Fromme Männer mit langen Bärten gingen jeden Tag auf den jüdischen Gassen und Straßen umher. Ihre langen Mäntel rutschten über das Katzenkopfpflaster. Ihre *peies* und ihre pelzumsäumten Hüte zeigten, dass sie fromme *Chassiden* waren. Unter dem Arm trugen sie oft dicke Bücher. Mit großer Wahrscheinlichkeit waren sie auf dem Weg zum *Yeshiva*, um die religiösen Schriften zu studieren. Daraus würden sich dann schnell Debatten über die Religion, die gesellschaftlichen Probleme und die politischen Tagesereignisse ergeben. Man würde die Worte und Sätze hin- und herdrehen, um dann doch wieder zu unterschiedlichen Ergebnissen zu kommen. So ist es und so war es immer. Und so sollte es auch bleiben.

Es war dieses ganz gewöhnliche alltägliche Leben der Menschen, das nun mit einem Mal vernichtet werden sollte. Aber die Erde drehte sich weiter, als ob nichts passiert sei. Die Häftlinge gruben und arbeiteten mit ihren Hacken. Andere schippten, andere zogen. Tag für Tag. Vom frühen Morgen bis zum späten Abend. Bei jedem Wetter.

Während der ganzen Zeit erhielten Samuel und seine Mitgefangenen keinerlei Informationen darüber, wie es mit dem Krieg weitergegangen war. An einem Vorsommertag 1942 ertönte nicht frühmorgens – wie sonst immer – die Lagersirene.

Vergiss niemals Workuta!

„Die Sonne geht auf, sie geht unter und kommt bald wieder da an, wo sie von Neuem aufgeht.“[4] – So schien es eigentlich ein ganz gewöhnlicher Tag zu werden. Normalerweise ertönte dieses elende Nebelhorn um fünf Uhr morgens, um die Gefangenen zu wecken, aber eben nicht an diesem Tag. Sie waren alle überrascht, als sie aufwachten, und sie dachten schon, dass sie verschlafen hatten. Das erste Gefühl war Verwunderung, danach kam Unruhe, die sich langsam bis zur Angst steigerte. Das kleinste Vergehen wurde hart bestraft. Verschlafen oder zu spät zur Grube zu kommen, war eine Art Ungehorsam, der für den Schuldigen schlimme Folgen haben konnte. Äußerst unangenehme Strafen waren zu befürchten; alles hing davon ab, wie der Vorarbeiter, das Aufsichtspersonal und der Lagerleiter gelaunt waren. Die Bestrafungen im Lager waren willkürlich.

Alle polnischen Häftlinge wurden aufgefordert, sich vor den Baracken zu versammeln. Der Boden war lehmig und nach mehreren Regentagen auf-

4 In Anlehnung an „Der Prediger I, 5“ aus dem Alten Testament.

geweicht. Es wehte ein beißend kalter Nordwind, obwohl der Sommer sich bereits ankündigte. Da standen sie in Reih und Glied und versuchten vergeblich sich etwas aufzuwärmen, indem sie mit den Füßen auf den Boden stampften. In Samuels zerschlissenen und abgetragenen Schuhsohlen gab es große Löcher und seine Füße standen in dem eiskalten Lehmschlamm. Seine Finger waren steif gefroren und er bekam keine Wärme in seinen Körper. Niemand wusste, was sie nun erwartete. Samuel dachte nur an seine Schuhe, mit denen musste demnächst etwas geschehen.

Nachdem man einige Stunden gewartet hatte, öffnete sich das Tor und ein Auto fuhr auf das Lagergelände. Alle schauten unruhig umher, aber auch mit einer gewissen Neugierde und fragten sich, was da wohl vor sich ging. Das Auto hielt vor der Baracke des Lagerkommandanten, der Fahrer sprang heraus und öffnete die hintere Tür und machte seine Ehrenbezeugung. Ein Mann in Uniform stieg aus dem Auto und ging mit schnellen Schritten auf die Baracken zu.

Die Häftlinge standen immer noch da und warteten, ohne dass etwas passierte. Die Schuhe, dachte Samuel, ich muss unbedingt etwas mit den Schuhen machen. Vielleicht finde ich irgendwo ein paar alte Lappen oder etwas Papier, womit ich sie ausstopfen kann. Aber wie sollte er an so etwas herankommen? Jetzt könnte er genauso gut barfuß auf der kalten Erde stehen. Er blies einige langsame Atemzüge in seine Hände, um seine steif gewordenen Finger bewegen zu können. Die Haut war weiß und hart geworden und er spürte einen stechenden Schmerz.

Als der sowjetische Lagerkommandant mit dem fremden Offizier zusammentraf, waren Samuels Finger längst steif gefroren. Er ballte die Fäuste zusammen und steckte sie unter die Achselhöhlen und bewegte gleichzeitig die Schultern und den ganzen Oberkörper in kreisförmigen Drehungen.

„Bleib' nur nicht steif stehen, bewege dich immer", daran erinnerte er sich die ganze Zeit.

„Polnische Brüder, wir sind im Krieg. Wir müssen gegen die Deutschen kämpfen!" ermahnte sie der Lagerkommandant. „Unser polnischer Kamerad ist zu uns gekommen, um Polen für die neue polnische Armee zu rekrutieren."

Seit mehreren Jahren hatten die Häftlinge keine Nachrichten über den Verlauf des Krieges erhalten und schauten sich jetzt voller Verwunderung an. Erst viel später sollte Samuel die Erklärung bekommen. Als Deutschland mit dem „Unternehmen Barbarossa" begann und im Juni 1941 die Sowjetunion angriff, amnestierte Stalin junge gesunde Häftlinge, die direkt in der Roten Armee eingegliedert wurden. Bis zum Kriegsende sollen es fast eine Millionen Häftlinge gewesen sein. Stalin suchte auch neue Verbündete in der westlichen Welt. Er nahm wieder diplomatische Beziehungen zu der polnischen Exilregierung in London auf und erklärte den früheren deutsch-russischen Nichtangriffspakt für ungültig. Tausenden polnischen Gefangenen in sowjetischen Arbeitslagern wurde Amnestie gewährt und sie wurden frei gelassen. Als Vertreter der polnischen Exilregierung in London ergriff General Sikorski die Initiative für den Aufbau einer polnischen Armee in der Sowjetunion, die unter dem Kommando des polnischen Generals Władysław Anders stehen sollte. Bis zum Ende des Jahres hatte man 25 000 polnische Soldaten rekrutiert. Alle polnischen Staatsangehörigen hatten das Recht, sich dieser neuen Armee anzuschließen. Aber wer war Pole? Waren die Ukrainer und Weißrussen, die bis vor dem Krieg auf polnischem Territorium lebten, polnische Staatsbürger? Die sowjetischen Behörden weigerten sich, diese Menschen als Polen anzuerkennen, weil Teile der Ukraine und Weißrusslands inzwischen zur Sowjetunion gehörten. Und wie ging man mit den Juden und den anderen Minderheiten um, die hier und in Polen bis 1939 lebten? Die Diskussionen darüber zogen sich endlos in die Länge, und die Transporte mit den neuen Soldaten aus den Lagern verzögerten sich.

Man begann mit der Aussortierung. Der katholische Lagerpriester machte Propaganda für seine Kirche und sah eine Chance „Seelen zu retten". Vielleicht glaubte er, dass dann seine Chance umso größer sei, je mehr Seelen er zum Übertritt zum katholischen Glauben bewegen konnte, um mit Wohlwollen im Himmel aufgenommen zu werden, wenn er eines Tages einmal vor seinem Herrn stehen und Rechenschaft über seine irdischen Taten ablegen würde. Er wollte also die Juden zum Übertritt veranlassen. Er sagte, das würde auch die militärische Anwerbung vereinfachen. Als er mit diesem Argument keinen Erfolg hatte, fiel ihm etwas anderes ein. Die Juden sollten sich bekehren und taufen lassen und damit frei von ihren Sünden werden. Aber ging das so einfach mit der Vergebung der Sünden? Was bedeutet „Vergebung" überhaupt? Welche Sünden sollten Samuel „vergeben" werden?

„Es waren wohl weniger ich und meine Kameraden, die die Absolution des Priesters benötigten, als vielmehr der Kamerad Stalin, der sich diese Lager mit ihren unmenschlichen Verhältnissen ausgedacht und hatte errichten lassen. Und all diese Offiziere, Lagerleiter und Arbeitsführer, die ihre Stellung zu ihrem eigenen Vorteil nutzten und gewissenlos ihre Mitmenschen quälten und unterdrückten," sagte sich Samuel, aber das Angebot der Sündenvergebung von Seiten des Priesters würde kaum dazu reichen, dem Terror und der andauernden Unterdrückung Einhalt zu gebieten. Aber es ging alles weiter wie immer. Es waren nur leere Worte.

Für Samuel waren Verzeihen und Vergeben etwas weit Tieferes. Er konnte es nicht hinnehmen, dass das so einfach sein sollte. Auch in den extremsten Situationen hatten die Menschen immer eine moralische Verantwortung. Der Priester wollte seine Hand auf Samuels Kopf legen und ihn segnen, aber Samuel weigerte sich, sich zum Katholizismus bekehren zu lassen. Er würde niemals seine jüdische Identität aufgeben und verleugnen. Er war stolz Jude zu sein. Und er würde immer Jude bleiben, wie viele Priester auch noch die Hand auf seinen Kopf legen würden.

Von allen Häftlingen wurden die Russen am schlimmsten behandelt und sahen daher mit Neid auf die Polen, als diese plötzlich saubere Kleidung und mehr zu essen bekamen. Es fiel Samuel schwer, von Boris Abschied zu nehmen. Wieder verlor Samuel einen Vater, aber jetzt wurde ihm bewusst, dass eine Seelenfreundschaft etwas besonders Wertvolles war, und dass die Menschen, die man schätzt, immer bei einem bleiben. Boris bestand darauf, dass sich Samuel mit den anderen auf den Weg machen solle, dies sei seine einzige Überlebenschance. So eine Gelegenheit müsse man nutzen, die bekommt man nur einmal im Leben, meinte Boris.

„Verpasst du diese Chance“, erklärte ihm Boris, „bleibst du hier für nichts und wieder nichts, bis du vor Hunger oder Kälte stirbst.“ Dieses waren die letzten Worte von Boris, an die sich Samuel so erinnerte, so als ob er sie erst gestern gehört hätte.

Ihre letzte gemeinsame Zeit wurde schwer. Das erste Mal, seitdem Samuel Boris begegnet war, glaubte er tief in die Seele eines Menschen zu blicken und das bereitete ihm jetzt Schmerzen. Zusammen verbrachten sie die letzte Zeit. Während dieser Zeit nahm die geistige Verwirrung immer mehr Besitz von Boris. Samuel sah Boris' Schmerz und dessen Kummer, dessen Verzweiflung und Angst. Dieses Gefühl war übermächtig und er hätte sich gewünscht, dass er sich davon hätte befreien können. Niemand konnte etwas machen, um diesen Prozess aufzuhalten; er war unumkehrbar. „Alles war Leere, lauter Leere – wie ein Jagen nach dem Wind.“ Das Schlimmste – aber vielleicht auch eine Gnade – war, dass Boris nicht mehr länger Macht über seine Gedanken hatte. Sein Gedächtnis und Erinnerungsvermögen verließen ihn und ziemlich schnell verlor er seinen Verstand. Dies war ein erschreckender Anblick. Doch noch konnte er Samuel bitten zu gehen. Er wollte, dass Samuel leben sollte. Bis zuletzt harrte Samuel bei ihm aus, vielleicht in der Hoffnung, dass doch noch irgendetwas die verzweifelte Angst, die Boris in sich trug, auslöschen oder zumindest mildern konnte.

„Vergiss niemals Workuta!“ Das waren die letzten Worte, die Boris an Samuel richtete. Alles geschah, wie es vorherbestimmt war. „Der Silberfaden zerriss und die Goldschale zerbrach."[5] Samuel verwunderte sich über die Trauer, die in ihm aufstieg; es war, als ob sich ein schwerer Stein auf seine Brust legte. Diesen Stein hat er viele Jahre mit sich herumgeschleppt. Boris war einer der vielen Millionen Menschen, die in den Gulags, den Arbeitslagern Stalins, umkamen.

Zu Fuß machten sich die künftigen Soldaten auf den Weg durch die Taiga. Auf der inzwischen fertig gebauten Eisenbahnlinie fuhren sie weiter bis Kotlas, wo die polnischen Häftlinge aus allen nördlichen Arbeitslagern zusammengezogen wurden. Mit einem anderen Zug wurde die Reise durch Kasachstan bis Taschkent und von dort nach Samarkand in Usbekistan fortgesetzt. Am Fluss Amu-Darja an der Grenze zwischen Turkmenistan und dem Iran sollte man sich der Armee von General Anders anschließen. Die Reise ging nun in etwas bequemeren, aber überfüllten Waggons weiter, wo die jungen Männer auf Holzbänken saßen, lagen oder irgendwie herumhingen. Wieder einmal führte Samuels Reise ins Ungewisse. Erst als die deutschen Truppen im August 1942 Stalingrad belagerten, bekam die polnische Armee die Erlaubnis, die russische Grenze nach Süden zu überschreiten, um sich den alliierten Truppen im Mittleren Osten anzuschließen. Folglich verließen über hunderttausend polnische Soldaten und Zivilisten mit General Anders die Sowjetunion.

Während sie darauf warteten, dass die Einheiten zusammengestellt wurden sollten, kam Samuel mit einem Soldaten in Kontakt, der behauptete, dass er in Samarkand eine Frau und einen Mann getroffen hätte, die Samuels Eltern hätten sein können. Der Gedanke, dass sie noch am Leben und in der Nähe sein könnten, ließ Samuel nicht los. Das war zunächst nur ein sehr zerbrechliches Band, aber sein Wunschbild wuchs in seinem Innern zu einer festen Gewissheit und er hätte es für den Rest seines Lebens bedauert, wenn er nicht umgekehrt wäre. Er bat also seine Vorgesetzten um die Erlaubnis, nach Samarkand zurückkehren zu dürfen, um nach seinen Eltern zu suchen. Der Offizier riet ihm eindrücklich von einer Umkehr ab und meinte, dass es äußerst unwahrscheinlich sei, dass die Nachricht stimmen würde. Aber Samuel hatte gehört, dass Stalin Tausende von Juden nach Usbekistan geschickt hatte. Er hielt deshalb an seinem Plan fest; er wurde aus der Armee entlassen und konnte nach Samarkand zurückkehren.

In Samarkand suchte er wochenlang in einem Labyrinth von schmalen Gassen und eng beieinander wohnenden Menschen nach seinen Eltern. Schließlich kam er zu einem Arbeitslager am Stadtrand, wo er seine Mutter Fajga und seinen Vater Chaim treffen und beide in die Arme schließen

5 In Anlehnung an „Der Prediger XII, 6" aus dem Alten Testament.

konnte. Sie waren völlig ausgezehrt und entkräftet und schwer an Malaria erkrankt. Nach einigen Wochen begrub er seinen Vater, ein halbes Jahr später seine Mutter. Samuel hatte ihnen die Augen zugemacht. „Als die Mandelbäume weiß schimmerten, wurde der Silberfaden durchgeschnitten." Er kam zu der Erkenntnis, dass der Mensch nur ein Sandkorn im großen Spiel der Natur ist und „dass kein Mensch Macht über den Wind hat, wohin ihn der Wind auch immer treibt."

Was sollte er nun machen? Zur polnischen Armee zurückzukehren, war ausgeschlossen. Als Stalin im Frühjahr 1943 wusste, dass er in seinem Land die deutschen Truppen auch ohne alliierte Hilfe bekämpfen konnte, wurde eine sorgfältigere Kontrolle der polnischen Einheiten durchgeführt, die sich noch auf sowjetischem Territorium befanden. Den polnischen Einheiten wurde die Anwerbung von weiteren Freiwilligen untersagt; diese wurden einfach zu Sowjetbürgern erklärt und direkt in die Rote Armee geschickt.

So blieb Samuel denn in Samarkand und verdiente sich seinen Lebensunterhalt als Maurer. Die Stadt selbst war ein einzigartiges „Mauerwerk", aber die Arbeiten wurden immer von Zwangsarbeitern ausgeführt, die die Träume der Herrscher zu erfüllen hatten. Weil sich kein Baumaterial in der näheren Umgebung fand, wurden Backsteine und Ziegel aus Wüstensand, Kamelurin und Lehm aus dem Fluss gebrannt. Das an der Sonne getrocknete Baumaterial wurde in Brennöfen auf freiem Feld hergestellt und dann teilweise zu in allen nur denkbaren Blautönen schimmernden Kacheln verarbeitet. Aus ihnen entstanden die mythenumwobenen Moscheen und Prachtbauten. Die Geschichte war für Samuel etwas, das sich immer wiederholt. In ihr sah er, wie immer wieder neue absolutistische und ruhmsüchtige Despoten auftauchen, um die Menschen mit Macht und Willkür zu unterdrücken.

Während Samuel in Samarkand Backsteine und Ziegel brannte und als Maurer arbeitete, hatte sich die Armee von General Anders nach einem Umweg über Palästina den alliierten Truppen in Europa angeschlossen. Die Zivilisten, die sich in seinem Gefolge befanden, zogen in verschiedene Orte und Gegenden, überall dorthin, wo sie Zuflucht fanden. Nur wenige von ihnen kehrten nach dem Krieg nach Polen zurück. Ihre Berichte über die Lebensverhältnisse und Arbeitsbedingungen in den sowjetischen Arbeitslagern dienen nach mehr als 50 Jahren immer noch dazu, die Existenz von Gulags zu beweisen. Dies war übrigens die einzige Gruppe, die jemals aus den Zwangsarbeitslagern der Sowjetunion in die Freiheit gelangte.

Samuel traf seine künftige Ehefrau Helena und als die Sonne wieder über den Dachfirsten aufstieg, wusste er, dass sich eine neue Zeit am Horizont ankündigte und das Leben weitergehen konnte. Überrascht stellte er fest, dass ihm wieder leichte Farbunterschiede auffielen, die sich mehr und mehr in klare und leuchtende Farben verwandelten. Langsam begann er wieder den Gesang der Vögel und den Duft des frisch gemähten Grases wahrzunehmen. Gerade in dem Kleinen liegt das Große.

Als der Krieg zu Ende war, bereiteten sie langsam ihre Rückkehr nach Polen vor. In Posen und in den vielen kleinen *Schtetl* war es nun still geworden. Juden gab es dort nicht mehr. Die Städte und Synagogen waren zerstört, das Marktleben hatte schon seit langem aufgehört. Die Trauer und der Schmerz der Menschen lagen für immer unter den Steintrümmern begraben. Nur die Klage der Toten und das Echo des Vergangenen hallten aus den wüsten Ruinen wider. Und dann hatte sich noch der Gedanke, was mit Rebecca passiert war, in Samuel festgesetzt. Lebte sie noch? Wo war sie?

In Posen nach dem Krieg

Zusammen mit seiner Frau kehrte Samuel im Herbst 1945 nach Posen zurück. Ein großer Teil der Stadt war zerstört, der alte Stadtkern war ein einziges Trümmerfeld. Als erstes begab sich Samuel zu seiner alten Wohnung, um zu sehen, ob noch etwas übrig geblieben war. Er hatte keine großen Erwartungen und war deswegen umso mehr überrascht, als er sah, dass das Gebäude irgendwie den Krieg unversehrt überstanden hatte. In seiner früheren Wohnung wohnten nun andere Menschen, aber es gab noch den deutschen Nachbarn. Samuel erzählte ihm, was mit ihm und seinen Eltern passiert war. Der alte Mann händigte ihm die Fotos und Dokumente aus, die ihm Samuels Vater Anfang des Krieges anvertraut hatte, bevor er deportiert wurde. Diese Papiere blieben für alle Zeiten die einzige Verbindung für Samuel mit seiner Vergangenheit und er sollte diese Bilder und Dokumente in seinem weiteren Leben wie einen kostbaren Schatz bewahren.

Eine neue Zeit war angebrochen. Sowjethörige Kommunisten regierten jetzt das Land und Stalins mächtige Gefolgsleute überwachten nun jeden einzelnen Menschen. Nicht die geringste Abweichung von der Parteilinie wurde geduldet. Jeder noch so kleine Versuch eines Widerstands wurde schnell unterbunden und die Dissidenten sahen sich Repressalien und Schikanen ausgesetzt. Der Machtapparat verlangte bedingungslosen Gehorsam. Agenten, Denunzianten, die üblichen Mitläufer – überall blühten Macht und Einfluss des totalitären Staates und schlugen mit ihren Strukturen Wurzeln bis tief in die polnische Gesellschaft. Mit den polnischen Marionetten als Gehilfen wurde alles von Moskau aus gesteuert. Die ganze Gesellschaft war eingehüllt in eine Wolke von Misstrauen und Argwohn. Wenn man einen Brief oder einen Besuch aus einem Land im Westen bekommen hatte, wurde man durch so etwas rein Persönliches und Privates schon zum Kapitalisten und zu einem Feind der Gesellschaft, was dann oft ein Gerichtsverfahren und harte Sanktionen zur Folge haben konnte. Die Hausmeister hatten zum Beispiel die Aufgabe, genau zu kontrollieren, wer ins Haus kam und wer das Haus verließ, um das dann den Behörden zu melden. Lehrer, Arbeits- und Studienkameraden, Freunde, wer auch immer, konnten Spitzel sein und ihre Nachbarn, Freunde, Bekannten, selbst ihre eigenen Verwandten bei den Behörden anschwärzen. Die Anklagen mussten nicht der Wahrheit entsprechen. Falsches Beweismaterial wurde ausgestreut oder die Betreffenden wurden durch die Verbreitung von Gerüchten kompromittiert. Die Menschen wurden systematisch gedemütigt und entwürdigt. Meinungsfreiheit gab es nicht. Die Arbeiten von Schriftstellern und Kulturschaffenden wurden zensiert. Oppositionsparteien waren nicht zugelassen. Nur das, was der offiziellen Parteilinie entsprach, durfte veröffentlicht werden. Alles wurde vom kommunistischen System kontrolliert und beherrscht.

Es war ein übles und trauriges Spiel und es führte oft zu persönlichen Tragödien, mit opportunistischen Akteuren in den Hauptrollen und stummen verängstigten Zuschauern als Publikum. Ein ganzes Heer von machtlüsternen Bürokraten lenkte das Spiel mit diktatorischen Methoden. Sie strebten nach wirtschaftlichen Vorteilen oder nach psychologisch-intellektueller Überlegenheit oder genossen so zu jeder Zeit ihre angenehmen Privilegien. Einige waren kleinere oder höhere skrupellose Bonzen, die ohne moralische Bedenken und ohne Rücksicht die Menschen behandelten, die ihren selbstherrlichen und launenhaften Entscheidungen und Maßnahmen ausgesetzt waren. Sie waren dem System treu, weil das System sie begünstigte. Wenn man von den Spielregeln etwas abweichen wollte, wurden Bestechungsgelder verlangt oder man musste Kontakte zu den höher gestellten korrupten Akteuren haben, wenn es diese überhaupt noch für einen Abweichler oder „Dissidenten“ gab. Aber auch das war keine Garantie. Der lange und unberechenbare Arm des Gesetzes konnte immer und überall zugreifen.

Samuel fand schnell Arbeit in der öffentlichen Verwaltung. Er engagierte sich auch für jüdische Fragen und bekam mitten in den 50er Jahren eines

Tages einen Brief aus Israel. Das führte dazu, dass er als Zionist angeklagt wurde und aus der Verwaltung entlassen wurde. Ihm war klar, dass er nun niemals mehr eine staatliche Anstellung bekommen würde. Weil es nur wenig private Unternehmen gab, gründete er eine kleine Malerfirma, mit der er seine Familie zunächst durchbringen konnte.

Im März 1968 begannen die Studentenunruhen. Samuel war überzeugt, dass sie von Innenminister Moczar im Zusammenhang mit seinem Machtkampf gegen Gomułka provoziert waren. Um dem „Obersten Sowjet" zu beweisen, dass nur er die Macht hatte, die Ordnung im Land aufrecht zu erhalten, versprach Moczar einen „polnischen Weg zum Sozialismus". Auf diesem Weg gab es keinen Platz mehr für Juden. Der fünfte Kongress der polnischen kommunistischen Partei sollte im November stattfinden und vermutlich würde die Frage nach einer neuen Führungsspitze gestellt werden. Zweifellos spielten die Unruhen Moczar in die Hände. Er benutzte den Antisemitismus für seine innenpolitischen Ziele und machte die Juden, die inzwischen aus ihrem Dienst entfernt worden waren, für die Irrtümer und Fehler der Vergangenheit verantwortlich. Gleichzeitig war er darauf bedacht, seine eigenen Anhänger auf die Verwaltungsposten zu setzen, die vorher Juden innehatten. Zudem wusste er, dass die Bevölkerung die eingeleiteten antisemitischen Maßnahmen akzeptieren würde.

Nach Informationen der Schwedischen Botschaft in Warschau versuchten die parteihörigen Zeitungen das Ausmaß der Unruhen herunterzuspielen, die sie aber gleichzeitig aufs Heftigste verurteilten, weil nach ihrer Auffassung dadurch die Führung des Landes angegriffen und die politischen Grundprinzipien bedroht wurden. Die polnisch-sowjetische Freundschaft wurde in den Zeitungen beschworen und es wurde daran erinnert, dass die Sowjetunion der Beschützer des Landes sei und für dessen Sicherheit sorge. In der Zeitung *Zycie Warszawy* wurde ausdrücklich betont, wie wichtig es sei, die guten Beziehungen zur Sowjetunion aufrecht zu erhalten. In dem Parteiorgan *Trybuna Ludu* stand ein langes Interview mit einem hohen Parteimitglied, das darauf hinwies, dass energische und wirksame Maßnahmen gegen diejenigen unternommen werden müssten, die versuchten die Ordnung zu stören. Daraufhin nahmen die antisemitischen Kampagnen ein ungeahntes Ausmaß an.

In den parteitreuen Zeitungen wurde behauptet, dass die Unruhen von einem „westdeutsch-jüdischen Komplott" oder von zwielichtigen Politikern angestiftet worden seien. Listen mit den Anführern der Unruhen wurden veröffentlicht. Darunter befanden sich viele jüdischen Studenten, deren Eltern höhere Ämter in der staatlichen Verwaltung innehatten.

Die Ereignisse in Polen entwickelten sich regelrecht zu einer antisemitischen Kampagne. Als den Juden die schon eingeschränkten bürgerlichen Freiheits- und weitere Rechte entzogen wurden, die die politische Führung dem polnischen Volk noch gewährte, beschloss Samuel das Land zu verlassen. Er sah keinen anderen Ausweg, als sich wieder auf die Flucht zu begeben, um sich in einem anderen Land eine neue Existenz aufzubauen. Mit seiner Familie beantragte er die Ausreisegenehmigung und die Einreise nach Schweden; beides wurde bewilligt. Samuel lernte Schwedisch und eröffnete bald ein kleines Geschäft in Göteborg. Auch diesmal reichte der Umsatz, um seine Familie zu versorgen.

Samuel suchte weiter nach Rebecca. Er ging mehrmals in das Büro des Roten Kreuz und durchsuchte die Listen mit den unzähligen Namen. Geduldig las der die Register Seite für Seite und von oben nach unten durch, bis er eines Tages ihren Namen entdeckte. Gegen Kriegsende war sie mit einem Krankentransport nach Schweden gekommen.

Nach einigen Monaten in Schweden kamen Samuel und Rebecca wieder zusammen. Aber es war erst sehr viel später, dass sie sich traute, ihm über das zu berichten, was sie erlebt und was man mit ihr gemacht hatte. Es war entsetzlich schwer für sie davon zu erzählen. Sie hatte lange geschwiegen in der stillen Hoffnung, dass, wenn man von etwas nicht spricht, es auch gar nicht passiert sei. Aber Schuld und Scham darüber, dass sie überlebt und was sie erlebt hatte, kamen immer wieder.

Rebeccas Schicksal

Deutsche SS-Soldaten verhafteten Rebecca im Herbst 1939. Sie widersetzte sich. Die Soldaten verdrehten ihr die Fußgelenke und sie hörte und fühlte, wie etwas in ihren Füßen brach. Sie wurde in ein Konzentrationslager deportiert; von dort in ein weiteres, bis sie schließlich in das KZ Ravensbrück kam.

In Ravensbrück wie auch in anderen Konzentrationslagern wurden medizinische Versuche an Frauen und Männern vorgenommen, von denen die meisten zwischen 20 und 30 Jahre alt waren. Zu diesen Versuchen gehörten Sulfonamid-Experimente, Bein-, Muskel- und Nervenoperationen und Sterilisierungen. Die Versuche mit Sulfonamiden wurden auf den direkten Befehl von Himmler durchgeführt und das Ziel war, Medikamente für verletzte Soldaten an der Ostfront zu finden und zu entwickeln. Die Experimente gingen so vor sich, dass ein Schnitt in die Wade gemacht wurde; die offene Wunde wurde dann mit Tetanus- und Gasbrandbakterien, mit Staphylokokken und Streptokokken sowie allerlei Schmutz infiziert. Das verursachte Vereiterungen, die sich oft nicht verhindern und aufhalten ließen. Die Absicht war, dass man feststellen und untersuchen wollte, wie sich Gasbrand und Tetanus, wie sich Entzündungen oder Blutvergiftungen auswirken. Die Menschen, die diesen Experimenten ausgesetzt waren, starben meistens unter qualvollen Schmerzen, weil ihnen jegliche Art von Schmerzlinderung vorenthalten wurde. Andere wurden nach den Versuchen erbarmungslos erschossen.

Die Bein-, Muskel- und Nervenoperationen wurden vorgenommen, um daran zu studieren, wie sich Heilprozesse entwickeln. Darüber hinaus wurden auch Transplantationen im Beinbereich vorgenommen. So wurde das rechte Schienenbein entfernt, um mit dem das linke zu ersetzen, während das linke Schienenbein rechts implantiert wurde. Auch hierbei starben viele Personen oder wurden anschließend getötet. Die Sterilisierungen wurden auf direkte Anordnung aus Berlin hin durchgeführt. Man suchte nach Sterilisierungsmethoden für Frauen wie auch für Männer, um zu kontrollieren und sicher zu stellen, dass nur die arische Rasse weiterbestehen sollte. Die Männer wurden durch Röntgenbestrahlung sterilisiert, die Frauen außerdem mittels Medikamente oder durch Operationen. Es war hier in Ravensbrück, dass Rebecca medizinischen Versuchen ausgesetzt war, die ihren Körper für alle Zeiten verstümmeln und verunstalten sollten.

Rebecca stand vor der SS-Frau in der Duschbaracke: „Mund auf!" – Das Gold wurde aus ihren Zähnen gebrochen. Als man ihr den Goldschmuck von den Ohren riss, sprudelte das Blut aus den Ohrenläppchen. Ihre schönen Haare wurden abgeschnitten. Die sollten später als Füllmaterial für Kissen verwendet werden. Sie erhielt ihre KZ-Nummer. Sie war nicht mehr ein Mensch, nur noch ein Objekt, eine Nummer.

Sie bekam den Befehl zu einem Arbeitseinsatz. Tag für Tag musste sie tote Körper auf dem Rücken von der Gaskammer zu den Massengräbern tragen. Immer hin und her, den ganzen Tag. Andere hoben die Gruben aus. „Wenn eine Grube voll war, kam ein anderes Kommando, holte die Leichen wieder raus und verbrannte sie. Man wollte keine Spuren hinterlassen, die später einmal als Beweis hätten dienen könnten. Dann fing man wieder an woanders zu graben." Arbeitete man nicht schnell genug, wurde man geschlagen. „Schnell, schnell", riefen die Aufseherinnen und schlugen mit ihren Stöcken zu.

In dem überfüllten Lager war es schmutzig und überall lag Dreck herum. Wenn man das Wasser trank, wurde man krank. Drei oder vier Frauen mussten auf ein und derselben Pritsche schlafen, manchmal noch mehr. Wie sollte man da Platz finden? Und man schlief unter einer verlausten Wolldecke. An manchen Tagen stand Rebecca schon um drei Uhr auf, um sich in Ruhe waschen zu können. Aber was half das schon, wenn man danach wieder seine schmutzige und verlauste Kleidung anziehen musste, in der man monatelang herumlief und in der man auch schlief.

Die Appelle, eine Art Anwesenheitskontrolle, konnten wann auch immer, Tag und Nacht, stattfinden. Auf Befehl mussten sich alle Frauen des Blocks auf dem Platz vor den Baracken versammeln. Dann wurde durchgezählt. Diese Appelle konnten manchmal stundenlang dauern, ganz egal wie das Wetter war. Auch wenn es regnete und die Kleider durchnässt waren, mussten die Frauen den ganzen Tag in den nassen Sachen herumlaufen und auch darin schlafen. An einem Wintermorgen, als Rebecca barfuß auf dem Appellplatz stehen musste, hatte sie sich die Zehen erfroren. Wenn die Anzahl der Frauen nicht stimmte, wurde wieder und immer wieder durchgezählt, während sich die Kälte immer tiefer in die Körper fraß, und die Aufseherinnen mehr und mehr drohten, und die Lage zunehmend gefährlicher wurde. Niemand wusste, wer da fehlte.

Man begann dann mit den Selektionen. Den Frauen wurde befohlen, auf dem Hauptweg barfuß und ohne Kopfbedeckung entlang zu marschieren, während der Lagerarzt Adolf Winkelmann und der Schutzhaftlagerführer Johann Schwarzhuber ihre Blicke auf sie richteten. Frauen mit ergrautem Haar oder angeschwollenen Füßen wurden unmittelbar zum Lager Uckermark gebracht und von dort zur Gaskammer transportiert. Als die Frauen merkten, dass die Älteren und Kranken vergast werden sollten, versuchten die Älteren sich die Haare mit Ruß zu färben, um jünger auszusehen.

Eines Tages wurde befohlen die Baracken nicht zu verlassen. Sie mussten sich ausziehen. Wer aufgerufen wurde, sollte sich eine Decke nehmen und sich zur Duschbaracke begeben. Winkelmann führte wieder eine Selektion durch. Eine nach der anderen mussten die nackten Frauen auf ein Handzeichen hin vortreten. Mit dem Finger wies Winkelmann mal nach rechts, mal nach links. In dieser Sekunde entschied sich, wer getötet werden sollte und wer weiterleben konnte. Die meisten Frauen gingen nach links. Manchmal zögerte Winkelmann etwas, überlegte eine Sekunde, deutete mit seinem Finger an, dass die Frau sich noch einmal im Kreise herumdrehen sollte, bevor er mit dem Zeigefinger in eine der beiden Richtungen wies.

Rebecca wurde nach rechts zu der Gruppe geschickt, die für medizinische Versuche bestimmt war. Sie hatte keinen Lippenstift, um sich ihre Wangen rot anzumalen, um so etwas frischer und gesünder auszusehen, als sie tatsächlich war. Denn so machten es mehrere ihrer Kameradinnen. Sie war außer sich vor

Angst, als man sie zum Krankenrevier brachte. Hier kamen nur die wenigsten mit dem Leben davon.
Professor Carl Clauberg sah Rebecca mit seinem scharfen Lächeln an. Er war ein diskreter und schweigsamer und – wie es schien – höflicher Mann im mittleren Alter. Er war sehr gepflegt und sauber rasiert, sein Haar war kurz geschnitten und ordentlich gekämmt. Auf der linken Seite hatte er einen geraden Scheitel, wahrscheinlich um einen Teil der Haare zur anderen Seite hin zu kämmen, um so wenigstens teilweise eine kahle Stelle zu bedecken. Seine Augen verbargen sich hinter dicken runden Brillengläsern und man hatte den

Abb. 24 Ganz links auf dem Bild: Carl Clauberg, einer der Ärzte, die medizinische Versuche an Häftlingen durchführten. United States Holocaust Memorial Museum, mit Genehmigung eines anonymen Gebers.

Eindruck, dass der Kopf trotz des spitzen Kinns kugelrund war. Er hatte ein Doppelkinn und war ziemlich füllig. Seine langgezogenen schmalen Lippen machten den Eindruck eines ständig verkniffenen Lächelns. Bei der Arbeit trug er einen weißen Arztkittel mit einem runden Kragen und einer Schärpe, die den dicken Bauch noch dicker erscheinen ließ, als er sowieso schon war. Der Kittel war auf dem Rücken zusammengebunden und die Ärmel waren aufgekrempelt, um den Eindruck zu erwecken, dass er hart arbeite. Sonst ging er nur in Anzug und mit Schlips. Wenn er sein Jackett zumachte, spannte es stramm über seinem Bauch und die Knöpfe schienen jeden Augenblick abspringen zu wollen. Die Hosen waren zu lang und endeten in Falten über den Schuhen, aber das schien ihn nicht zu stören. Er ging aufrecht und mit hochgehobenem Kopf, vielleicht um so größer auszusehen, als er war.

Diejenigen, die Clauberg kannten, wussten, dass er ein Mensch war, der über Leichen gehen würde, um seine Ziele zu erreichen. Er achtete in erster Linie nur auf seinen eigenen Vorteil und war ohne jegliche Empathie. Er sagte das eine und tat das andere, wenn es für ihn vorteilhaft war. Seine schnelle Auffassungsgabe war wohl eine seiner wenigen positiven Eigenschaften, aber die benutzte er nur, um sich erfolgreich durchs Leben zu schlagen. Viele wunderten sich darüber, wie es ihm gelingen konnte, sich in die höchsten Kreise einzuschleichen. Er selber glaubte einen festen Platz unter Hitlers Vertrauten zu haben.

Ohne Betäubung spritzte er Rebecca Säure in den Unterleib. Offensichtlich hatte sie nicht das Recht, wie ein normaler Mensch zu leben und behandelt zu werden und später einmal einem anderen Menschen das Leben zu schenken. Sie bekam eine schwere Entzündung im Bauch mit heftigen Krämpfen und Blutungen im Unterleib. Ihre Eierstöcke waren angeschwollen und wurden operiert und nach Berlin für weitere wissenschaftliche Untersuchungen geschickt. Die Professoren suchten nach einer Methode für eine Massensterilisierung. Rebecca wurde schwer krank. Längere Zeit schon lag sie wie leblos im Koma und längst schien Clauberg die Anweisung gegeben zu haben, ihren Körper fortzuschaffen. Sie wurde zu einem Vermerk in einer Statistik für seine Unterlagen, danach war sie vergessen.

Der Krieg lief schlecht für die Deutschen und die Alliierten kamen immer näher. Davon erfuhr Rebecca natürlich nichts, aber die veränderte Lage wurde ihre Rettung. Als sie einige Zeit später die Augen öffnete, lag sie auf einer Pritsche in einer Baracke und eine Frau saß neben ihr und versuchte ihr etwas zu trinken zu geben. Clauberg war da schon auf der Flucht vor den alliierten Truppen, genauso wie er schon vorher Ende 1944 nach Westen floh, als sich die sowjetischen Truppen Auschwitz näherten. Die Frau sagte, dass der Krieg nun bald vorbei sei. Sobald sich Rebecca stark genug fühle, könne sie mit den *Weißen Bussen* nach Schweden fahren. Da würde man sich um sie kümmern.

Nach ihrer Ankunft in Schweden kam sie zunächst in die Mädchenschule nach Lund, wo sie die junge Studentin Karin traf, die sich zum Freiwilligendienst für die Aufnahme von Flüchtlingen gemeldet hatte. Schon vorher waren alle Schulen in Südschweden seit dem Frühjahrstermin geschlossen worden. Die Gebäude wurden gebraucht, um die Flüchtlinge unterzubringen, auch wurde Personal für die Aufnahme benötigt. Karin wies Rebecca ein, sie bekam ein Bett mit einem sauberen Laken und einer warmen Wolldecke. Karin erklärte Rebecca, wo sie war und warum sie nach der Karantäne an einen anderen Ort verlegt würde. So kam sie dann nach Småland, einer Provinz in Südschweden, wo sie einen Schweden heiratete. Ihre verkrüppelten Füße und ihren verstümmelten Körper behielt sie bis ans Ende ihres Lebens.

Hanna

Die Flucht nach Osten

Hanna ist in Płock aufgewachsen, einer kleinen Stadt nordwestlich von Warschau. Die Juden in Płock waren religiös und konservativ, sie folgten den alten jüdischen Traditionen, die seit Jahrhunderten vom Vater auf den Sohn, von der Mutter auf die Tochter vererbt wurden. Es gab ein lebendiges Sozialleben mit Gebetshäusern und Synagogen. Ein jüdisches Krankenhaus und Altersheim waren gebaut worden sowie auch jüdische Schulen, Talmudschulen, ein Kulturhaus mit Bibliothek und andere kulturelle Treffpunkte.

Hannas Familie wohnte in der Szerokastraße, dort wo die Schumacher, die Schneider und Hutmacher, die Korsettmacher und viele andere Handwerker wohnten. Hier ging es immer lebhaft zu, ein *Mischmasch* von Menschen kam und ging, man tauschte seine Waren oder blieb einfach stehen, um ein paar Worte miteinander zu wechseln. Manchmal verstummte das Gerassel von Karren und Wagen für einen Moment, bevor der Kutscher mit schnalzenden Lauten die Pferde wieder in Bewegung setzte.

Hannas Vater Abraham Moshe war ein gelehrter und tief religiöser Mann, der in den Spuren seines Vaters wandelte und den Talmud in Góra Kalwaria, dem wichtigsten Zentrum des chassidischen Judentums einige Kilometer außerhalb Warschaus, studiert hatte. Er war hoch angesehen wegen seiner Ehrlichkeit und Gelehrsamkeit. Wie viele andere Juden brachte er ganze Tage damit zu, die *Thora* zu studieren. Seine vornehmste Lebensaufgabe sah er darin, den jüdischen Glauben an die folgenden Generationen weiterzugeben. In den heiligen Schriften suchte er nach Antworten für die existentiellen Fragen und fand eine unversiegbare Lebensquelle im Gebet und in der Meditation.

Er berichtete gerne von einer Begebenheit, die sich lange vor dem Krieg Anfang des 20. Jahrhunderts ereignet hatte, als Polen noch ein Teil des zaristischen Russlands war. Die Männer saßen oft im *Yeshiva*, einige studierten die Bibel, andere diskutierten eifrig oder spielten Schach. Da ging unerwartet die Tür auf und ein russischer Offizier kam herein. Die Überraschung war groß, es wurde sofort ganz still. Die Männer hatten Angst, dass das schon wieder der Beginn eines neuen Pogroms gegen die Juden sein könnte, aber der Mann wandte sich ihnen freundlich zu und fragte, ob es jemand gäbe, der mit ihm Schach spielen würde. Die Juden schauten sich verdutzt an. Im *Yeshiva* Schach spielen mit einem russischen Offizier? Stand darüber irgendetwas im Talmud oder in der *Thora*? Im *Yeshiva*? Sie räsonierten untereinander, drehten und wendeten die Worte hin und her und jeder brachte seine Ansicht vor. Der Russe sagte derweil, dass er schrecklich gerne eine Partie Schach spielen würde, aber dass es niemand gäbe, mit dem er spielen könnte. Schließlich einigten sich die Juden darauf, dass Gott wohl nichts dagegen hätte, wenn man mit einem Russen Schach spielen würde, nur es dürfe nicht im *Yeshiva* sein.

Das war der Startschuss für ausgedehnte Schachpartien. Der Russe kam regelmäßig und war sehr zufrieden, aber noch zufriedener waren die Juden. Der Offizier schickte Säcke mit Brennholz, mit Zucker und Kartoffeln und manchem anderen, was man zum Leben brauchte und woran großer Mangel herrschte.

Abraham Moshe war Vertreter eines kleinen Lotterieunternehmens, aber im Übrigen kümmerte er sich nicht besonders um die Einkünfte der Familie. Einmal bekam er das Angebot, hebräische Grammatik an einer katholischen Klosterschule zu unterrichten, aber obwohl man ihm eine sehr gute Bezahlung anbot, bedankte er sich höflich und lehnte aus religiösen Gründen ab. Stattdessen schrieb er eine hebräische Kurzgrammatik und gab sie der Schule, ohne etwas dafür als Bezahlung zu verlangen. An den jüdischen Feiertagen teilte er die geringen Einkünfte der Familie mit armen Juden, so dass diese die Festtage mit einem jüdischen Gericht feiern konnten. Er war der Meinung, dass Geld bedeutungslos sei, weil es den Menschen keine Sicherheit bot. Es war lediglich notwendig, um sich das zu beschaffen, was man unbedingt brauchte; alles Überflüssige wurde weitergegeben.

Hannas Mutter Sarah Malcah war eine betriebsame und praktische Frau, die nur zu gut wusste, dass religiöse und philosophische Diskussionen nicht fünf hungrige Kinder satt machen. Sie betrieb eine kleine Bäckerei, um die Familie täglich mit dem nötigen Essen zu versorgen. An jedem Morgen stand sie um vier Uhr auf, den Samstag ausgenommen, an dem Sabbat war. Zusammen mit ihrer ältesten Tochter Chaia setzte sie den Teig an. Das war eine harte Arbeit, besonders am Freitag, an dem viele Kunden kamen, um sich das *Challa*, das jüdische Sabbatbrot, zu holen. Gegen Nachmittag kamen schon viele, um ihr *Cholent* in den großen Backofen zu stellen, wo die großen Töpfe mit Fleisch und Bohnen in der Nachwärme noch etwas weiterköcheln konnten und so bis zum nächsten Tag warm blieben. Da spürte man den feinen

Duft von Fleisch, Gewürzen und Gemüse zwischen dem Geruch des frischgebackenen Brotes. Alles hüllte die nahenden Feiertage in eine warme Wolke von Wohlbehagen. Am Samstag nach dem Gottesdienst in der Synagoge kamen dann Leute wieder vorbei, um ihre Töpfe abzuholen. Nach jüdischem Brauch darf man am Sabbat kein Feuer machen und kochen.

Sarah Malcahs *Challa* war weit über den jüdischen Stadtteil hinaus berühmt. Die Bäckerei warf nur geringe Einnahmen ab, aber es reichte. Die Töchter Esther und Hanna standen an der unscheinbaren Luke zur Straße und verkauften das Brot. Manchmal kam auch Chaia mit hinzu und dann wurde es richtig lustig. An der Wand über der Öffnung war ein Schild angebracht, auf das der jüngste Bruder Leibl mit großen unregelmäßigen Buchstaben geschrieben hatte: BROT.

Es war sehr schwierig, immer genügend Brennholz aufzutreiben, um den gemauerten Ofen zu heizen. Das war Leibls Aufgabe. Meistens schaffte er es, mit Birkenholz zurückzukommen, das für ein, zwei Tage reichte. Leibl war ein schüchterner Junge, der sehr an seiner Mutter hing. Schon als Zehnjähriger entfernte er sich von der Religion. Der Tod seiner Mutter einige Jahre vor dem Zweiten Weltkrieg sollte seine Einstellung und sein Leben verändern. Er machte eine Kehrtwendung, suchte Trost in der Religion, vertraute wieder auf Gott und wurde orthodox. Niemand weiß, wie es ihm glückte, ein Visum für die USA zu bekommen und sofort nach dort auszureisen, bevor der Krieg ausbrach. Dort traf er Blanche, eine Frau, die noch stärker orthodox war als er selber. Er gab Frauen nicht mehr länger die Hand, schaute sie nicht einmal mehr an und lebte streng *kosher* – alles nach den Regeln der orthodoxen Tradition. Den Menschen gegenüber wurde er mehr und mehr misstrauisch und ging ihnen aus dem Weg. Oft überkam ihn tiefe Melancholie und er schloss sich für mehrere Tage ein. Er wurde ein richtiger Eigenbrötler.

Auch der ältere Bruder Aron hatte den Plan, in die USA zu emigrieren. Er war aktiv in der jüdischen sozialistischen und demokratischen Bewegung BUND, die in den letzten Jahrzehnten des 19. Jahrhunderts in Russland entstanden war. Das war eine Zeit, wo den Juden jegliche Freiheit vorenthalten wurde, in der sie gewaltsamen Pogromen ausgesetzt waren und als die Wurzel aller Übel angesehen wurden. Während dieser Periode zogen viele Juden aus ihren *Schtetl* in die größeren Städte, wo sie Arbeit in den neu entstandenen Industriebetrieben fanden. Die Arbeitsbedingungen waren sehr schlecht und es bildeten sich kleine Gruppen, die versuchten, Verbesserungen am Arbeitsplatz zu erreichen. Diese Gruppen schlossen sich 1897 zusammen und bildeten den BUND – *Yidisher Arbeter-Bund in Russland*, *Lite un Poiln* (Jüdische sozialdemokratische Partei in Russland, Litauen und Polen).

Nachdem sich der BUND gebildet hatte, agierte er sowohl als Gewerkschaft wie auch als politische Partei. Sein Bestreben war es einerseits, alle jüdischen Arbeiter im russischen Kaiserreich zu vereinen, andererseits, sich der umfassenderen russischen sozialistischen Bewegung, die ungefähr zur gleichen Zeit entstanden war, anzuschließen. Das Ziel war, an dem Aufbau einer sozialistischen und demokratischen Gesellschaft mitzuwirken, in der man Juden hoffentlich die Rechte von Minderheiten zuerkennen würde.

Während der BUND nach der Machtergreifung der Kommunisten nach der Revolution von 1917 in der neu entstandenen Sowjetunion aufgelöst wurde, existierte er weiter in Polen, das nach dem Ersten Weltkrieg ein unabhängiger Staat wurde. Die Organisation nahm an Bedeutung zu und legte ein besonderes Gewicht auf die jüdische Kultur und Sprache. Jiddisch war die Sprache der Juden in Osteuropa. Diese säkulare Bewegung kämpfte für die gleichen Rechte für Juden innerhalb einer sozialistischen Gesellschaft, in der die Juden volle kulturelle Freiheit erhalten sollten. Sie unterschieden sich deutlich von den Zionisten, die die Emigration nach Palästina mit Hebräisch als gemeinsamer Sprache anstrebten.

Der BUND organisierte Streiks und Zusammenkünfte und versuchte mit allen Mitteln Maßnahmen durchzusetzen, durch die die Lebensbedingungen der Arbeiter erträglicher werden sollten. Aron schloss sich der Organisation Anfang der dreißiger Jahre an, um am Kampf der Arbeiter teilzunehmen. Er organisierte einen illegalen Streik unter Industriearbeitern und war sich durchaus darüber im Klaren, dass, sollte man ihn verhaften, er vor Gericht gestellt und zu einer mehrjährigen Gefängnisstrafe verurteilt würde. Im Sommer 1939 beschloss er Polen zu verlassen.

Sein Vater war der Überzeugung, dass das eigene Wissen das Wertvollste war, was ein Mensch besitzen konnte. Deswegen sollten alle seine Kinder eine gute Schulausbildung erhalten. Das Wissen könnte ihnen niemand nehmen. Anfang 1939 ging Hanna deswegen nach Warschau und ließ sich als Schneiderin ausbilden. Sie erhielt eine Anstellung in dem bekannten Schneideratelier Holtzman. Die sozialistischen Ideen, die sich mehr und mehr verbreiteten, gefielen ihr und sie engagierte sich politisch. Sie nahm an Treffen teil, die der BUND veranstaltete, und studierte sozialistische Literatur und Geschichte sowie den Marxismus. Sie war bald völlig davon überzeugt, dass die Zukunft des Menschen in einer sozialistischen Gesellschaft lag und sie wurde aktive Sozialistin.

Bei einem Treffen des BUND begegnete sie Simon, einem engagierten und unerschütterlichem Sozialisten, den sie später heiratete. Er war viel draußen an den Arbeitsplätzen und sprach zu den Arbeitern, er organisierte

Streiks und versuchte mit allen Mitteln das politische Bewusstsein der Menschen zu schärfen. Es gibt nur das eine Ziel, so erklärte er, eine sozialistische Gesellschaft aufzubauen, in der alle Menschen gleich sind. Es sollte künftig weder Ungerechtigkeiten noch Klassenunterschiede geben; Menschlichkeit und religiöse Toleranz sollten die Ecksteine der neuen Gesellschaft sein. Er machte Propaganda für große Veränderungen, bei denen die Interessen der Arbeiter im Mittelpunkt stehen sollten. Die Juden müssten sich assimilieren und gleichwertige Mitbürger werden und gemeinsam mit den Polen an der Weiterentwicklung des Landes arbeiten. Das waren seine Forderungen. Alles was Simon sagte, klang so fantastisch und zugleich so selbstverständlich in Hannas Ohren, dass sie ihn über alle Maßen bewunderte.

Diese Bewegung traf inzwischen auf harten Widerstand, sowohl bei den Orthodoxen wie auch – und besonders – bei den Antisemiten. „Unruhestifter und Aufwiegler“ wurden verfolgt, verhaftet und ins Gefängnis geworfen. Simon wurde von der Polizei gesucht. Er leistete seine erste Gefängnisstrafe ab. Aber das war nicht etwas, das ihn daran hinderte, nach der Entlassung seine politischen Aktivitäten fortzusetzen. Er wurde von neuem verhaftet, aber diesmal kam er nach seiner Freilassung auf eine „schwarze Liste“, was bedeutete, dass er nirgendwo mehr eine Arbeit bekommen konnte.

Hanna und Simon mussten einsehen, dass es in Polen für sie keine Zukunft mehr gab, und sie beantragten ein Ausreisevisum für die USA. Die Wartezeiten waren lang und ihre Pläne scheiterten. Als Deutschland 1939 Polen überfiel, war Hanna schwanger. Ihr Vater hatte ihr oft gesagt, dass sie darauf achten soll, dass immer mindestens 150 Kilometer zwischen ihr und den Deutschen liegen. Hanna und Simon begaben sich deshalb in Richtung Osten nach Białystok. Die Wege und Landstraßen waren überfüllt mit einem Durcheinander von Wagen und langen Trecks mit Menschen jeden Alters und aller Gesellschaftsschichten. Ungefähr eine viertel Million polnischer Juden nahm ihre Zuflucht in dem Teil Polens, der von der Sowjetunion besetzt wurde.

Aber Hanna und Simon wollten weiter. Sie gingen illegal über die Grenze bis nach Minsk, schon einige hundert Kilometer weit in der Sowjetunion. Hier wurde ihre Tochter Lena geboren. Dem Kind ging es nicht gut und Hanna war ständig in Sorge um ihre Tochter. Die Freude, dass sie Mutter geworden war, konnte nie richtig Wurzeln in ihr schlagen. Die Unruhe darüber, was das Kind erwartete, verwandelte alles in tiefe Angst.

Es wurde Winter. Überall lag der Schnee in großen Haufen. Es war kalt in dem Zimmer, in dem sie wohnten, und das Kind atmete schwer. Als Lena in Hannas Armen starb, trauerten die Eltern um ihr Kind, so wie nur Eltern trauern können. Hanna war überrascht, wie stark die Trauer in ihr ausbrach, buchstäblich wie eine Explosion. Für eine bestimmte Zeit wurde das Leben für sie völlig sinnlos.

Hannas Bruder Aron

Aron war voller Erwartungen, als er Warschau verließ, um sich nach Paris zu begeben, wo ihn sein Freund Oscar erwartete. Sie hofften, dass sie von dort weiter über den Atlantik fahren könnten. Aber Hitlers Vormarsch im Westen machte ihre Pläne schnell zunichte. Als die Nazis Paris eingenommen hatten und im Juni 1940 die Champs Elysées entlang marschierten, war Aron und Oscar sehr elend zu Mute. Auf den Gebäuden wehte jetzt die Hakenkreuzfahne.

Sie wollten deswegen nun in die freie Zone Frankreichs, aber das war leichter gesagt als getan. In langen Karawanen flüchteten die Bewohner von Paris, oft auf Landstraßen, nach Süden. Die großen Durchgangsstraßen waren meistens gesperrt und nur Militärfahrzeuge wurden durchgelassen. Frauen zogen alleine in Karren ihre Kinder hinter sich her, Kranke schleppten sich mühsam weiter. Alte Menschen mit ausdrucklosen Blicken erlebten wieder das Grauen und die Schrecken des Ersten Weltkriegs. Katzen und Hunde folgten treu ihrem Frauchen oder Herrchen. Männer über Achtzehn bis zum Erwachsenenalter sah man eher selten. Die waren eingezogen. Auch wenn Aron und Oscar versuchten, sich unauffällig zu verhalten, so fielen sie doch auf, zwei junge Männer, die eigentlich an der Front liegen sollten. Alle hatten sie ein und dasselbe Ziel – dem Krieg zu entkommen.

Aron und Oscar sprachen viel darüber, wie sie es schaffen könnten, über die Demarkationslinie zu gelangen. Diese Linie markierte die Grenze zwischen dem Teil Frankreichs, der von den Deutschen besetzt war, und Frankreichs sogenannter „freien Zone", die von der deutschlandfreundlichen Vichy-Regierung verwaltet wurde. An den Grenzübergängen standen deutsche Soldaten und wollten Ausweise sehen, Passierscheine, die nur nach genauer Überprüfung der Familienunterlagen ausgestellt wurden. Für Juden gab es solche Genehmigungen nicht.

Es ging das Gerücht, dass man in Vierzon diese eigentlich unsichtbare Linie ohne besondere Hindernisse überqueren konnte. Der Fluss Cher trennte die Stadt in zwei Teile. Nördlich des Flusses in dem besetzten Gebiet lag die Kirche Notre-Dame aus dem Mittelalter, während sich in dem freien Teil südlich des Flusses der Friedhof Bourgneuf befand, auf dem man die Verstorbenen bestattete. Der katholische Priester hatte eine besondere Genehmigung mit den Deutschen ausgehandelt, die es erlaubte, dass sich eine Trauergemeinde, ohne Passierscheine vorzuzeigen, von dem einen Teil in den anderen begeben konnte. Wenn man sich also einem Trauerzug anschloss und so einen völlig unbekannten Toten mitbetrauerte, konnte man zu bestimmten Zeiten unbemerkt über die Grenze gelangen.

Die kleine Gemeinde Vierzon lag ungefähr 200 Kilometer südlich von Paris, und der Priester war bereit, den beiden Polen zu helfen. Man hatte eine Verabredung getroffen und an einem warmen Julitag traf man sich zum vereinbarten Zeitpunkt in der Kirche und zusammen mit der Trauergemeinde folgten die beiden dem Verstorbenen zu seinem letzten Ruheplatz. Vom Kirchturm hörte man die vier kurzen Schläge einer kleineren Glocke und anschließend zwei laute Schläge von der großen Glocke und der Trauerzug setzte sich in Bewegung. Der Zeitpunkt war gut gewählt. Es war die Mittagsstunde. Nach dem Essen, angeheitert nach einigen Gläsern Wein und etwas dösig von der Mittagshitze, waren die Soldaten hoffentlich nicht besonders aufmerksam. Der Priester führte die kleine Prozession an. Mit beiden Händen hielt er eine Bibel an seine Brust gedrückt. Ihm folgten zwei Chorknaben mit den kleinen Glocken und den Weihrauchfässchen, die sie hin und her schwenkten. Man hörte die unregelmäßigen Töne der kleinen Glocken. Die beiden Jungen waren in feierliche lange Messgewänder gekleidet und man konnte das Leuchten in ihren Augen erahnen, das von der Unbekümmertheit ihres Alters zeugte. Danach kam der Leichenwagen, an dessen beiden Seiten je vier Männer in schwarzer Trauerkleidung schritten. Ihm folgte die Trauergemeinde, eine gemischte Gruppe jeden Alters. Niemand wusste, wer den Verstorbenen nur so nebenher kannte und wer wirklich um ihn trauerte.

Der Zug bewegte sich langsam im Gleichschritt auf der Dorfstraße vorwärts, die von – wie immer zur Mittagszeit geschlossenen – kleinen Geschäften und Handwerkerläden gesäumt war. Hier und da blieb eine Frau stehen, machte einen Knicks und bekreuzigte sich; ein alter Mann zog seine Baskenmütze und verneigte sich würdevoll. Vielleicht wollten sie sich auf diese Weise mit dem Tod versöhnen und ihn zugleich auf Abstand halten. Vielleicht war es auch nur ein stilles Gebet, dass die beiden Flüchtlinge ungehindert in die „freie Zone“ kommen sollten. Natürlich hätte es auch ein Respekterweis für den Verstorbenen sein können. Die Sonne brannte von dem wolkenlosen Himmel. In der Stille hörte man von den Chorknaben das Läuten der kleinen Glocken, man vernahm die unregelmäßigen Schritte der Trauernden auf dem Weg und von dem Leichenwagen das Klappern und Quietschen der schweren Räder.

Je näher man dem Grenzübergang kam, umso stärker spürte Aron trotz der Hitze den kalten Schweiß in seinem Nacken. Ihm graute vor dem, was noch kommen sollte. Eine Frau neben ihm musste das bemerkt haben, ließ sich aber nichts anmerken. Sie gingen langsam weiter. Sie war in Trauerkleidern und hinter dem Schleier, der ihr Gesicht verdeckte, konnte man nicht ihre Gesichtszüge erkennen.

An dem Übergang standen deutsche Soldaten hinter einem Maschinengewehr. Auf der Straße hatten sie eine Absperrung aus Holzpflöcken und Stacheldraht errichtet. Vor dem Wachhäuschen flatterte die Hakenkreuzfahne an einer langen Holzstange. Auf einem großen Holzschild stand auf Deutsch und Französisch, dass es Juden streng verboten sei, die Demarkationslinie zu überschreiten. Übertretungen würden mit Gefängnis oder Geldstrafen geahndet. Das war angeordnet, um Juden daran zu hindern, den Nazis zu entkommen. Die Frau nahm Aron ohne jede Vorankündigung unter den Arm. Ob sie ihn damit beruhigen wollte oder vielleicht auch sich selbst, das konnte er nicht wissen. Er konnte nicht einmal wissen, ob sie den Toten kannte oder selber auf der Flucht war. Sie ging nun eng an ihn angelehnt und als Aron den fremden Körper so dicht neben seinem eigenen spürte, fühlte er sich ruhiger.

Die Soldaten standen herum und unterhielten sich, als der Trauerzug langsam an ihnen vorbeizog. Aron versuchte, nicht zu ihnen hinzuschauen, aber er hatte das Gefühl, dass sie nur nach ihm Ausschau hielten. Behutsam begleitete die Frau ihn weiter und er folgte ihr bereitwillig. Alles verlief so, wie der Priester es ihnen vorher erklärt hatte. Als sie außer Sichtweite der Deutschen waren, ließ die Frau ihn los und flüsterte ihm ein *bon voyage* (gute Reise) zu, bevor sie weiter mit den anderen zu der Grabstelle ging.

Mit Geduld, etwas List und viel Glück gelang es Aron und Oskar, noch im November desselben Jahrs ohne Hindernisse und Zwischenfälle bis nach Marseille zu kommen. Sie hatten etwa weitere 500 Kilometer durch die noch weiterhin freie französische Zone zu Fuß und mit allen nur denkbaren Transportmitteln zurückgelegt. Im Sommer schliefen sie oft unter freiem Himmel, aber als die Herbstnächte näher rückten, fanden sie ein Nachtquartier irgendwo bei einem Bauern, in einer Scheune und manchmal in einem Wohnhaus. Aron war überrascht, wie freundlich die meisten Franzosen ihnen gegenüber waren. Sie verabscheuten die *fritz* oder die *boches*, wie sie die Deutschen nannten.

Für die beiden jungen Männer war es klar, dass sich die Lage für Juden, auf welche Weise auch immer, nur noch mehr verschlimmern konnte. Ende 1940 gingen sie an Bord eines Schiffes, das sie über Dakar im Senegal nach

Südamerika bringen sollte. Sie waren fest entschlossen, so weit wie möglich von Europa fortzukommen. Als Hitler zwei Jahre später auch Südfrankreich besetzen ließ, um an die französische Kriegsflotte im Mittelmeer zu kommen, hatten ihre Befürchtungen sich bestätigt.

Als das Schiff vom Hafen ablegte, standen Aron und Oscar an die Reling gelehnt, zusammen mit einer bunten Schar von Emigranten, lauter fremde Menschen, die auch vor den Nazis flüchteten. Der frische Wind trocknete viele Tränen und manche standen da immer noch, als das Land schon lange außer Sicht war. Seinen eigenen Schmerz verbarg Aron hinter einigen scherzhaften Kommentaren, aber er merkte selber, wie falsch die Worte klangen. Nicht einmal auf dem Meer waren sie in Sicherheit. Überall konnten Hitlers U-Boote angreifen und das Schiff in eine tödliche Falle verwandeln.

Nach zwei Wochen auf hoher See lief das Schiff Dakar im Senegal an, zu der Zeit noch eine französische Kolonie. Die Passagiere erfuhren, dass das Schiff Ersatzteile für Argentinien transportierte, die für deutsche U-Boote bestimmt waren. Die britische Royal Air Force ließ mitteilen, dass das Fahrzeug versenkt würde, sobald es den Hafen mit seiner militärischen Fracht verlassen würde, ungeachtet dessen, ob sich Passagiere an Bord befänden oder nicht. Bis nach Dakar reichte der lange Arm der französischen Vichy-Regierung, die die Interessen der deutschen Wehrmacht unterstützte. Es wurden strenge und genaue Erlasse ausgefertigt, dass weder Ladung noch Passagiere das Schiff verlassen durften. Eine Woche verstrich, ohne dass etwas passierte. Zwei weitere Wochen vergingen, ein Monat und noch einer… Das Schiff und die Passagiere saßen fest wie in einer Fuchsfalle.

Was sollten sie machen? Die Lage schien hoffnungslos. Um sich die Zeit zu vertreiben, untersuchten Aron und Oscar alle Ecken und Enden des Schiffes, vom Maschinenraum bis zum Sonnendeck. Es war bei einer ihrer „Routinekontrollen", dass sie zufällig etwas von einem Gespräch zwischen dem Kapitän und einem französischen Offizier mitbekamen.

Die Vichy-Regierung hatte den Befehl gegeben, dass das Schiff unverzüglich in Richtung Casablanca in Marokko ablegen sollte. Dort sollten alle Passagiere sofort in ein Internierungslager kommen, weil sie Frankreich ohne Genehmigung verlassen hatten.

Um keinen Verdacht zu erwecken, verließen sie das Schiff unter dem Vorwand, dass sie noch ganz wichtige und eilige Einkäufe zu erledigen hätten. Zuerst Aron und dann Oscar. Außer ein wenig Geld hatten sie nur ein paar Wertsachen bei sich, die sie verkaufen konnten. Wenn es etwas gab, das sie gelernt hatten, nachdem sie Paris verlassen hatten, war es die Erkenntnis, dass man materiellen Dingen keine zu große Beachtung schenken sollte.

Sie hatten sich in einer Hafenkneipe verabredet. Den Wirt hatten sie bestochen, damit er sie auf Schleichwegen aus der Stadt herausbringt. Sie mieteten einen Lastwagen, um auf den Straßen Senegals in Richtung Süden zu fahren. Der Fahrer Moussa war ein dünner, hochgewachsener Afrikaner in den Zwanzigern und versprach, sie bis an die Grenze zum englischen Protektorat Gambia zu fahren. Der junge Mann war äußerst hilfsbereit und nahm den Auftrag sehr ernst. Spät am Abend kamen sie in einem kleinen Grenzort an. In ihrer Naivität glaubten sie, dass sie nun den Klauen des Vichy-Regimes entkommen waren. Aber sie hatten sich geirrt.

Ohne Visum – keine Einreisegenehmigung. Aber wie sollte man an ein Visum kommen? „Schicken sie ein Telegramm nach London", schlug der phlegmatische gambische Zöllner vor. „Ja, und von wo aus können wir das erledigen?" – „Auf jeden Fall nicht von hier!" gab er zur Antwort. „Vielleicht werde ich morgen abgelöst und würde dann zurück in die Hauptstadt Bathurst fahren. Wenn Sie es wünschen, könnte ich von dort telegrafieren." Wie lange es dauern würde, bis man ein Visum bekommt, das wusste er aber nicht. Es gab lange Wartezeiten und London würde vielleicht gar nicht antworten. Wenn es so wäre, dass sie tatsächlich einen positiven Bescheid erhielten, würden sie ihr Visum erst bekommen, wenn der Zöllner bei der nächsten Ablösung wieder zurückkäme.

Niedergeschlagen und entmutigt schauten sie sich an und mussten einsehen, dass das, wer weiß wie lange noch dauern könnte. Während dieser Zeit waren sie weiterhin in Feindesland. Als die Ablösung nach ein paar Tagen kam, versprach ihr Zollbeamter, das Telegramm nach London zu schicken.

Das Fehlen einer Beschäftigung machte sie unruhig und rastlos und nach einigen Tagen vergeblichen Wartens schlug Moussa vor, sie nach Osten entlang der gambischen Grenze in Richtung Portugiesisch-Guinea zu fahren. Die Sonne glühte und Moussas Fahrkünste auf den unebenen Schotterwegen verschlechterte ihre Stimmung mehr und mehr. Sie waren von der Sonne verbrannt und ihre Körper schmerzten, wenn sie auf der Ladefläche hin und her geworfen wurden. Sie hatten fast ganz Gambia umrundet und es waren immer noch etwa 200 Kilometer bis zu ihrem Ziel.

An einem Nachmittag im April kamen sie endlich in einem kleinen Dorf an der Grenze zu Portugiesisch–Guinea an. Auch hier verlangte der Zoll wieder ein Visum. Kein Visum, keine Einreisebewilligung! Diesmal wurde ein Telegramm nach Lissabon geschickt und nach fünf Tagen bekamen sie eine positive Antwort. Sie konnten weiter zur Hauptstadt Bissau fahren.

Drei Wochen waren Aron und Oscar nun in Bissau und warteten darauf, dass ein Schiff mit dem Ziel Südamerika den Hafen anlaufen würde. Als sie wieder auf dem Hafengelände herumstromerten, lernten sie den Polizeichef kennen, mit dem Oscar nun jeden Nachmittag Schach spielte. Er war ein Mann in den Fünfzigern mit nur noch wenig Haaren auf dem Kopf und einem ständigen Lächeln auf den Lippen. Sie hatten ihm ihre Lage anvertraut und er versprach, ihnen sofort Bescheid zu sagen, wenn sich ein geeignetes Schiff dem Hafen nähern würde.

Auch wenn ihnen der Polizeichef freundlich gesonnen war, konnte er doch ihr Problem nicht so einfach lösen. Ein paar Tage, bevor ihr Visum ablief, schlug er ihnen vor, mit einem portugiesischen Schiff nach Lissabon zu fahren. Folglich befanden sie sich am nächsten Tag an Bord der *Zina*, ein Schiff, das in der schweren See rollte und wie ein Ball von den sturmgepeitschten Wellen hin und her geworfen wurde. Als sie endlich an einem Nachmittag, müde, hungrig und durchgefroren, den Hafen von Lissabon anliefen, waren sie froh, dass sie wieder festen Boden unter den Füßen hatten.

In Lissabon begaben sie sich direkt zum Hafen Alcántara, von dem die Schiffe abgingen, die über den Atlantik fuhren. Nach einiger Zeit konnten sie an Bord der *Serpa Pinto* gehen, deren Ziel Rio de Janeiro in Brasilien war. Die Ironie des Schicksals wollte es, dass das Fahrzeug, bevor es Kurs über den Atlantik nahm, Sao Vincente auf den Kap Verden, unmittelbar vor Dakar, anlief. Nach etwa sieben Monate langen Irrfahrten an Land und auf dem Meer waren sie nun fast wieder an dem Ort angekommen, von dem aus ihre Reise ins Ungewisse begonnen hatte. Aber jetzt hofften sie, nun endgültig nach Rio de Janeiro zu kommen, um von dort so schnell wie möglich in die USA zu gelangen.

Die Überfahrt verlief ohne Zwischenfälle. Während Oscar sich dafür entschied in Brasilien zu bleiben, träumte Aron weiterhin von einem Leben in Freiheit in den USA. Unter allen Umständen wollte er erst einmal bis New York kommen, wo sich schon seine Geschwister Esther und Leibl befanden und ihn erwarteten. Sein Hauptproblem war, dass er noch kein Einreisevisum hatte. Durch einen Tipp, den Aron während der Überfahrt bekommen hatte, traf er einen Mann, der falsche Einreisedokumente für die USA herstellte. Und so sollte dann seine Reise weitergehen.

Aron stand an Deck, als sich das Schiff der großen Metropole näherte. Die Lichter der Stadt leuchteten im Hintergrund und am Himmel strahlten Tausende von Sternen. So hieß New York ihn willkommen. Er war voller Hoffnung und froh darüber, dass er endlich das Ziel seiner Reise erreicht hatte. Wie sehr hatte er sich nach diesem Augenblick gesehnt. Aus Dankbarkeit sprach er ein Gebet, ohne zu wissen, dass das Schicksal die Wünsche der Menschen erfüllt, aber auf seine eigene Weise. Als ihn die Freiheitsstatue in New York begrüßte, ahnte er nicht, dass sie – die Schicksalsgöttin – etwas ganz anderes mit ihm vorhatte. Die Polizei entdeckte, dass das Visum gefälscht war, er wurde festgenommen und ihm wurde die Einreise verweigert.

Zur gleichen Zeit hatte Stalin Pläne für das jüdische Volk. Der Antisemitismus war stark in der Sowjetunion verwurzelt, besonders in der Ukraine und in Weißrussland. Um das „jüdische Problem“ zu lösen – worin es eigentlich bestand, danach durfte man nicht fragen – sollten die Juden ein eigenes autonomes Gebiet mit Jiddisch und Russisch als offizielle Sprachen im Raum Birobidzjan im südöstlichen Sibirien bekommen. Auch wenn die Gegend ziemlich reich an Naturschätzen war, so war sie doch ungastlich und unterentwickelt. Es gab keinerlei Infrastruktur, keine Wege und Straßen; der Boden eignete sich nicht für Landwirtschaft. Auch gab es dort keine Wohnorte. Stalins Absicht war es, die Juden zu säkularisieren und damit ein Gegengewicht gegen den Zionismus zu schaffen. Er benötigte auch Arbeitskräfte für seine Produktion und versucht diese Menschen unter dem Vorwand anzulocken, dass sie bessere wirtschaftliche und gesellschaftliche Lebensbedingungen erhalten würden. Zugleich wollte Stalin sie nicht zu nah bei Moskau haben. So schien ihm Birobidzjan ein geeignetes Gebiet zu sein.

Jüdische Organisationen außerhalb der Sowjetunion unterstützten das Projekt finanziell, auch wenn die Gelder nie den dafür vorgesehenen Empfänger erreichten. Unter den Juden in den USA, in Südamerika und Europa sowie in Palästina machten sie mehr oder weniger erfolgreich Propaganda und versuchten Menschen zu bewegen, nach Birobidzjan zu gehen.

Als Aron nun in Haft bei New Yorker Hafenpolizei saß, bekam er Besuch von dem Vertreter einer dieser Organisationen. Der erklärte ihm, dass er nur zwischen zwei Möglichkeiten die Wahl habe. Weil er keine gültigen Reisedokumente hätte, würde man ihn entweder nach Südamerika und von dort zurück nach Europa schicken oder die Organisation würde für ihn eine Bürgschaft übernehmen. Die Bedingung war, dass er sich umgehend nach Birobidzjan begeben würde. Die Wahl war nicht schwer. Innerhalb einer Woche war Aron auf dem Weg von New York nach Sibirien.

Am Fuße des Uralgebirges

Für eine bestimmte Zeit zog sich Hanna zurück und lebte ein von allen abgeschnittenes Leben. Der Verlust von Lena und die Trauer um sie lasteten schwer auf ihr, aber nach und nach versuchte sie wieder einigermaßen in ihr normales Leben in Minsk zurückzufinden. Mit der Zeit fand sie eine Anstellung bei der Oper, wo sie die Kostüme und Kleider für die Schauspieler entwarf. Die Tage verbrachte sie in der Schneiderei, die im Dachgeschoss oberhalb des Salons des Opernhauses lag. Sie liebte das Knistern des Stoffes und spürte gerne seine Geschmeidigkeit zwischen ihren Fingern. Wenn sie neue Muster und Modelle entwarf, war das so wie fließendes Wasser, das sich verschiedenen Formen anpasst. Da waren Galakleider und Kostüme für Seejungfrauen, Trachten für Nonnen und Gewänder für Ritter, aus Samt oder Seide, aus Chiffon oder englischem Tüll. Es gab Spitzen und Brokat in allen Farben. Besonders stolz war sie über ein Kleid, das mit echten Goldfäden verziert war. Manchmal half sie auch in der Perückenmacherei und stellte Bärte, Schnäuzer und Perücken aus der Wolle der tibetanischen Yak-Ochsen her, die beim Bleichen und Färben besonders fest blieb. Wenn sie die Sänger oder Tänzer mit ihren Kostümen in fiktive Gestalten verwandelte, fand sie ihren inneren Frieden wieder. Bei den Klängen von „Schwanensee" konnte sie ihre Trauer vergessen. Wenn Strawinskys „Nachtigall" Premiere hatte, war sie überzeugt, dass sie ganz zum Ensemble gehörte und mit ihrem handwerklichen Geschick dazu beitrug, dass das Minsker Opernhaus über sich hinauswuchs. Im Mondschein lauschte sie auf den Gesang der Nachtigall und verstand nicht, wie man ihn mit dem Blöken der Kühe und dem Quaken der Frösche verwechseln konnte. Sie hatte wieder angefangen zu leben.

Simon und Hanna bewohnten eine kleine Wohnung. Eigentlich hatten sie nur die Ecke eines Zimmers gemietet, in der ein Bett stand. Es sah schlecht aus mit Wohnraum. Sie waren froh, dass sie überhaupt ein Dach über dem Kopf hatten. Ihr Besitz fand in einer kleinen Reisetasche Platz, die sie unter das schmale Bett gequetscht hatten. Hanna wurde eigentlich ganz gut für ihre Arbeit bezahlt, aber es gab nichts, was man kaufen konnte. Das Geld lag nutzlos in der Reisetasche. Aber sie hatte einen warmen Pelz, der ihr noch mal das Leben retten würde. In der Nacht schliefen sie und Simon eng umschlungen unter dem Pelzmantel, und der sollte sie während des ganzen Krieges begleiten.

Als Hitler mit dem Unternehmen Barbarossa begann und im Juni 1941 die Sowjetunion angriff, schloss sich Simon der polnischen Division in der Roten Armee an. Die Oper wurde nach Osten in das Wolgagebiet evakuiert. Die Deutschen rückten so schnell vor, dass die sowjetischen Truppen sich nicht rechtzeitig aus Minsk zurückziehen konnten, sondern eingekesselt wurden. Es kam zu schweren Kämpfen in der Stadt, die nahezu völlig zerstört wurde. Als die Deutschen weiter in die Sowjetunion vordrangen, schlossen sich die Sänger und Tänzer, die Choreografen und Perückenmacher der Roten Armee an, aber ihre Zahl hatte sich natürlich schon längst verringert. Hanna war auf der Flucht weiter nach Osten. Sie wusste, dass ihre einzige Überlebenschance darin bestand, sich auch in Zukunft gut zu informieren und dem Rat ihres Vaters zu folgen, immer einige hundert Kilometer Abstand zu den Deutschen zu halten. Als sie weiter flüchtete, ließ sie ihren Besitz zurück; sie hatte nur ihren Pelzmantel bei sich.

Mit Zug, Pferd oder Wagen reiste sie nach Osten durch die unendlichen Weiten der Taiga, vorbei an nährstoffarmen Seen, lichten und moosreichen Tannenwäldern, ab und zu durchsetzt mit kleinen Zirbelkiefern mit ihren dichten schmalen Kronen und Bergkiefern mit ihren krummen Zweigen und Ästen. Die Gegend war nicht sehr einladend, aber sie setzte ihren Weg Kilometer um Kilometer fort. Sie hielt erst an, als sie in Magnitogorsk am Fuß des Uralgebirges angekommen war, dort wo Europa auf Asien trifft.

Während ihr Leben in Minsk abwechslungsreich und schöpferisch gewesen war, wurde es nun in Magnitogorsk das direkte Gegenteil. Es war eine grauschwarze, finstere Grubenstadt, ein Ergebnis des großen stalinistischen Projekts, die Sowjetunion von einem Agrarland in eine Industriegesellschaft zu verwandeln. Zentren für Schwerindustrie wurden tief im Innern der Sowjetunion aufgebaut, dort wohin der Feind nicht gelangen konnte. In Magnitogorsk wurden große Vorkommen von Magnetiterz gefördert und die Eisenwerke sollten die Fabriken mit Stahl versorgen, der in großen Mengen für die Produktion von Waffen und weiterer militärischer Ausrüstung benötigt wurde. In den Gruben arbeitete man in drei Schichten, um das Magnetit aus den umliegenden Bergen zu holen. Stalin hatte eine Armee mit Millionen von Soldaten, die Munition brauchten. Die Produktion lief auf Hochtouren.

Hanna schlug sich als Schneiderin durch und nähte Kleider für die Damen der örtlichen Sowjetgesellschaft. Auf dem Markt hatte sie im Tausch gegen das Nähen eines Kleides eine Nähmaschine bekommen, von der sich die Besitzerin trennen wollte. Ihre Kleider wurden so sehr geschätzt, dass sie bald weitere Bestellungen bekam. Sie verdiente nicht viel, aber es reichte.

Sie ging oft auf den Markt, um Stoffe einzukaufen. Da kam sie an einer kleinen Bäckerei vorbei, die einen schwachen Duft von frisch gebackenem Brot verbreitete. Manchmal glaubte sie, dass das nur eine Einbildung war. Aber mit ihren Gedanken war sie dann daheim in Płock. Regelmäßig schrieb sie ihrem Bruder Aron. Durch ihre Schwester Esther in den USA hatten Hanna und Simon seine Adresse in Sibirien bekommen und durch ihn versuchten sie in Kontakt miteinander zu bleiben. Jeden Tag hoffte sie auf einen Brief. Vielleicht könnte man auch etwas über Simon erfahren und wie es ihm in der Roten Armee ergangen war. Vielleicht etwas über die übrige Familie. Was war mit Chaia und den Kindern passiert? Sie sehnte sich an ihrem Lachen und nach den Zeiten, als sie in der kleinen Luke standen und an den Freitagen das *Challa* verkauften. Aber manchmal verbarg sie ihre Sehnsucht tief in ihrem Innern und versuchte die Bilder zu verdrängen, die immer wieder vor ihr auftauchten.

Der Mangel an Wohnraum in Magnitogorsk war unvorstellbar. Immer mehr Menschen drängten sich in einem einzigen Raum zusammen. Die Stärksten griffen zuerst zu. Als der Bewohner in der Wohnung über Hanna meinte, dass er mehr Platz für seine Familie benötige, brach er ein Loch in die Wand und machte sich zum Herrn über Leben und Tod seiner Nachbarn, schlug sie zusammen und nistete sich in ihrer Wohnung ein. Er mauerte dann deren Tür zu und hatte so seine Wohnfläche vergrößert. Wer wagte es schon sich ihm zu widersetzen, wenn man wusste, dass er sich Schutz bei den höchsten Parteifunktionären kaufen konnte. *Protekcja*, Protektion nannte man das. Wenn man Protektion hatte, hatte man die Chance, mit allem durchzukommen. Aber auch das war natürlich keine Garantie. Ohne Protektion war es aussichtslos, irgendwo oder bei irgendjemand etwas zu erreichen. Die normalen Gesetze waren nicht gültig. Es war der Stärkste, der die Spielregeln diktierte. Zivilcourage war ein unbekannter Begriff.

Hanna hatte keine *Protekcja*. Sie tat das, was man von ihr verlangte, aus allem anderen hielt sie sich raus. Aber nichtsdestoweniger verlor sie nicht ihre Fähigkeit, zu entscheiden, was richtig und was falsch war. Sie wusste, wie wichtig das für einen Menschen ist. Sie war fest davon überzeugt, dass jeder Mensch für seine Taten verantwortlich ist. Wenn sie so diese Frage hin und her wendete, konnte sie dennoch nicht verstehen, wie ihr Nachbar in der Wohnung über ihr, der – wenn man ihm tagsüber auf der Treppe begegnete, freundlich grüßte – über Nacht zu einem Mörder werden konnte. Gleichzeitig fühlte sie sich mitschuldig, weil sie einsehen musste, dass ihr Schweigen und das der anderen der Keim für derartige Taten war. Sie stellte sich selber die Frage, in welcher Situation sie wohl den Mut gehabt hätte einzugreifen. Sie wollte schreien und etwas unternehmen. Aber stattdessen verhielt sie sich so wie alle anderen, schwieg und tat nichts. Das machte sie noch einsamer, als sie sich sowieso schon fühlte.

Es war inzwischen Anfang 1943. Vor einigen Wochen hatte Hanna über ihren Bruder Aron einen Brief von Simon bekommen. Nach den Neuigkeiten von Simon war sie niedergeschlagen und ein Gefühl von Macht- und Hilflosigkeit brach wieder wie aus einer tiefen Wunde in ihr auf, eine Wunde, die sie nach Lenas Tod immer noch in sich trug. Sie sehnte sich nach ihrem Mann, sie vermisste ihr Kind, ihr fehlte die Familie. Sie war ganz alleine. Das Einzige, was ihr noch geblieben war, war die unsichere und zerbrechliche Hoffnung, dass sie – aber wer von ihnen? – irgendwann mal wieder zusammenkommen würden. Diese Hoffnung schwand langsam, als sie Simons Brief las, der vor zwei Monaten aufgegeben wurde. Nachdem sie ihn gelesen hatte, kam sie sich die ganze Zeit vor wie jemand, der auf der Klippe des Todes balanciert. Sie wusste nicht, ob er überhaupt noch am Leben war. Und ohne Simon und Lena kam ihr das Leben wie ein armseliges Dahinvegetieren vor.

In seinem Brief berichtete Simon, dass er in einem Militärkrankenhaus in Sarepta außerhalb von Stalingrad liege, einige Kilometer südlich der Front. Er war an so vielen Orten gewesen und hatte an so vielen Schlachten teilgenommen, dass er sich nicht mehr daran erinnern konnte, wo das genau war. Manchmal wusste er nicht einmal, wo er sich überhaupt befand. Den ganzen Winter war er draußen und wenn sie nicht kämpften, mussten sie marschieren. Unzählige Kilometer war er so gelaufen. Er hatte mit angesehen, wie Kameraden verwundet wurden, wie andere fielen. Die Deutschen schienen unbesiegbar zu sein. In seiner Division gab es viele polnische Juden, so war er in guter Gesellschaft. Aber da waren auch Russen und Ukrainer, die ihnen nur zu gerne die Schuld am Krieg gaben. Sie sagten, wenn es die Juden nicht gegeben hätte, hätte Hitler nicht mit dem Krieg angefangen. Unter den Kommunisten gab es auch viele Sozialisten und nur ihnen und ihren Gesprächen verdankten sie es, dass sie einigermaßen bei Laune blieben.

Sie marschierten und marschierten, sie waren ständig auf dem Marsch. Schlaf gab es kaum. Er hatte das Gefühl, dass es alle irgendwie gelernt hatten, während des Marschierens zu schlafen. Sie lehnten sich aneinander und schliefen beim Gehen. Das einzige, was sie regelmäßig bekamen, war ihre Ration Wodka. Die meisten tranken alles immer gleich aus, ein Teil von Stalins Soldaten war ständig betrunken. Wie sollten sie da den Krieg gewinnen können?

Wochenlang lebten sie in denselben Kleidungsstücken und die Hygiene war so, wie sie schlimmer nicht sein konnte. Sie waren alle verdreckt und voller Läuse. Simon benutzte den Alkohol, um sich damit zu waschen. Das machte er heimlich, denn wenn das seine Kameraden gesehen hätten, hätten sie ihn zusammengeschlagen. Etwas hob er sich immer auf und trank es dann mit ihnen abends, damit sie nicht misstrauisch wurden.

Dann schrieb er, dass er nicht mehr länger an der Front liege. Während des Winters waren seine Zehen erfroren und der Militärarzt wollte ihn an beiden Füßen operieren, aber er weigerte sich. Der Arzt machte ihm wenig Hoffnung, dass er jemals wieder richtig gehen konnte.

Vom Uralgebirge zurück in die Heimat nach Polen

Es war mit gemischten Gefühlen, dass Hanna dem Tag entgegensah, an dem Simon kommen sollte. Er war abgemagert und sie war erschrocken, als sie sah, wie er sich fortbewegte. Es war bedrückend mitzuerleben, was der Krieg aus diesem jungen und gut aussehenden Mann gemacht hatte, den sie erst vor einigen Monaten verlassen hatte. Der große starke Bursche war nun ein unsteter Geist, der versuchte mit seiner schrecklichen inneren Unruhe und seiner Angst zurechtzukommen. Mit zitternden Armen umarmte sie ihn und beteuerte, dass alles schon wieder besser werden würde. Aber wie sollte er daran glauben, wenn sie selbst nicht daran glaubte?

Simon blieb bei Hanna in Magnitogorsk, denn wohin sollte er schon gehen? Sie kümmerte sich um ihn, so gut sie es eben konnte, aber manchmal spürte sie, dass das nicht reichte. Tagsüber arbeitete er in einer Fabrik, die Ausrüstungen fürs Militär herstellte. Nachts wurde er von seinen Albträumen wach und zitterte am ganzen Körper. Das einzige, was sie dann machen konnte, war, dass sie ihn dann in den Arm nahm.

Die Monate waren dahingegangen und jetzt war es schon Dezember 1943. Hanna war erschöpft. Vor einigen Tagen hatte sie ihren Sohn zur Welt gebracht. Sie waren nun auf dem Weg von der Klinik zu dem kümmerlichen Zimmer, das sie gemietet hatten. In der Dunkelheit herrschte ein wildes Schneegestöber. Die Schneeverwehungen wurden höher und höher. Ein paar Meter vor ihr ging Simon und trug den Jungen. Fest und behutsam hielt er das neugeborene Kind in seinen Armen. Hanna versuchte auf dem schmalen Weg mit ihm Schritt zu halten. Sie ging dicht hinter ihm, um ihn nicht aus den Augen zu verlieren. Der Sturm wollte nicht nachlassen. Der Sturm pfiff, die Schneeberge lagen da wie Treibsand, für einen Augenblick schien alles sie zu verschlingen. Die Natur zeigte ihre ganze Gewalt und Stärke. Es war unter 30 Grad kalt. Dem hatte der Mensch nichts entgegenzusetzen.

Simon drückte das Kind an seine Brust und versuchte es so zu schützen. Er drehte sich um, um zu sehen, ob ihm die junge Mutter noch folgen konnte. In diesem Augenblick stolperte er und ließ das Kind fallen. In der Dunkelheit tastete er nach dem Kind. Er wühlte im Schnee herum; der Sturm peitschte sein Gesicht. Der eisige Wind ließ seine Finger erstarren. Er lag jetzt auf den Knien. Sein Herz schlug heftig, sein Puls jagte, kalter Schweiß trat ihm auf die

Stirn, aber das merkte er kaum. Sein ganzer Körper glühte vor Anspannung und Verzweiflung. Er fand das Kind nicht.

Trotz der Dunkelheit sah Hanna ihn hinstürzen. Sie war sofort bei ihm und sah, dass das Kind nicht mehr in seinen Armen lag. Angst erfasste sie und verzweifelt wühlte sie im Schnee, bis sie den Jungen fand. Sie hob ihn hoch, drückte ihn unter ihrem Pelz an die Brust, um ihm etwas von ihrer Körperwärme zu geben. Sie schwiegen und gingen mit zusammengebissenen Zähnen weiter. Sie blieben in Magnitogorsk, bis der Krieg zu Ende war. Erst im Frühjahr 1946 wagten sie es, sich auf die lange Heimreise nach Polen zu begeben. Da war Hanna schon wieder schwanger.

Sie meldeten sich für einen Transport an, der polnische Staatsangehörige, die während des Krieges in den Ural geflohen waren, wieder in ihre Heimat zurückbringen sollte. Aber dafür benötigten sie eine Durchreisegenehmigung durch die Sowjetunion. Um das Antragsverfahren zu beschleunigen und um die erforderlichen Stempel und Vermerke zu bekommen, blieb Simon und Hanna nichts anderes übrig, als eine Reihe von Beamten zu bestechen. Diese nahmen am liebsten Waren und Lebensmittel, die sie gegen andere Waren tauschen konnten. Jedes Mal, wenn nun die beiden dachten, dass ihre Papiere jetzt in Ordnung waren, war da immer wieder etwas Neues, das fehlte. Der eine Beamte sah das eine, während der andere etwas anderes entdeckte und dem Dritten fiel wiederum etwas Neues auf. Am Ende mussten sie einsehen, dass mit ihren Papieren wohl immer irgendetwas nicht in Ordnung war.

Sie würden nun im Frühjahr reisen, um nicht mit dem Kind während des kalten Winters unterwegs sein zu müssen. Der Schnee lag immer noch bis zu einem Meter hoch, als sie sich endlich Ende März auf den Weg machten. Alles war in einem grün angestrichenen Holzkoffer verpackt, der auf einem Schlitten von einem alten Arbeitspferd zum Bahnhof gezogen wurde. Hanna nahm auch ihre Nähmaschine mit. Sie hatten ein genaues Verzeichnis von all den Gegenständen gemacht, die sie mitführten.

Das erste Reiseziel lag nur etwa 100 Kilometer weiter. Es war die Stadt Tscheljabinsk im südlichen Ural, wo zunächst alle Polen, die in die Heimat zurückwollten, gesammelt wurden. Hier sollten die Waggons zu einem Zug zusammengestellt werden, der sie weitertransportieren sollte.

Die Wartehalle war überfüllt mit Menschen, die standen, die auf zerbeulten Reisetaschen saßen oder direkt auf dem Boden lagen. Hier hatten schon viele die Nacht zugebracht. Hanna und Simon drängten sich zwischen die Reisenden. Sie wurden hin und her geschubst. Die Leute fluchten auf die, von denen sie sich gestört fühlten, keiner wollte dem anderen Platz machen. Mit der Luft wurde es schon seit einiger Zeit immer schlimmer. Der Geruch von feuchter, nasser Kleidung, gemischt mit dem Gestank von Urin, stach ihnen in die Nase. Nach einigen Stunden teilten sie sich etwas von dem Essensvorrat, den sie bei sich hatten und der so lange wie möglich reichen musste. Sie wussten nicht, wo und wann sie wieder während der Reise neue Lebensmittel kaufen konnten und das war wichtig, denn ihr Kind brauchte regelmäßig etwas zu essen. Vorsichtig und vorausschauend hatten sie genau ausgerechnet, was sie mitnehmen mussten, so hatten sie immer etwas in Reserve.

Sie trockneten derweil die beschlagenen Fenster mit den Ärmeln ihrer Wollmäntel. So konnten sie den Zug sehen und hofften damit vielleicht seine Abfahrt zu beeinflussen. Die Stunden vergingen. Vielleicht war es der falsche Tag? Vielleicht sollte der Zug erst in der folgenden Woche abgehen. Wenn jemand störte, wurden die verärgerten Stimmen lauter. Die einen schimpften, andere weinten. Obwohl man nichts machen konnte oder vielleicht auch gerade deswegen, sahen sich alle nach einem günstigen Platz um. Alle wollten in der besten Startposition sein. Niemand wollte auf dem Bahnhof zurückgelassen werden.

Die Toiletten funktionierten schon lange nicht mehr und die Menschen erledigten ihre Bedürfnisse dort, wo es ihnen gerade passte. Der Bahnhofsvorsteher war nach Hause gegangen. Die Leute sollten ihm mitteilen, wann der Zug kommt, damit er dann das Signal für die Weiterfahrt des Zuges geben kann. Das hatte er ihnen gesagt, während er die Arme zusammenschlug und mit den Schultern zuckte.

Der Schneefall setzte wieder ein und bald war das Schneetreiben so dicht, dass die Schienen darin verschwanden. In ihre Wohnung nach Magnitogorsk konnten Hanna und Simon nicht mehr zurückkehren. In dem Bett in ihrer Zimmerecke schlief jetzt schon jemand anders. Ihnen blieb nichts anderes übrig, als zu warten. Aber in der Ungewissheit der Zeit lag auch etwas Hoffnungsvolles. Vielleicht sollte der Zug doch bald zusammengestellt, eine Lok angekuppelt werden und dann würde es westwärts Richtung Polen gehen.

Es dauerte noch eine ganze Weile, bis der Zug endlich abfuhr. Zwei Wochen dauerte es, bis sie in Lemberg (Lviv) in der Ukraine ankamen. Immer wieder blieb der Zug bei irgendeinem Dörfchen stehen, ohne dass jemand wusste, wann es weitergehen sollte. Manchmal waren es die Schneemassen auf den Schienen, manchmal etwas anderes, das die Weiterfahrt verhinderte. Aber oft wusste man nicht, warum er überhaupt stehenblieb. Eines Tages kamen sie dann doch noch in Lemberg an. Es dauerte weitere Tage, bis sie schließlich in Wałbrzych, dem ehemaligen schlesischen Waldenburg, im südwestlichen

Polen ankamen. Sie hatten 2500 Kilometer zurückgelegt und waren jetzt in einem Polen mit neuen Grenzen. Das bedeutete, dass die polnische Westgrenze nun 200 Kilometer nach Westen verschoben war. Die Sowjetunion erhielt den östlichen Teil, den sie bereits während Krieges 1939 besetzt hatte. Im Tausch wurden die Polen, die die östlichen Teile verlassen mussten, in die westlichen Teile, die vorher zu Deutschland gehört hatten, umgesiedelt. In Wałbrzych, einer kaum zerstörten Stadt einige Kilometer südwestlich von Breslau, sollten sie nun ihr neues Leben beginnen.

Polen – ein sowjetischer Vasallenstaat

Kaum war der Friedensvertrag unterzeichnet, als schon die Gegensätze zwischen den Siegermächten aufbrachen und jeder Staat seine eigenen Interessen verfolgte. Europa wurde in einen Westblock und einen Ostblock aufgeteilt. Die Verwüstungen und Zerstörungen durch den Krieg waren verheerend; Städte in Deutschland und in großen Teilen Polens waren durch Bombenangriffe zerstört, auch in vielen anderen europäischen Ländern gab es große Kriegsschäden. Osteuropa, einschließlich Ostdeutschland und Polen, kam in den Machtbereich der Sowjetunion, während Westdeutschland in eine amerikanische, britische und französische Zone aufgeteilt wurde, die alle nach Westen hin orientiert waren.

Um zu verhindern, dass Westeuropa in eine Wirtschaftskrise geriet, setzten die USA den Marschallplan in Gang, der sechzehn europäische Länder bei ihrem Wiederaufbau unterstützen sollte. Großbritannien, Frankreich, Italien und Deutschland erhielten die höchsten Beträge. Die Unterstützung sollte nicht nur dazu dienen, Europa wieder auf die Beine zu bringen, sondern war Teil der amerikanischen Bemühungen, der sowjetischen Expansion nach Westen Einhalt zu gebieten.

In den Nachkriegsjahren strömten Menschen in alle Richtungen heimwärts. Hanna und Simon konnten nicht wieder nach Warschau, das in Trümmern lag, zurückkehren. Sie hatten sorgfältig überlegt, wohin sie ihr weiterer Weg führen könnte, bevor sie sich entschlossen hatten nach Wałbrzych zu gehen. Hier konnten sie eine Wohnung finden, die erst wenige Monate vorher von den Deutschen verlassen worden war, die ihrerseits nach der neuen Grenzziehung nach Deutschland vertrieben worden waren. Aber zu diesem Zeitpunkt waren die Grenzen noch nicht endgültig und so waren Hanna und Simon von Anfang an unschlüssig. Es boten sich aber nicht viele Alternativen und diese schien die beste zu sein.

Aus den USA schickte Hannas Schwester etwas Geld und sie begannen sich ein neues Leben aufzubauen. 1946 wurde ihr zweiter Sohn Victor geboren und sie sahen zu, dass sie wieder festen Boden unter die Füße bekamen. Aber es dauerte nicht lange, bis die kommunistische Diktatur feste Wurzeln schlug. Am Anfang versuchten die Menschen noch sich zu wehren, aber bald mussten sie einsehen, dass sich allmählich eine neue totalitäre Gesellschaftsform in Polen etabliert hatte. Diejenigen, die protestierten oder sich dem Regime widersetzen, verloren ihren Arbeitsplatz und wurden schikaniert, so dass sie schließlich verstummten und resignierten. Der Machtapparat verzweigte sich über das ganze Land und griff fest in den Alltag der Menschen ein. Bald wusste man nicht mehr, wem man trauen konnte und wer ein Feind war und wer nicht. Verlogenheit, Heuchelei und Korruption prägten das alltägliche Leben. Um zu überleben, war man gezwungen, sich im Stillen mit der Situation abzufinden.

Hanna und Simon wollten zurück nach Warschau, aber es dauerte noch zehn Jahre, bis sie sich ihren Traum erfüllen konnten. Während dieser Jahre versuchten sie ihren Söhnen einzuprägen, dass alle Menschen mit Vernunft und eigenem Verstand begabt waren und dass es für jeden einzelnen wichtig war, sich danach zu richten, selbst wenn es nicht geduldet wurde, immer alles laut zu sagen. Der Einzelne musste in einer Diktatur oft auf einem dünnen Seil balancieren. Manchmal reichte schon ein kleiner Windstoß, und der Seiltänzer verlor die Balance und stürzte in den Abgrund.

So vergingen die Jahre. Die beiden Jungen waren inzwischen längst auf der Universität. Der älteste war mit seiner Ausbildung zum Physiker fast fertig. Victor studierte an der Technischen Hochschule in Rzeszów im südöstlichen Polen. Es passierte dann, dass die antijüdischen Tendenzen in der großen Gemeinde eine gefährliche Wendung nahmen. Nach dem Sechstagekrieg im Nahen Osten im Juni 1967 hatte Gomułka in einer Ansprache klar zum Ausdruck gebracht, dass keine „Fünfte Kolonne“ im Land geduldet würde. Im März 1968 brachen dann Studentenunruhen aus. Gleichzeitig erhoben sich in der Tschechoslowakei immer mehr Stimmen für Freiheit und Demokratie. In der Nacht nach dem 21. August 1968 wurde Victor der Ernst der Lage klar, als er Zeuge davon wurde, wie die russischen Panzer auf ihrem Weg zu ihren Einsatz in der Tschechoslowakei durch Rzeszów rollten. Ein Großteil der Soldaten kam aus den asiatischen Teilen der Sowjetunion. Sie waren verschlagen, standen unter Alkoholeinfluss und schwankten vor sich hin. Victor erinnerte sich an Simons Berichte über den Krieg, wo die sowjetischen Soldaten auch ständig im Rausch waren. Zu diesem Zeitpunkt wurde ihm klar, dass die Sowjetunion niemals irgendwelche Reformen, weder in Polen noch in der

Tschechoslowakei, zulassen würde. Alles musste genauso bleiben, wie es war. Die antisemitische Kampagne in Polen dauerte nun schon über ein Jahr und es gab keinerlei Anzeichen dafür, dass sie aufhören sollte. Da fasste er den Entschluss zu emigrieren.

Victor

Die antisemitische Kampagne

Victor versuchte seine Familie davon zu überzeugen, auch zu emigrieren. Aber Hanna und Simon hatten nicht mehr genug Kraft, sich noch einmal auf den Weg zu machen, um ein neues Leben an einem unbekannten Ort und in einem fremden Land anzufangen. Sie wollten lieber in Warschau bleiben, auch wenn sie wussten, dass es nicht leicht werden würde. Sie meinten, dass sie früher immer zurechtgekommen wären, warum sollten sie es nicht auch jetzt schaffen?

Die antisemitische Kampagne, die nach dem Sechstagekrieg 1967 eingeleitet wurde, war sehr aggressiv. Sie verlief nach dem wohlbekannten kommunistischen Propagandamuster; die Juden bekamen in diesem Fall wieder die Schuld an dem wirtschaftlichen, sozialen und politischen Scheitern des Kommunismus. Gleichzeitig wuschen sich manche Kommunisten und das ganze System rein von den Vergehen und Rechtsbrüchen, für die das Regime verantwortlich und an denen es schuld war. Hierbei spielte die Wortwahl eine wichtige Rolle. Die Worte „Zionismus" und „Zionist" wurden eifrig in den Massenmedien benutzt, um mit diesen Verallgemeinerungen alle Juden zu bezeichnen. Die Regierungsbehörden wussten genau, welche Begriffe man anwenden musste, um eine möglichst starke Wirkung zu erzielen.

Im Zusammenhang mit den Unruhen, die im März 1968 stattfanden, kam es immer häufiger zu Aktionen gegen Juden. Sie waren eine Gegenmaßnahme zu den Protestaktionen und den Ansichten der Intellektuellen, die von der offiziellen Parteilinie abwichen. Dahinter verbarg sich die Absicht, möglichst schnell die Aufmerksamkeit von den wirklichen Problemen abzulenken, um zu verhindern, dass sich Unruhen außerhalb der Hochschulen, vor allem unter den Arbeitern, ausbreiteten. Dadurch dass man eine bösartige Kampagne inszenierte, in der Juden als machtlüsterne Stalinisten, die wieder zurück an die Macht wollten oder als Anhänger einer kriegerischen deutschen Expansionspolitik dargestellt wurden, beabsichtigte die kommunistische Führung des Landes, die Unzufriedenheit und Frustration der Leute auf einen gemeinsamen Sündenbock oder Feind – eben die Juden – zu lenken. Die ganze Aktion wurde vom Innenminister Moczar und einer Gruppe einflussreicher Politbüromitglieder geleitet, die das Führungskomitee der Partei darstellten. Sie beschlossen, dass alle höheren jüdischen Angestellten und Beamte innerhalb der Partei entlassen werden sollten. Ihr Ziel war, damit Anhänger unter der breiten Bevölkerung zu gewinnen und den Weg für subalterne Bürokraten frei zu machen, die sich leichter manipulieren ließen. Aber auch Juden auf untergeordneten Stellen wurden entlassen. Die Situation war deswegen besonders gefährlich, weil es praktisch nur staatseigene Betriebe gab und die Verwaltung von der Partei kontrolliert wurde. Juden hatten keine Möglichkeit, irgendwo neue Arbeit zu finden. Darüber hinaus wurden jüdischen Studenten von Hochschulen und Universitäten relegiert.

Abb. 25 Studenten versammeln sich in Warschau im März 1968 vor der Universität. Instytut Pamięci Narodowej, Warszawa.

Die Schwedische Botschaft in Warschau verfolgte die Ereignisse aus nächster Nähe und unterrichtete über die weiteren Entwicklungen das Außenministerium in Stockholm. Jeden Tag wurden Berichte darüber geschickt, wie sich die offiziellen Erklärungen der Partei zu den Unruhen in den polnischen Zeitungen täglich wiederholten, nämlich dass sie von Zionisten mit der Unterstützung von Westdeutschland angestiftet worden seien. Die Presseberichte gegen die „Zionisten" wurden immer intensiver und entwickelten sich zu einer groben und schmutzigen antisemitischen Kampagne. So schrieben die Zeitungen, die Studentenunruhen seien von jüdischen Führern angestiftet worden, um zu Macht und Einfluss zu kommen. Juden in besonderen Positionen in den Ministerien „hätten ihre Macht missbraucht, das polnische Volk schwer beleidigt und viele brave Parteigenossen wie Gomułka terrorisiert." Weiterhin wurde in den polnischen Zeitungen davon berichtet, dass höhere jüdische Offiziere in den Jahren von 1956 bis 1958 nach Israel ausgewandert waren und „Vaterlandsverrat begangen hätten, indem sie militärische Geheimnisse verraten hätten." Ebenso seien zu dieser Zeit jüdische Journalisten emigriert und würden nun „für die Interessen der kapitalistischen Presse arbeiten." Presseberichten zufolge sollen in diesen Jahren etwa 40 000 polnische Juden nach Israel ausgewandert sein und seitdem keine Mühe scheuen, um den polnischen Interessen zu schaden.

Wenn es nicht immer noch den alten kommunistischen Propagandaapparat gegeben hätte, hätte man den erwünschten Effekt niemals erreicht. Die Verantwortlichen für Propaganda, einige in den höchsten Partei- und Regierungsstellen, steuerten alles – wie zuvor – mit eiserner Hand. Höhere Regierungsmitglieder und Parteifunktionäre sprachen vor Fabrikarbeitern und Studentenorganisationen, um sie zu einem „unermüdlichen, energischen Kampf gegen den Zionismus und die bürgerlichen Revisionisten" aufzurufen. Die gleichen Aufforderungen wurden auch bei kleineren Veranstaltungen auf lokaler Ebene gehört. Es gab immer mehr solcher Veranstaltungen. Sie übten auch die Kontrolle darüber aus, wer nach den Prinzipien der Partei lebte, um so den Parteigehorsam der einzelnen Individuen wie den der Gruppen besser beurteilen zu können.

Die Radio- und Fernsehmonopole, die Zeitungen, die Veröffentlichung von Büchern, die vorsätzliche Verbreitung von Gerüchten – all dies war Teil des großen Apparats, der jeden kritischen Beitrag zur offiziellen Parteilinie im Keim erstickte. Die Proteste der westlichen Welt gegen die antisemitische Politik in Polen wurden in den polnischen Medien verdreht und verfälscht und benutzt, um den polnischen Nationalismus anzustacheln. Die polnische Führung konnte sich so selber in der Öffentlichkeit als Verteidiger der nationalen Ehre präsentieren und zum gemeinsamen Kampf aufrufen.

Abb. 26 Eine Demonstration, organisiert von polnischen Behörden, in Krakau im Zusammenhang mit Unruhen. Den Arbeitern wurde befohlen anwesend zu sein, um Gomułka und der kommunistischen Partei zu huldigen. Auf vielen Plakaten stand: „Zionisten nach Israel". Ähnliche Veranstaltungen fanden in vielen Städten Polens statt. Instytut Pamięci Narodowej, Warszawa.

In seiner Rede vom 19. März 1968 vor seinen Parteifreunden betonte Gomułka, dass man sich gegen den Zionismus wie auch gegen jede andere Form von Nationalismus wenden würde. Es wies jedoch darauf hin, dass es viele Juden in wichtigen Positionen gab, die loyal zum Land und seiner Regierung stünden, dass es aber auch viele mit einer „doppelten Loyalität" gäbe, die man als „israelische Nationalisten" ansehen müsse. Er warnte vor dem Zionismus und unterstrich, dass Polen niemanden daran hindere, nach Israel zu emigrieren. Im Klartext bedeutete das, dass man wünschte, dass alle Juden das Land verlassen sollen.

Die Emigration

Die Diskussion unter den polnischen Juden über die Emigration begann schon in einem früheren Stadium, aber niemand wollte damals glauben, dass sich die Situation einmal so zuspitzen würde, dass sie gezwungen wären, ihr Heimatland Polen verlassen zu müssen. Am 8. April erließ die polnische Regierung Instruktionen für die Ausreise von Juden. Zwei Voraussetzungen mussten erfüllt sein. Die eine Bedingung: Die Ausreisebewilligung wurde nur denjenigen erteilt, die angaben, dass sie jüdischer Abstammung seien und dass das Reiseziel Israel sei. Die andere Bedingung war, dass sie ihre polnische Staatsangehörigkeit aufgaben. Die Juden bekamen ein Reisedokument, in dem stand, dass sie nicht länger mehr Bürger Polens sind. Es war wie ein Bahnbillet, nur gültig für die einfache Hinfahrt, Rückfahrt ausgeschlossen.

Die Schwedische Botschaft in Warschau sah die Sache als sehr ernst an und bat umgehend das Außenministerium um Anordnungen, nach denen man sich richten konnte. Denkschriften, Berichte, Briefe und andere Dokumente gingen mehrmals in der Woche mit Kurierpost zwischen Stockholm und der Botschaft hin und her.

In den schwedischen Tageszeitungen wurde über die Welle des Antisemitismus berichtet, die über Polen hinwegging. *Dagens Nyheter* und *Svenska Dagbladet* schrieben ausführlich darüber, wie jüdische Beamte und Wissenschaftler aus ihren Ämtern entfernt wurden, über die Angriffe gegen die sogenannten Zionisten und über die Studentenunruhen, die nach offizieller polnischer Verlautbarung von Juden angestiftet worden sein sollen. Auch das *Sydsvenska Dagbladet* und *Göteborgs Handels- och Sjöfartstidning* und andere schwedische Zeitungen berichteten von Säuberungen und davon, dass die regierungstreuen polnischen Zeitungen die „Zionisten" für die Unruhen verantwortlich machten.

Von der schwedischen Regierung wurde die Lage als politisch recht kritisch betrachtet. Die Ereignisse fanden mitten im Kalten Krieg statt. Die beiden Supermächte, die USA und die Sowjetunion mit ihren jeweiligen Verbündeten, standen sich in einem Machtspiel mit beiderseitiger Aufrüstung gegenüber. Die Welt war zwischen Kapitalismus und Kommunismus aufgeteilt. Mit seiner Neutralitätspolitik verfolgte Schweden einen Mittelweg. Während eine immer härtere Kritik am Vietnamkrieg der USA geübt wurde und eine Demonstration gegen die USA die andere ablöste, lebte auch weiter „die Angst vor den Russen" fort. In der sozialistischen Außenpolitik, die von eher kühlen Beziehungen zur USA bestimmt war, gab es auch die Befürchtung, dass die Sowjetunion Schweden angreifen könnte. Für Schweden war es also äußerst heikel, wie es sich in der Frage der polnischen Juden verhalten sollte.

Ab Sommer 1968 suchten polnische Juden die Schwedische Botschaft in Warschau auf, um Einreiseanträge nach Schweden zu stellen. Aber für die Bewilligung eines Visums wurde vom Antragsteller verlangt, dass er nachweisen konnte, dass es in Schweden jemand gab, der für seinen Unterhalt aufkam, dass er ein Arbeitsplatzangebot hatte, oder dass er ausreichend über ausländische Valuta verfügte, um sich selber zu versorgen. Das waren die Bestimmungen, die schon vor Ausbruch der Unruhen galten und an denen Schweden weiterhin festhielt.

Während des Sommers wurde in den schwedischen Zeitungen berichtet, dass ein neuer Wind in Polen wehen würde. Nach einem Artikel in *Dagens Nyheter* vom 10. Juli 1968 hatte einer von Gomułkas Gefolgsleuten, Zenon Klisko, erklärt, dass „es ein Fehler war, einen Unterschied zwischen Menschen auf Grund ihrer nationalen Herkunft zu machen und Juden härter als andere zu beurteilen." Er trug weiterhin vor, „dass die antijüdische Kampagne abgeblasen werden müsse. Das Problem sei im März im Zusammenhang mit gewissen Ereignissen deswegen entstanden, weil sich bestimmte jüdische Kreise revisionistischen Tendenzen im Land gegenüber besonders wohlwollend verhalten hätten."

Aber im November musste das schwedische Außenministerium einsehen, dass sich die Situation immer mehr verschlimmerte, nicht zuletzt auf Grund der wiederholten Berichte des Botschafters, der neue Richtlinien für die Visaerteilung forderte. Seinerseits wandte sich das Außenministerium wiederum an die Staatliche Ausländerbehörde (SUK), um auf die gegenwärtige ernste Situation aufmerksam zu machen und um neue Anweisungen für die schwedische Politik hinsichtlich der jüdischen Emigration nach Schweden zu erhalten. Welchen Gruppen sollte die Einreise bewilligt werden? Sollten Menschen mit einer bestimmten Ausbildung oder sollten bestimmte Berufsrichtungen besonders berücksichtigt werden? Wie viele Visa überhaupt sollten ausgestellt werden?

Einige Tage, nachdem diese Fragen gestellt worden waren, antwortete die Staatliche Ausländerbehörde, dass für rund 30 Personen Visa ausgestellt werden könnten, auch wenn man nicht im Voraus wüsste, wie diese Menschen sich in Schweden selber versorgen könnten. „Alle Gruppen kommen somit also in Frage. Keine sollte einer anderen vorgezogen werden." Eine Voraussetzung war indes, dass alle Antragsteller einen Pass oder ein anderes Ausweisdokument, das man als Pass benutzen kann, besitzen, weil das Visum vor der Abreise in ein entsprechendes Dokument eingetragen werden musste.

Die Anzahl der erteilten Visa sollte erst langsam zunehmen, bis die ganze Angelegenheit dann im Sommer 1969 richtig in Schwung kam, als Schweden praktisch allen polnischen Juden, die darum ersuchten, die Einreisebewilligung erteilte. Die Ursache dafür war, dass die polnische Regierung bekannt gab, dass die Anträge für eine Ausreise bis spätestens den 1. September 1969 gestellt werden müssten. Danach würden keine Ausreisegenehmigungen mehr erteilt. Das war eine Methode, um die Emigration zu beschleunigen, die dann auch von Sommer bis Herbst 1969 ihren Höhepunkt erreichte. Allein im November des Jahres bekamen mehr als 2300 polnische Juden ihren Ausreisebescheid für Schweden. Aber nicht alle erhielten von den polnischen Behörden eine Ausreisegenehmigung. In vielen Fällen hieß es, dass die Antragsteller bestimmte Kenntnisse über die inneren Angelegenheiten Polens hätten, die man nicht dem Ausland mitteilen dürfe und dass diese Personen deswegen ein Sicherheitsrisiko darstellen würden.

In diesem Zusammenhang ist es auch wichtig, darauf hinzuweisen, dass die Mosaische Gemeinde in Stockholm einen ständigen Druck auf die schwedische Regierung ausübte, um an den Einreisebestimmungen zu arbeiten und die Zahl der Visa zu erhöhen. Schon im Frühjahr 1968 appellierte die Gemeinde an den damaligen Innenminister Torsten Nilsson, die Situation aufmerksam zu verfolgen, und sie begann auch die mosaischen Gemeinden in Finnland, Norwegen und Dänemark bzw. die Außenminister dieser Länder wachzurütteln. Das Außenministerium seinerseits befasste sich mit der Möglichkeit, ein Einverständnis unter den nordischen Ländern zu erzielen. Nach einer Diskussion im *Storting* begnügte sich Norwegen damit, die antisemitischen Kampagnen in Polen zu verurteilen. Finnland war gegen jegliche Verurteilung und stellte fest, „dass das Land sich nicht in die inneren Angelegenheiten anderer Länder einmischen wolle." In Dänemark war man von Beginn an sehr vorsichtig und „wenig geneigt, ein so empfindliches Thema bei der polnischen Regierung anzusprechen." Aber nach und nach öffnete Dänemark seine Grenzen für polnische Juden und eilige Fälle wurden ab Sommer 1969 von der Schwedischen Botschaft an die Dänische Botschaft weitergeleitet, die dann die Visa umgehend ausstellte.

In der schwedischen Presse wurde während dieser Zeit kaum über die Aufnahme polnischer Juden berichtet. Schweden wie auch Polen waren daran interessiert, dieser Angelegenheit keine zu große Verbreitung in der Öffentlichkeit zu geben. Polens Absicht war es, das Ganze so aussehen zu lassen, „als ob es sich um eine Auswanderung auf freiwilliger Basis handeln würde. [...] Polen könne es sich nicht erlauben, sich international als ein Land darzustellen, das politische Flüchtlinge schaffen würde." Es war wichtig, „dass man auf der politischen Bühne [...] die ganze Aktion wie eine Art Auswanderung von Zionisten legitimieren könne, die als ein fremdes Element innerhalb der polnischen Gesellschaft" angesehen wurden.

In Schweden wiederum gingen die Behörden davon aus, dass eine allzu große Aufmerksamkeit in der Presse die Emigration der polnischen Juden erschweren könnte und die Mosaische Gemeinde war derselben Meinung. Man wollte auch alles vermeiden, was Polen als eine Provokation auffassen könnte.

Die Ausreisen geschahen zunächst über Wien in Österreich, wo israelische Hilfsorganisationen die Weiterreise nach Israel vorbereiteten und finanzierten. Später konnte man direkt über Westdeutschland nach Schweden fahren. Um die Ausreisedokumente aus Polen zu erhalten, waren die Juden gezwungen, 5000 Złoty pro Person zu bezahlen, ein Betrag, der ungefähr zwei durchschnittlichen Monatseinkommen entsprach. Diejenigen, die in Polen studiert hatten, mussten ihre Studienkosten zurückzahlen, die bis zu 45000 Złoty betragen konnten. Der Staat übernahm die Wohnungen, aber die vorherigen jüdischen Mieter mussten die Renovierung bezahlen, bevor die neuen Mieter einzogen. Gepäck konnte nur begrenzt mitgenommen werden. Die Frachtkosten mussten in ausländischer Währung bezahlt werden. Für alle, die dieses Geld nicht hatten, gab es nur die Alternative, ohne Gepäck auszureisen. Diejenigen, die ausländisches Geld hatten, mussten bis zu 20% Wechselgebühr an den Staat bezahlen. Zeugnisse und Diplome, Arbeitsbescheinigungen, selbst verfasste Bücher und Manuskripte mussten zurückgelassen werden. Auf diese Weise sollten die Juden, die Polen verließen, keine Dokumente haben, die ihre Ausbildung und Arbeitserfahrung hätten belegen und ihnen bei der Arbeitssuche hätten helfen können.

Die Juden, die sich mit ihrem Gesuch an die polnischen Behörden wandten, erhielten ein Reisedokument, das nur für die Ausreise gültig war. Sie verloren ihre polnische Staatsangehörigkeit und damit die Möglichkeit, einen normalen Pass zu bekommen. Somit waren sie zunächst staatenlos. Die polnische Ausreisebescheinigung wurde nur unter der Voraussetzung erteilt, dass sie eine Art Vorausbescheinigung für ein Einreisevisum nach Israel hatten. Diese Visa wurden von der Niederländischen Botschaft in Warschau erteilt, die die Schutzmacht für Israel war, denn Israel hatte keine diplomatische Vertretung in Polen.

Während der Jahre von 1968 bis 1972 beantragten etwa 30 000 polnische Juden eine Ausreisegenehmigung. Von diesen reisten 4000 nach Israel, 3000 in die USA und ebenso viele nach Schweden, die übrigen nach Kanada, Australien, Großbritannien, Frankreich oder Dänemark. Nur sehr wenigen wurde Asyl in anderen westlichen Ländern gewährt. Unter den polnischen Juden, die nach Schweden kamen, waren viele Ärzte, Physiker, Chemiker und Diplomingenieure oder Studenten und Personen mit einer anderen akademischen Ausbildung. Unter ihnen gab es auch Beamte, Künstler oder Pensionäre, auch Menschen, die vorher für ihre besonderen Verdienste in Polen ausgezeichnet worden waren.

Ein Grund, warum so viele nach Schweden kamen, war wohl die Nähe zu Polen, wo es oft noch Verwandte und direkte Familienangehörige gab. Die Flüchtlinge kamen meistens in Stockholm, Göteborg oder Malmö an. Die meisten waren säkularisierte Juden, die schon in Polen ohne die religiöse jüdische Tradition gelebt hatten. Sie waren somit weitgehend in der polnischen Gesellschaft assimiliert und bildeten keine sichtbare und auffällige Minderheit, wie es noch vor dem Krieg der Fall war. Die Einwanderer lernten Schwedisch, nahmen ihre abgebrochenen Studien wieder auf oder arbeiteten in ihren alten Berufen weiter. Als sie ihre Ausländerpässe, die sie bei der Einreise erhalten hatten, Mitte der 70er Jahre gegen den schwedischen Pass eintauschen konnten, waren sie gut integriert und erfolgreich in der schwedischen Gesellschaft tätig. Sie waren jetzt nicht mehr länger Staatenlose.

Auf den Bahnhöfen in Polen kamen Freunde und Verwandte zusammen um voneinander Abschied zu nehmen. Oft herrschte eine wehmütige Stimmung, aber besonders bei den Jüngeren gab es auch Neugier und Hoffnung auf ein neues Leben ohne Schikanen und ohne Verfolgung wegen der ethnischen Zugehörigkeit.

Auf dem Gdański-Bahnhof in Warschau nahm Victor Abschied von seinen Eltern Hanna und Simon. Es war eine schmerzhafte und angsterfüllte Trennung. In der Stunde des Abschiednehmens kann niemand sagen, ob und wann man sich noch einmal wiedersehen würde.

Abb. 27, 28 Polnische Juden verlassen Polen zwischen 1968 und 1972 von dem Gdański-Bahnhof in Warschau. Privatsammlung.

Die Reise nach Schweden

Auf dem Gdański-Bahnhof sah Victor die ängstliche Unruhe in Hannas müden Augen und Simons unschlüssige Resignation, weil er seinem Sohn nicht mehr helfen konnte. Obwohl seine Eltern ihre Erschütterung darüber, dass sich wiederum eine Generation auf die Flucht begeben musste, zu verbergen versuchten, konnte Victor sie doch deutlich bemerken. Auch ihn traf das hart und sollte sich wie eine Wunde tief in ihm eingraben, die ihn für lange Zeit schmerzen sollte. Es tat ihm weh, seine Eltern zurückzulassen, aber gleichzeitig hatte er die Hoffnung, dass sie einmal nachkommen würden. Zumindest sprachen sie darüber als eine Möglichkeit, vielleicht auch um sich die Stunde des Abschieds zu erleichtern. Er selber wusste, dass er keine andere Wahl hatte. Nach den Studentenunruhen wurde er vom weiteren Universitätsstudium ausgeschlossen. Bis zum Schluss hatte er gehofft, dass man diese Entscheidung zurücknehmen würde, aber vergebens. Es kam nicht so. Alles blieb, wie es war. Seine hohen Erwartungen an die Zukunft brachen zusammen wie ein Kartenhaus, als er den Bescheid über die Relegation von der Hochschule erhielt. Kurz darauf beschloss er Polen zu verlassen, um endlich mit eigenen Augen ein Land zu sehen und zu erleben, das vor dem Eisernen Vorhang lag.

Bis zur letzten Minute stand Victor auf dem Bahnsteig. In dem Moment, als der Schaffner mit seiner Pfeife das Abfahrtssignal gab, sprang er geschickt auf die unterste Stufe an der Waggontür, war mit einem weiteren Satz auf der obersten und schlug mit einem Schwung die schwere Eisentür hinter sich zu. Er war ein schlanker gut durchtrainierter junger Mann, der seit seiner Kindheit in jeder freien Minute Fußball oder Volleyball gespielt hatte. Er fühlte sich immer frei, wenn er zielstrebig hinter dem Ball herlief, ihn an seinen Gegenspielern vorbeidribbelte und dann mit seinem linken Fuß aufs Tor schoss. Mit dem rechten Fuß war er aber auch recht gut.

Noch eine ganze Weile stand er an der Tür, sein Oberkörper war weit aus dem geöffneten Türfenster gelehnt, während die Menschen auf dem Bahnsteig immer kleiner wurden. Er winkte noch lange, bis er seine Eltern nicht mehr sah. Der Zug hatte volle Fahrt aufgenommen und er hörte nur noch in regelmäßigem Takt den Schlag der Räder auf den Schienen. Er ging in sein Abteil und setzte sich auf den Platz, auf den er schon vorher sein Gepäck abgelegt hatte.

Überraschend schnell verging die Zeit, vielleicht auch deswegen, weil er sich die ganze Zeit mit dem älteren Mann unterhalten hatte, der ihm gegenüber saß. Sie waren die einzigen in dem Sechspersonenabteil. Als sie sich der deutsch-polnischen Grenze näherten, hörten sie im Gang aufgeregte Stimmen, die hitzig miteinander diskutierten. Bei dem letzten Aufenthalt waren mehrere Zollbeamte in den Zug zugestiegen. Sie stritten nun mit den Fahrgästen. Sie behaupteten, dass diese etwas Unerlaubtes dabei hatten oder dass irgendwo irgendein Stempel in den Dokumenten fehlte. Es war für sie ein gefundenes Fressen, es den Reisenden schwer zu machen und Geld von ihnen zu erpressen.

Die Tür zum Abteil wurde aufgerissen und ein langer hagerer Oststaatenbeamter stellte sich mit hochmütig-strengem Blick in die Türöffnung. Victor kannte nur zu gut diese Art von Mensch. Er war vielen von ihnen begegnet und wusste genau, wie sie vorgehen und sich verhalten. Innerhalb der polnischen Hierarchie gab es unterschiedliche Typen von kleinlichen und übereifrigen Beamten, die immer besonders wachsam und darauf aus waren, sehr schnell und entschlossen vorzugehen. Aber tatsächlich waren sie nichts anderes als Marionetten, die als willige Werkzeuge von denen benutzt wurden, die weiter oben in der Hierarchie saßen. Viele dieser Beamten wussten, dass sie sich selber in einer heiklen Situation befanden. Ihnen war klar, dass sie jederzeit aus der Scheingemeinschaft, die sie unter ihren Gesinnungsgenossen fanden, ausgegrenzt und herausgemobbt werden konnten. Den meisten war bewusst, dass die Rollen über Nacht getauscht werden konnten und so versuchten sie, sich so viele Privilegien und Vorteile wie möglich zu verschaffen, solange es noch Zeit dafür gab. Sie schlugen sich auf Kosten anderer durch, ohne sich zu scheuen, die wirklichen und eingebildeten Feinde niederzutrampeln, wo sich auch immer nur die Gelegenheit dazu bot. Es waren widerwärtige Typen und in ihrer ganzen Erbärmlichkeit würden sie niemals verstehen, dass der Mensch immer tiefer sinkt, je mehr seine Überheblichkeit und Machtgier zunehmen, und dass man nur durch Menschlichkeit wahre Charakterstärke und echte Gemeinschaft erlangen kann. Während ihres ganzen Lebens würden sich solche Menschen rücksichtslos verhalten und sich allmählich vor Bitterkeit verzehren, die sie ständig wie ein Schatten oder eine Mauer umgibt, hinter der sie sich verschanzen, bis eines Tages ihre ganze Feigheit und Erbärmlichkeit zerbricht und zu Tage tritt. Dann ist es zu spät, noch etwas zu ändern oder rückgängig zu machen.

Schon bevor der Zollbeamte seinen ersten Schritt in das Abteil machte, sah Victor, wie das Blut in den Schläfen des Mannes pochte. Es war ein arroganter und grober Mensch in mittleren Jahren, der ohne jede Hemmung seine Verachtung gegenüber anderen Menschen zeigte, im Allgemeinen und besonders Juden gegenüber. Er ließ einen Schwall von Flüchen gegen die „verräterischen Juden“ los und brüllte Victor an, er solle die im Gepäck versteckten

Wertsachen hervorholen, er wisse mit Sicherheit, dass sich welche dort befänden. Er behauptete, es seien Edelsteine, die Victor außer Landes schmuggeln wolle. Daran gäbe es keinen Zweifel. Er wisse genau, was Juden so bei sich hätten und wie sie vorgehen würden. Fest davon überzeugt, dass es Juwelen im Gepäck versteckt gab, kramte er in Victors Sachen, riss alles aus der Reisetasche, wühlte in den Hosentaschen herum, suchte in den Säumen nach und drückte sogar die Zahnpaste aus der Tube und beschmutzte so die Kleidungsstücke, die er in seinem Zorn auf den Boden des Abteils geworfen hatte.

Neben ihm stand ein schweigsamer jüdischer Student, der aus seinem Heimatland ausgewiesen worden war. In dessen Schweigen drückte sich ein tiefer stummer Protest aus. Man fordert nicht die heraus, die alle Trümpfe in der Hand halten. Das einzige, was man machen kann, ist schweigen und sich nicht provozieren lassen. Für einen temperamentvollen jungen Mann war das nicht gerade einfach. Er beherrschte sich und ließ den Zollbeamten mit seiner Verachtung sich austoben, ohne auch nur ein Anzeichen des inneren Widerstands, der in ihm wühlte, zu offenbaren. Erst als das Gesicht des Beamten sich aschfahl verfärbte und sein Blick leer wurde, wusste Victor, dass er die erste Halbzeit für sich entschieden hatte. In der zweiten würde es schwieriger werden. Der Mensch unternahm einen letzten Versuch, Victor doch noch zu packen, und sagte, dass das Gepäck auf der Polizeistation durchsucht werden müsste. Da würde Victor dann vor ein ganzen Reihe ähnlicher Typen stehen, die nur darauf warteten, über ihr Opfer herzufallen und es auseinander zu nehmen, um doch noch etwas zu erbeuten.

Aber manchmal greift das Schicksal unerwartet ein. In dem Moment, als Victor aufgefordert wurde, aus dem Zug zu steigen, wurde der Zollbeamte von einem Kollegen weggerufen. Victor nutzte die Gelegenheit und übergab die paar Dollar, die er noch in der Tasche hatte, und wichtige Dokumente dem anderen polnischen Mitreisenden aus seinem Abteil. Er wusste genau, dass man ihm die bei der weiteren Kontrolle mit großer Wahrscheinlichkeit wegnehmen würde. Der Mann sagte, dass er sich dafür schäme, wie ein Pole seine Mitbürger behandelt. Aber er griff nicht weiter ein. Jetzt begann ein nervöses Warten. In seinem Kopf ging Victor noch einmal das nun wohl folgende Szenario durch und überlegte, wie er sich verhalten sollte. Mit ihnen zu kooperieren war schwierig, denn er hatte nichts Wertvolles mehr bei sich. Ganz ruhig abzuwarten, während sie immer wieder sein Gepäck durchsuchten, wäre auch nicht einfach, aber es wäre wohl die beste Lösung, um aus der ganzen Angelegenheit möglichst unbeschadet herauszukommen. Seine Papiere waren in Ordnung, aber das war noch keine Garantie, dass man ihn aus dem Land lassen würde. Was sollte er machen, wenn er die Reise nicht fortsetzen könnte?

Während er noch überlegte, ruckte der Zug an, um langsam wieder Fahrt aufzunehmen und bald rollte er mit voller Geschwindigkeit durch Ostdeutschland. Als man bei einem Bahnhof von Westberlin ankam, bekam Victor sein Geld und seine Dokumente von dem Mitreisenden zurück. Die Gefahr war vorüber. Auf jeden Fall zunächst.

Victor stand im Gang vor seinem Abteil, als der Zug langsam in den Bahnhof einlief. Auf länglichen Schildern stand in großen weißen Buchstaben auf blauem Grund ZOOLOGISCHER GARTEN (im Westteil Berlins). Bei jedem Gleiswechsel gab es einen Ruck in dem Waggon, aber Victor balancierte geschickt von einem Bein auf das andere und parierte so elegant die Wackelei. Wie auf Kommando hatten es plötzlich alle Reisende ganz eilig. Sie stießen sich an, als sie ihr Gepäck aus den Netzen über den Sitzen holten, stellten ihre abgenutzten braunen oder schwarzen Koffer und ihre Reisetaschen in allen Größen in den Gang, zogen sich ihre Jacken und Mäntel an und drängten nach vorne. Bei jedem Bremsen und Anfahren schlugen scheppernd die Abteiltüren hin und her und klemmten auch schon mal jemand ein, der auf der Türschwelle stand. Alle wollten als erste aus dem Waggon kommen. Als die Bahnsteige entlang der Gleise auftauchten, hörte man Seufzer und Stimmen der Erleichterung.

Neugierig stieg Victor aus dem Waggon. Wie lange würde der Aufenthalt dauern? Eine halbe Stunde? Er stand auf dem Bahnsteig und atmete jetzt in tiefen Zügen zum ersten Mal in seinem Leben die „freie Luft" des Westens. Was für ein Gefühl! Er fühlte sich heiter und glücklich, als er beschwingt die Treppen zwischen dem Gewimmel im Bahnhofsgebäude hinuntereilte. Hier gab es Reklamesäulen, Neonlicht, Autos, Menschen, die ganz anders gekleidet waren. Es waren ganz neue Gerüche, Töne und Farben als in Polen, hier war nicht alles nur grau. Viel Zeit für ein längeres Verweilen hatte er nicht. Er durfte nicht seinen Zug verpassen. Er eilte denselben Weg wieder zurück, den er gekommen war. Und auf dem Bahnsteig lief er die Wagenreihe entlang und suchte nach dem Schild „Moskau-Oslo". Hier müsste der Waggon stehen, aber hier stand er nicht.

Er blickte nach rechts, nach links, der kalte Schweiß trat ihm auf die Stirn. Wie konnte er nur so dumm sein? Alle seine Sachen waren in dem Zug. Was würde passieren, wenn er seinen Waggon nicht wiederfände? Wieder die Treppen rauf und runter, von Bahnsteig zu Bahnsteig. Ja, da ganz hinten entdeckte er seinen Waggon, aber bis dahin waren es sicherlich noch einige Bahnsteige weiter, würde er das noch schaffen? Wieder die Treppen rauf und runter. Es gab noch weitere Bahnsteige. Wieder rauf und runter. Ja, hier war das dann wohl, aber wo stand sein Waggon? Da hinten! Weiter laufen, rauf

auf den Zug, aber war es überhaupt der richtige Waggon? Vorbei an einem Abteil, das nächste, noch eines, ja, hier war es. Da saß immer noch der Pole und lächelte Victor an, als der atemlos ins Abteil gestürzt kam.

„Ich dachte schon, du hättest dich verlaufen", sagte der Mann in dem Augenblick, als der Zug sich in Bewegung setzte.

In der neuen Heimat

In Göteborg kletterte Victor aus dem Zug. Hier wollte er hin. Unter dem Arm trug er ein großes viereckiges flaches Paket, das in altes Zeitungspapier eingewickelt war und von einer über Kreuz geknoteten groben zerschlissenen Hanfschnur zusammengehalten wurde. Hier und da war das Papier aufgerissen und ein goldener Bilderrahmen kam zum Vorschein.

„Ich war 23 Jahre alt, als ich nach Schweden kam", berichtete Victor. „Es war schon spannend, aber gleichzeitig fühlte ich mich sehr unsicher. Es war an einem Freitagnachmittag und am Samstag meldete ich mich bei der Polizei. Mir wurde ein Zimmer in einem Studentenheim zugewiesen. Geld hatte ich keines. Von anderen erfuhr ich, dass man im Hafen Arbeit finden könnte. Am Montag ging ich also dorthin. Ich bekam eine *blixtbricka* und fing am Dienstag an. Seitdem habe ich immer gearbeitet und auch während meines Studiums gejobbt."

Seine erste Arbeit war also eine Gelegenheitsarbeit als Stauer im Göteborger Hafen. Er erfuhr schnell, wo zusätzliche Arbeitskräfte gebraucht wurden und meldete sich dann schon in der Frühe beim Hafenkontor, wo die Arbeit verteilt wurde. Die sogenannten *blixtbrickor* wurden an die Gelegenheitsarbeiter ausgeteilt, wenn eine Schiffsladung kurzfristig gelöscht oder verladen werden musste. Jeden Tag, wenn die Arbeiter zum Kontor kamen, erhielten sie eine *bricka,* ein kleines Papptäfelchen mit einer Nummer. Dann mussten sie warten. In bestimmten Abständen kam irgendein Kontorangestellter und rief, dass eine gewisse Anzahl Arbeiter an einem bestimmten Platz gebraucht wurde. Er las dann die *blixtbricka*-Nummer vor und die aufgerufenen Männer gingen zu ihrem Arbeitsplatz. Manchmal musste Victor wieder abends nach Hause zurückkehren, ohne dass er eine Arbeit bekommen hatte. Wenn er aber ein Wochenende durchgearbeitet hatte, hatte er manchmal so viel verdient, dass er fast zwei Wochen davon leben konnte. Diese Arbeit war nicht nur hart und anstrengend, sie war auch gefährlich.

Im Hafen hörte er ständig den Lärm der Hafenkräne, den scharfen Knall, wenn die Paletten auf dem Kai aufschlugen oder den metallischen Widerhall aus den leeren Frachträumen. Da war das Tuten der Sirenen, das Geschrei in den Arbeitsgruppen, das schneidend-scharfe Kreischen von den Maschinen, das laute Quietschen der Trucks, das Geschepper der rollenden Eisentonnen und der Gestank von Dieselöl.

„Der Hafen war auch eine ideale Keimzelle für radikale Ansichten. Die Gewerkschaft bedrängte uns, dass auch wir Gelegenheitsarbeiter Gewerkschaftsmitglieder werden sollten. Hier gaben Kommunisten und Revolutionäre den Ton an. Ich hatte gerade ein kommunistisches Land hinter mich gelassen und konnte nicht verstehen, wie man Sympathien für ein derartiges System haben konnte," berichtete Victor.

Später ging Victor nach Marstrand, um einen Schwedischkurs für Einwanderer zu besuchen. Danach setzte er sein Universitätsstudium fort. Frühere Zeugnisse aus Polen wurden mit Kurierpost an die Schwedische Botschaft geschickt. Er war überrascht, dass die Unterlagen in demselben Zustand ankamen, wie er sie in Warschau abgegeben hatte, in dem braunen Umschlag, den er selber zugeklebt hatte. Niemand hatte ihn geöffnet. Auch der große grüne Holzkoffer, in dem er seine Sachen verpackt hatte, war angekommen. Es war derselbe Koffer, den die Eltern benutzt hatten, als sie vor gut 20 Jahren Magnitogorsk verlassen hatten. Er hat ihn immer noch. Bei ihm zu Hause hängt das Bild mit dem goldfarbigen Rahmen, das er bei seiner Ankunft unter dem Arm trug. Das Bild zeigt einen Rabbiner, den er von einem anderen Bild abmalen ließ, bevor er Warschau verließ. Ein alter Mann mit einem ungestutzten Bart und einem schwarzen Käppchen auf dem Kopf sitzt nach vorne gebeugt über seinen religiösen Schriften, tief versunken in seinen Studien. Den einen Ellbogen stützt er auf einen Stapel zerlesener Bücher, die auf dem Tisch liegen, seine Stirn ruht auf der Handfläche. Victors Großvater mütterlicherseits war Rabbiner. Vielleicht war er es, der da saß und nachdachte.

Victors Eltern emigrierten nicht. Sie glaubten an den Sozialismus. Dafür hatten sie ihr Leben lang gekämpft und sie waren überzeugt, dass er die richtige Weltanschauung sei. Sie konnten nicht so einfach ihre Hoffnung und Erwartung aufgeben, dass Polen doch nicht noch einmal ein Land werden könnte, in dem Juden und Polen in Frieden und mit gleichen Rechten zusammenleben würden. Polen war ihre Heimat und die verlässt man nicht so einfach. Und außerdem: Wie oft in seinem Leben ist ein Mensch überhaupt in der Lage, auf die Flucht zu gehen?

Nachdem er sein Studium abgeschlossen hatte, fand Victor Arbeit in seinem Beruf. Inzwischen hat er das Pensionsalter erreicht und fühlt sich seit langem als Schwede, aber er fühlt sich immer noch mit Polen verbunden und in dem Judentum verwurzelt. Wie viele Male wollte er schon den alten

Holzkoffer wegwerfen, aber er trug auf seltsame Weise irgendetwas von der Geschichte seiner Familie in sich. Vielleicht ist es so, dass wir uns an bestimmte wertlose Gegenstände klammern, um das Vergangene nicht ganz loszulassen. Sie sind eine sichtbare Brücke zu zurückliegenden, für immer entschwundenen Augenblicken. So steht der Koffer da und wird auch noch weiterhin dort stehen – als stumme Erinnerung an das, was einmal war.

Mittsommerfest

Schweden 2010

Der Mittsommerbaum leuchtet in seiner ganzen Blumenpracht. In vollkommener Harmonie hat er sich in einer Vielfalt von Formen, Farben und Düften ausgebreitet, um die Ankunft des Sommers zu begrüßen und zu feiern. Vergissmeinnicht, Glockenblume, Wiesenkerbel, Butterblume, Margerite … sie alle in ihren unterschiedlichen schönen, warmen Farbtönen wollen auf sich aufmerksam machen. Mit ihren Farb- und Duftsignalen locken sie Bienen und Hummeln, Schmetterlinge und Insekten an, die dem verführerischen Angebot nicht widerstehen können. Der Pollenflug erreicht seinen Höhepunkt. Gemäht liegt die Wiese da an dem Weg zu der stillen abgelegenen Bucht.

Der Segelverein hat sein großes Zelt aufgestellt, in dem Lose und Kaffee angeboten werden. Menschengruppen schlängeln sich auf verwirrenden Pfaden zu dem Tisch, an dem verkauft und serviert wird. Hier holt man sich seine Gewinne ab und das, was man verzehren will. Die eine oder andere Klage wird schon mal laut, wenn man eine Niete gezogen hat oder Kaffee verschüttet wird. Aber die meisten suchen ihren Weg durch ein Gewoge von Lachen und frohen Stimmen zu dem Mittsommerbaum und dem Platz, von dem die Klänge der Ziehharmonikas herüberschallen. Beim Tanzen lachen die Kinder und haben ihren Spaß, aber am glücklichsten sind sie beim „Raketenspiel", weil sie wissen, dass dann anschließend immer Süßigkeiten verteilt werden. Das ist ein alter schwedischer Mittsommerfestbrauch. Auf „mehr Schweden" trifft man nirgendwo.

In dem Menschengewimmel sehe ich Victors Enkelkind Sara, sechs Jahre alt. Sie trägt ihr neues helles Sommerkleid mit der Spitzenrüsche und der schönen Taillenschärpe, die auf dem Rücken zu einer großen Schleife zusammengebunden ist. Ihre schwarzen lockigen Haare fallen ihr sanft in den Nacken. Noch weiß sie nichts von ihrer polnisch-jüdischen Herkunft. Sie ist ein kleines schwedisches Mädchen wie all die anderen kleinen schwedischen Mädchen in diesem Land. Ebenso wie ihre Eltern ist auch sie in Schweden geboren. Wenn ihr Großvater Schwedisch spricht, hört sie sicherlich schon mal den etwas anderen Akzent, aber da kümmert sie sich nicht weiter drum. So spricht man eben, wenn man älter wird.

„Wir sind nicht Einwanderer der zweiten oder dritten Generation“, sagt Saras Papa, „wir sind Schweden. Warum sollten wir etwas anderes als Schweden sein? Wie viele Generationen müsste man hier gelebt haben, um als Schwede zu gelten?“ Manchmal ist er verärgert über solche Ausdrücke wie „zweite und dritte Generation“. Aber immer noch benutzt man sie fleißig, besonders in polnisch-jüdischen Gemeinschaften.

Aus einer gewissen Entfernung sehe ich, wie sich Victor durch die Menschenmenge schiebt. Er spricht mit einigen Nachbarn, sie reden über Probleme mit dem Wasser. Das Freizeitgelände ist nicht an das kommunale Wassernetz angeschlossen und jeder Sommerhausbesitzer muss sich selber um seine Wasserversorgung kümmern. Einige haben gebohrte Tiefbrunnen, andere einfache gegrabene Brunnen. Für den Sommer kann man sich auch an die allgemeine Wasserversorgung anschließen. Darüber diskutieren sie gerade in der kleinen Gruppe, als ich mich nähere. Alle sind mit starken Emotionen an dieser Diskussion beteiligt, genauso wie an dem Problem mit den Nacktschnecken. Das betrifft sie alle.

Die reine und frische Luft vom Meer streicht über die Wiese. Auf dem Weg zurück zu ihren Sommerhäusern wird die Diskussion fortgesetzt. Als sich die Gäste Victors Sommerhaus nähern, werden sie von den verschiedenen Düften des Buffets empfangen, das – reichlich bestückt – bei der Terrasse auf sie wartet. Das starke Aroma bestimmter Kräuter gibt den Gerichten ihren kleinen extra pikanten Geschmack. Die Düfte drängen aus der Küche in den Garten, wirbeln an der Türschwelle vorbei, verteilen sich über den Garten und erreichen schließlich die bunt geschmückte lange Tafel. Die Gäste haben sich hingesetzt und bedienen sich an den vielen verschiedenen Arten von eingelegtem Hering und Lachs, an frischen Dillkartoffeln, an saurer Sahne mit Maränenkaviar (*löjrom)* oder Schnittlauch, an *Janssons Versuchung,* eine weitere schwedische Spezialität, und *Gefillte Fisch*, an Mohnkuchen, Apfelstrudel, Käsekuchen, Erdbeertörtchen und vielem anderen mehr. Hier gibt es auch frisch gebackenes Festtagsbrot und *Challa*. Die Stimmung erreicht ihrem Höhepunkt, es wird meistens Schwedisch gesprochen, obwohl mehrere Gäste polnische Juden sind.

Kurz gesagt, es ist ein echtes schwedisches Mittsommerfest mit einem Einschlag anderer Kulturen und Länder. Auf Jiddisch würde man sagen, es ist ein richtiger *Mischmasch*.

Mit Victor unternehme ich einen Spaziergang zum Meer hinunter. Längs der Küste werden die heiseren Schreie der Gänse, die in geschlossener Formation mit starken und zugleich eleganten Flügelschlägen über uns hinweg fliegen, langsam leiser. Am Himmel lärmen und kreischen angriffslustig silberfarbige Sturmmöwen. Dann setzen sie sich auf eine Klippe, um gleich darauf wieder mit kraftvollem und zugleich sanftem Flügelschlag aufzufliegen. So schweben sie eine Weile im Licht der Abenddämmerung über den Felsen, bis sie sich im Gleitflug wieder aufs Meer fallen lassen. Der Singschwan in der Bucht verkündet mit seinen auf- und abschwellenden Trompetenschreien, dass die Paarungszeit begonnen hat. In den Spalten der Felsvorsprünge rufen zwischen Büscheln von rosaroten Grasnelken die Küken der Eiderente nach Nahrung und nach ihrer Mutter, die sich einige Wochen vorher von den lauten Klagerufen des Erpels hierher locken ließ.

Die Ereignisse der 60er Jahre in Polen liegen in weiter Ferne, denn darum geht es gerade, worüber wir uns jetzt unterhalten. Auch wenn die Bilder der Erinnerung etwas von ihrer Schärfe verloren haben und die Farben über die Jahrzehnte ein wenig verblichen sind, seitdem die polnischen Juden ihr Heimatland verlassen mussten, so sind sie doch noch kräftig und gegenwärtig. Niemand konnte sich damals vorstellen, wie das Leben in Schweden einmal wirklich aussehen würde.

„Du musst verstehen, dass wir uns eigentlich niemals in Lebensgefahr befunden haben", sagte Victor. „Natürlich war es sehr unangenehm, denn wir wussten niemals, was der nächste Schachzug der Behörden mit sich bringen würde, aber niemand sah sein Leben ernsthaft bedroht. Viele blieben auch in Polen. Sicherlich war ihr Leben nicht einfach, aber sie waren niemals in Lebensgefahr."

Ich war ein wenig über seine Worte überrascht, aber Victor blieb bei dem, was er gesagt hatte. Es war die Taktik der Behörden, die Menschen in Angst und Schrecken zu versetzen, nicht aber sie umzubringen. Auf meine Frage hin, ob sich das nun heute nicht alles so leicht und einfach sagen ließe, nachdem man weiß, wie alles ausgegangen ist, antwortete er mit einem „Nein". Auch schon damals war er sich sicher, dass keine wirkliche Lebensgefahr bestand. Aber das Leben war eben für die, die in Polen blieben, härter, denn sie verloren oft ihre feste Arbeit oder wurden von den Hochschulen verwiesen.

Etwas behutsam fragte ich Victor, ob es für die polnischen Juden nicht doch ein Vorteil und Gewinn gewesen sei, dass sie die Möglichkeit hatten, die kommunistische Diktatur zu verlassen.

„Zweifellos", antwortete er, „alle träumten davon, im Westen zu leben. Unter denjenigen, die ein Visum beantragten, gab es auch viele Polen, die behaupteten Juden zu sein, bloß um ein Ausreisevisum zu bekommen. Es gab die ständige Ungewissheit, was für einen Bescheid man erhielt. Man wusste niemals, was für neue Maßnahmen sich die Behörden von einem Tag zum anderen einfallen ließen. Zu jedem Zeitpunkt konnten sie wieder die Grenzen schließen und dann wären wir ihnen wieder völlig ausgeliefert gewesen. Aber wo und wovon sollten wir im Ausland leben? So hatten wir immer das Gefühl, dass wir als ‚unerwünschte Personen' gebrandmarkt waren und nicht selber bestimmen konnten, wo wir leben wollten. Das ließ natürlich immer einen bitteren Nachgeschmack zurück."

Victor machte mir auch klar, wie wichtig es ist, dass man um seine eigenen Wurzeln weiß. Das Judentum ist eine Kultur und zugleich eine Lebensform, nicht nur eine Religion. Seine Eltern waren Atheisten, aber die Zugehörigkeit zum Judentum wurde im Elternhaus immer wieder praktiziert. Die Eltern hielten an der jüdischen Tradition fest, sie lasen jüdische Zeitungen, sprachen auch noch manchmal Jiddisch miteinander und an den hohen Feiertagen kamen jüdische Gerichte auf den Tisch. Aber es ging sehr unterschiedlich in den einzelnen Familien zu. Es gab Kinder und Jugendliche, die gar nicht wussten, dass sie Juden waren, bis die Familien gezwungen wurden zu emigrieren. Die Eltern wollten sie vor möglichen Schikanen schützen und verbargen deswegen vor ihnen ihre jüdische Identität. Einige hatten ihre Kinder sogar taufen lassen und auf katholische Konfessionsschulen geschickt. Als sie dann plötzlich erfahren mussten, dass sie Juden waren, während sie immer geglaubt hatten, sie wären Katholiken, war das für sie ein echtes Trauma. Ihre ganze Lebenswelt stürzte zusammen.

Für viele polnische Juden, die emigrierten, war es deshalb besonders wichtig, dass sie das jüdische Erbe in ihren Kindern fest verankerten. Bei anderen war es so, dass es die Kinder waren, die die jüdischen Sitten annahmen und das gleiche auch von ihren Eltern verlangten. Andere wiederum wollten sich in der schwedischen Gesellschaft so schnell wie möglich assimilieren und schenkten dem Judentum keine besondere Beachtung. Aber wie man die Frage auch hin und her wendet, es bleibt eine Tatsache, dass die Juden, die Schweden wurden, ihre Herkunft immer in sich trugen und in zwei Welten lebten, in einer polnisch-jüdischen und in einer schwedischen. Es gibt immer etwas Abgrenzendes, aber Grenzen müssen nicht scharf sein und sie können sich ständig verändern.

„Von seiner Herkunft kann man sich niemals ganz lösen", meint Victor. „Umgekehrt kann man das auch bejahen und als einen Vorteil ansehen. Je mehr man über seine Geschichte und seine Wurzeln weiß, desto stärker ist die eigene Identität und dann ist es vielleicht auch leichter, seine Grenzen auszudehnen und seinen Horizont zu erweitern", fährt er fort. „Man bewegt sich sicherer zwischen diesen beiden Welten und geht gleichzeitig in ihnen auf. Das ist es, was Integration ausmacht. So bewegt man sich in der einen wie der anderen Welt frei und selbstbewusst", sagt er am Schluss.

Wir gehen zu dem Hafen für die kleinen Boote runter, etwas weiter auf die Brücke hinaus, bleiben einen Augenblick stehen und lauschen dem nicht enden wollenden Schlagen des Windes in den klagend und wehmütig klappernden Masten. Es ist ein merkwürdiges Spiel, dann aber kommt es plötzlich zur Ruhe. Stille verbreitet sich über dem mehr und mehr dahinschwindenden Abend. Die Sonne gießt ihr bernsteinfarbiges Licht über dem Meer aus und lässt die Inseln und Schären in einem letzten Schimmer aufleuchten. Schwarze Silhouetten zeichnen sich ab, sie werden immer schärfer, je weiter die Sonne untergeht und der abendliche Himmel sich in einem blutroten Licht am Horizont auflöst. Es ist die langsam verglimmende Abenddämmerung. Am Ende hüllt sich alles in einen blauen Schimmer, der alle Konturen verschwimmen lässt, bevor die Dunkelheit sich unmerklich niedersenkt. Der Frieden der Natur, der uns umgibt, passt so gar nicht zu den Unruhen im März 1968.

Besuch in Warschau

Warschau 2011

Ich bin nach Polen gereist, um Deborah zu treffen. Wir sitzen in einer kleinen Wohnung in einem grauen Vorort von Warschau. Es ist etwa 20 Jahre her, seitdem die Berliner Mauer gefallen und der Kommunismus zusammengebrochen ist. Der Demokratisierungsprozess ist weitergegangen. Der Kapitalismus hat hier die Macht übernommen.

Ich habe den Umschlagplatz besucht, von dem aus während des Krieges 300 000 Juden in die Vernichtungslager deportiert wurden. Hier steht eine einfache graue Mauer mit einer Gedenktafel in verschiedenen Sprachen. Jemand hat einen vollen Arm rotgelber Lilien niedergelegt. Die Schlichtheit ist überwältigend. Ich war bei den Überresten der alten Ghettomauer. Auch hier gibt es Erinnerungstafeln, u.a. eine für den „kleinen Schmuggler", der sein Leben dadurch aufs Spiel setzte, dass er ein Loch in die Mauer schlug, um Brot heranzuschaffen.

Deborah lebte immer noch in ihrer kleinen Einzimmerwohnung, in der sie schon gewohnt hatte, als der Krieg zu Ende ging. Hier wuchs Adam mit ihr auf. Es war nicht viel, was sich seitdem verändert hatte, abgesehen von einer Kleinigkeit im Badezimmer. Sichtbar gerührt erklärte sie mir, dass sie ein Jahr, bevor Adam starb, einen Stromstecker habe montieren lassen, damit Adam seinen elektrischen Rasierapparat benutzen könnte, wenn er einmal zu Besuch käme. Aber das Ganze war unnötig. Er würde nun nie mehr zu Besuch kommen und rasieren brauche er sich nun auch nicht mehr.

Das Zimmer war sehr einfach eingerichtet. Hier stand ein Sofa, das sie abends in ein Bett umbauen konnte. An der Wand darüber hing ein Foto von Adam. Er lehnt sich an ein Holzgeländer, im Hintergrund sieht man einen Wald und etwas Wasser durchschimmern. Er sieht glücklich und gesund aus. Darüber hängt ein Bild mit einem gesattelten Pferd. Daneben ist ein Spalier mit einer goldgestreiften Efeuranke angebracht.

Wir sitzen an ihrem kleinen Küchentisch. „Heute ist ein Festtag", sagt sie und stellt *Gefillte Fisch*, frisches Brot und Hering, den sie selbst in Öl und Zwiebeln eingelegt hat, auf den Tisch. Der Nachbar hat eine Flasche Wein für sie gekauft, aber sie stößt mit einem Glas Wasser an. Sie selber isst fast nichts, sie habe Diabetes und müsse mit dem Essen vorsichtig sein, erklärt sie. Das weiß ich schon seit langem, aber ich nicke verständnisvoll. Ich kann nicht anders, als diese tapfere Frau bewundern, die nun schon über 90 Jahre alt ist. Es ist erst, als ich ihr Essen lobe, dass sie etwas verlegen wird. Es sei schon lange her, dass sie für jemand ein Essen zubereitet habe, sagt sie. Solche Gelegenheiten gäbe es nicht oft, sie bekomme nur selten Besuch.

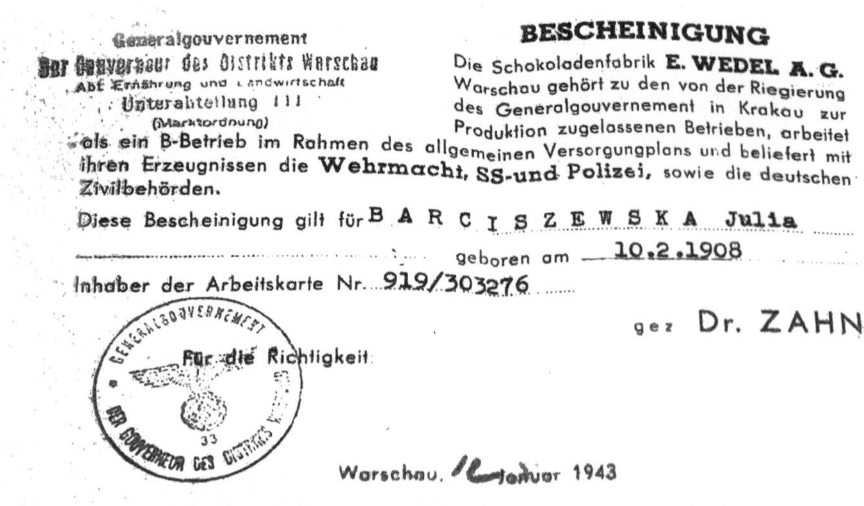

Generalgouvernement
Der Gouverneur des Distrikts Warschau
Abt. Ernährung und Landwirtschaft
Unterabteilung III
(Marktordnung)

BESCHEINIGUNG

Die Schokoladenfabrik **E. WEDEL A. G.** Warschau gehört zu den von der Riegierung des Generalgouvernement in Krakau zur Produktion zugelassenen Betrieben, arbeitet als ein B-Betrieb im Rahmen des allgemeinen Versorgungplans und beliefert mit ihren Erzeugnissen die **Wehrmacht, SS-und Polizei,** sowie die deutschen Zivilbehörden.

Diese Bescheinigung gilt für B A R C I S Z E W S K A Julia

geboren am 10.2.1908

Inhaber der Arbeitskarte Nr. 919/303276

gez Dr. ZAHN

Für die Richtigkeit

Warschau, 1 Januar 1943

Abb. 29 Deborahs gefälschte Arbeitsbescheinigung, mit der sie bei der Schokoladenfabrik Wedel angestellt war, um die „nationalsozialistische Wehrmacht, die SS und die Polizei wie auch die zivilen deutschen Behörden mit ihren Produkten zu versorgen". Privatsammlung.

Nach dem Essen öffnet Deborah einen kleinen Umschlag und nimmt behutsam vergilbte Zeitungsausschnitte, Dokumente und Fotografien heraus. Sie zeigt mir den gefälschten Ausweis, den Helena für sie besorgt hatte. Ich sehe das Bild mit der jungen, hübschen Deborah. Auf dem Dokument heißt sie Julia Barciszewska, geboren 1908 in Litzmannstadt (Łodz). Ihre fiktiven Eltern heißen Andrzej und Barbara. Sie holt auch ihre gefälschte Arbeitsbescheinigung hervor, mit der sie bei der Schokoladenfabrik Wedel arbeiten konnte. Ab dem September 1942 wurde die Bescheinigung alle drei Monate von der Fabrik abgestempelt. Und das musste ständig wiederholt werden. Sie hatte auch einige der Anordnungen und Bekanntmachungen der Deutschen aufgehoben, die besagten, dass Juden, die außerhalb des Ghettos angetroffen werden, mit dem Tod bestraft werden. Sie zeigte mir auch eine Kopie des

Schreibens, das sie, zerrissen in kleine Stücke, der Niederländischen Botschaft hatte zukommen lassen.

Wir sehen einige Bilder mit Kindern, um die sie sich nach dem Krieg gekümmert hatte. Sie spielen, sitzen an langen Esstischen oder tanzen Ringelrein. Einige sind lustig und lachen, andere schauen eher traurig drein. Eigentlich sehen sie wie jede andere vergnügte Kindergruppe aus, aber jeder kann sich vorstellen, wie einsam diese Kinder waren. Vielleicht wurde sie aufgefordert, für das Foto zu lächeln.

Deborah faltet die Zeitungsausschnitte auseinander. Da sieht man die Schwester auf einem Gruppenbild und mir fällt auf, wie sie gegen die Tränen kämpft.

„Ich hatte eine Schwester, die in Auschwitz ermordet wurde. Einige Jahre nach dem Krieg, als ich eine jüdische Zeitung in Jiddisch aus den USA las, fiel mir dieses Klassenfoto auf. Das Mädchen dort, das ist meine Schwester. Es stand auch ihr Name dabei. Ich ließ eine Vergrößerung von dem Foto machen, es steht da hinten."

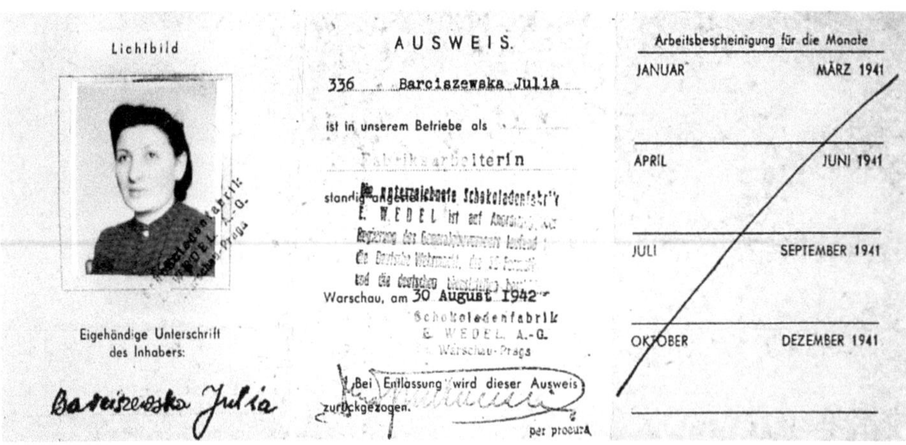

Lichtbild

AUSWEIS.

336 Barciszewska Julia

ist in unserem Betriebe als

Fabrikarbeiterin

Warschau, am 30 August 1942

Eigehändige Unterschrift des Inhabers:

Barciszewska Julia

Bei Entlassung wird dieser Ausweis zurückgezogen.

per procura

Arbeitsbescheinigung für die Monate

JANUAR	MÄRZ 1941
APRIL	JUNI 1941
JULI	SEPTEMBER 1941
OKTOBER	DEZEMBER 1941

Abb. 30 Deborahs gefälschter Arbeitsausweis, ausgestellt auf Julia Barciszewska. Damit er gültig war, musste er jeden Monat abgestempelt werden. Privatsammlung.

Ich drehe mich um und entdecke eine eingerahmte Fotografie. Das Bild ist ganz verschwommen, aber man erahnt die Umrisse eines jungen Mädchens. Das ist alles, was von ihrer Schwester übrig geblieben ist. Ich frage mich im Stillen, wie viele Menschen sterben mussten, ohne dass sie auch nur ein undeutliches Foto von sich zurückzulassen konnten.

Abb. 31 Deborahs Schwester. Privatsammlung.

Wenn die Gerechtigkeit sie einholt

Schweden 2012

Während meiner Arbeit hat mich eine Frage ständig begleitet: Wie dachte ein Nazi? Wie konnte ein Mann wie Hitler eine ganze Nation in seinen Bann ziehen? Ich muss einsehen, dass ich immer noch keine Antwort auf diese Fragen gefunden habe. Deshalb wende ich mich an die Universitätsbibliothek in Lund, weil ich weiß, dass es dort im Archiv der Polnischen Institut für Quellenforschung (*Polska källinstitutet*) eine ausführliche Dokumentation über die Karriere eines deutschen SS-Soldaten gibt. Ich finde sogar ein altes Foto von ihm.

Walter Weixler wurde 1926 geboren und war erst 16 Jahre alt, als das Foto gemacht wurde. Der Soldat ist in eine Nazi-Uniform gekleidet mit schwarzem Schlips und Dienstgradbezeichnungen auf den Schulterklappen. Der junge Mann macht einen gepflegten und freundlichen Eindruck auf dem Foto, das ihn etwas im Profil zeigt und bei einem Berufsfotografen aufgenommen wurde. Der Stempel in der rechten Ecke unten ist undeutlich, aber ich meine entziffern zu können: Hozer oder Khozer, vielleicht auch K. Hozer in Wien/Baden. Trotz seines jugendlichen Alters macht Weixler den Eindruck eines reifen Mannes. Sein Blick ist zielbewusst und geradeaus gerichtet, die Gesichtszüge sind scharf. Wahrscheinlich wurde das Foto gemacht, um es einem Antrag beizufügen; es ist datiert vom 1. Mai 1944. Wem oder wohin das Foto geschickt werden sollte, geht aus den Unterlagen nicht hervor.

In seinem Antrag schreibt Weixler, dass er in Österreich aufgewachsen und dort auf die Volksschule gegangen ist, an der sein Vater Lehrer war. Schon als Zwölfjähriger schloss er sich dem Deutschen Jungvolk an, einer nationalsozialistischen Organisation für Jungen im Alter von 10 bis 14 Jahren. Dann zog seine Familie nach Graz um, wo er sich die Hitlerjugend (HJ) anschloss, einer

Abb. 32 Walter Weixler, ein junger SS-Soldat. Polska Källinstitutets Arkiv i Lund. Universitetsbiblioteket, Lunds Universitet.

Organisation für ältere Jungen. Für Mädchen gab es eine entsprechende Organisation, den Bund Deutscher Mädel (BDM). In der Hitlerjugend wurde er bald zum Scharführer und Kameradschaftsführer befördert.

Die Dienstgradbezeichnungen auf den Achselstücken der Uniform bezeichnen – genau wie beim Militär – die Abteilung innerhalb der Hitlerjugend, der man angehört. Bei Weixler handelt es sich offensichtlich um eine Fliegereinheit, denn er trägt auch das Segelflugabzeichen. Er musste mehrere Prüfungen bestanden haben, denn er hatte das Fliegerabzeichen in Bronze. Darauf ist er sehr stolz, denn er erwähnt es auch in seinem Antrag. Mit 16 Jahren kommt er nach Wien, wo er Schulungen in der Ideologie des Nationalsozialismus besucht, eine paramilitärische Ausbildung erhält und Fechten, Reiten und Schwimmen lernt. Zwei Jahre später wird er Mitglied der NSDAP, der Nationalsozialistischen Deutschen Arbeiterpartei.

Weixler fügt dem Antrag auch einen eigenen Bericht mit dem Titel „Der SS-Mann und die Kirche und meine Einstellung dazu" bei. In diesem Bericht behauptet er, dass ein echter SS-Mann ein politischer Soldat mit einem gefestigten Weltbild sein muss. Das bedeutet, dass er viele Feinde hat, nicht nur die Bolschewiken und Juden, sondern auch die Christen, denn ein echter Nationalsozialist kann nicht zwei Herren gleichzeitig dienen – dem Führer und der Kirche. Da die meisten SS-Männer weiterhin Mitglieder in der Kirche seien, müssten sie entweder schlechte Nationalsozialisten oder schlechte Christen sein, meinte Weixler. Der nordische Mann müsse das Christentum ablehnen, das etwas Fremdartiges für die Menschen sei, denen es vor Jahrhunderten aufgezwungen wurde und das die Ursache der späteren Uneinigkeit in Deutschland sei.

Er selber betont, er sei ein ausgesprochener Gegner der Kirche, die er schon in den Jahren nach 1910 verlassen habe. Vielleicht habe er anfangs nicht richtig verstanden, worum es eigentlich ging, aber einer Sache sei er sich schon ganz früh sicher gewesen: dass er starke Zweifel hatte und nicht an das Christentum glauben konnte. Heute verstünde er das besser. Christus mag gelebt haben und war wohl eine besondere Persönlichkeit, das kann man nicht leugnen, aber die Lehre Christi konnte auf keinen Fall für die arischen Völker bestimmt sein, denn Christus war Jude. Das Christentum sei ein reines Märchen, das die Nationalsozialisten niemals als wahr hätten anerkennen dürfen.

Weixler schreibt weiter, dass es nach dem Krieg die allerwichtigste Aufgabe der Nationalsozialisten ist, die arischen Völker davon zu überzeugen, dass das Christentum eine Irrlehre ist. Er sei aber fest davon überzeugt, dass der Führer auch dieses schwierige Problem lösen wird. Im Weiteren verspricht Weixler, dass er und seine Kameraden als künftige SS-Offiziere mit all ihrer Kraft Hitler unterstützen werden. Dann würde das Hakenkreuz über das Kreuz (der Christen) siegen.

Weixler schließt seinen Bericht damit, dass er überzeugt ist, dass das deutsche Volk eine ihm innewohnende biologische Kraft besitzt und dass ihm der universelle Auftrag auferlegt ist, dass „das Edle eines Tages triumphieren wird".

Abb. 33 Deutsche Nazis treiben ihre Possen mit gestohlenen Rabbigewändern und religiösen Gegenständen. Polska Källinstitutets Arkiv i Lund. Universitetsbiblioteket, Lunds Universitet.

Weixler war erst 18 Jahre alt, als er diesen Brief schrieb. Dies ist das erschreckende Dokument eines jungen Mannes, den man einer Gehirnwäsche unterzogen hatte. Seinem Schreiben fehlt jeder noch so geringe Ansatz eines kritischen Denkens und eines Verständnis für andere Ansichten als die des Nationalsozialismus. Für ihn gibt es nichts anderes als Hitler und die „Überlegenheit der arischen Rasse". Leider waren Menschen wie Weixler keine Ausnahme. Seine Denkweise und Gedankenwelt waren mit großer Wahrscheinlichkeit ein Ergebnis der nationalsozialistischen Propaganda, zu der die systematische Erniedrigung und konsequente Verachtung der Juden und anderer Minderheiten gehörten. Diese Ideologie teilte er mit vielen deutschen Jugendlichen, die Mitglieder in den nationalsozialistischen Jugendverbänden waren, und wo ihnen die „rechte Lehre" indoktriniert wurde. Bis zu 90% der Jugendlichen waren in Deutschland Mitglied in der nationalsozialistichen Partei, womit man sich auch Ausbildung und Arbeit sicherte.

Nach dem Krieg wurde mit einer intensiven Jagd auf jüngere wie auch ältere Nazis begonnen. Mehrere zehntausend Menschen wurden verhaftet und vor Gericht gestellt. Hunderte von Gerichtsverfahren fanden statt, in denen sie verurteilt wurden. Viele wurden zum Tode durch den Strang oder zu längeren oder kürzeren Gefängnisstrafen verurteilt, andere wurden frei gelassen. In Hamburg gab es sieben Prozesse, in denen das SS-Personal des Konzentrationslagers Ravensbrück abgeurteilt wurde. Wer waren diese Menschen? Was passierte mit ihnen?

Carl Clauberg, Arzt. Er wurde 1898 in Wuppertal in einer Handwerkerfamilie geboren. Er studierte Medizin, spezialisierte sich in Gynäkologie und forschte über die Geschlechtsorgane von Frauen. 1933 schloss er sich der Nazi-Partei NSDAP an und wurde ein fanatischer Anhänger der nationalsozialistischen Ideologie. Nach kurzer Zeit war er Professor und galt als einer der Tüchtigsten auf seinem Fachgebiet. Er erbat sich von Himmler die Genehmigung, eine große Anzahl Menschen für seine medizinischen Versuche zu sterilisieren. Von 1940 an beschäftigte er sich hauptsächlich damit, Frauen mit anderen als den üblichen chirurgischen Methoden zu sterilisieren. Dieses Vorhaben führte ihn nach Auschwitz, wo er Sterilisierungen an jüdischen und Roma Frauen durchführte, indem er ihnen eine Säure in die Gebärmutter spritzte, was ungeheure Schmerzen, Entzündungen an den Eierstöcken und innere Blutungen verursachte. Viele Frauen kamen durch die Injektion des Mittels ums Leben, so dass Clauberg bei deren Obduktion die Wirkung seines Präparats studieren konnte.

Als sich die sowjetischen Truppen auf ihrem Vormarsch Anfang 1945 dem Lager Auschwitz nähern, flüchtet Clauberg in Richtung Westen und kommt in das Frauenkonzentrationslager Ravensbrück, wo er seine Versuche fortsetzt. In der Endphase des Krieges wird er vom sowjetischen Militär gefangen genommen und zu 20 Jahren Gefängnishaft verurteilt. Nach einem Abkommen zwischen der Sowjetunion und Westdeutschland kommt er 1955 nach Kiel, wo er wieder vor Gericht gestellt wird. Er stirbt, bevor das Gerichtsverfahren eingeleitet wird.

Vera Salvequart, Häftling, geboren 1919, Tschechoslowakin. Salvequart arbeitete als Krankenschwester im „Revier“ des KZ in Ravensbrück und wurde von den Häftlingen gefürchtet, weil sie den Kranken – nach Zeugenaussagen – ein „weißes Pulver“ (wahrscheinlich das Schlafmittel Veronal) und Spritzen mit Gift gab.

Bei ihrer Vernehmung betonte sie, dass sie mit einem jüdischen italienischen Offizier – einem britischen Agenten – verlobt war und von der Gestapo verhaftet worden sei, weil sie gegen die *Nürnberger Gesetze* verstoßen habe. Nachdem sie ihre zehnmonatige Gefängnisstrafe abgeleistet hatte, nahm sie wieder Kontakt zu ihrem Verlobten auf und erhielt den Auftrag, den Deutschen Zeichnungen von den V2-Raketen zu stehlen. Die Gestapo verhaftete sie und schickte sie in das KZ Ravensbrück, wo sie ab Februar 1945 im Lager Uckermark tätig war.

Nach Zeugenaussagen überwachte sie die Transporte zur Gaskammer, schrieb Todeslisten und entfernte das Gold aus den Zähnen der Leichen. Zu ihrer Verteidigung führte sie an, dass sie sich um ein neugeborenes jüdisches Kind gekümmert und es versteckt habe. Aber das Kind wurde von den Aufseherinnen entdeckt, die es wie Abfall auf einen Wagen mit Essensresten geworfen hätten. Kurz vor der Befreiung sollte sie von der Gestapo hingerichtet werde, aber es sei ihr gelungen, sich versteckt zu halten.

In ihrem Gnadengesuch berichtet sie, dass sie im Lager ein Kind zur Welt gebracht hat, das aber von einer Aufseherin getötet wurde, die sie dann versuchte zu vergiften. Aber man hielt sie an mehreren Morden an Häftlingen im Lager für schuldig. Sie reichte nicht weniger als sieben Schreiben zu ihrer Tätigkeit im Lager ein, aber ihre Berichte wurden nicht für glaubwürdig gehalten.

Salvequart wurde im Februar 1947 zum Tode verurteilt und am 2. Juni des gleichen Jahres hingerichtet.

Adolf Winkelmann, Arzt, geboren 1887. Nachdem er sein Doktorexamen abgelegt hatte, machte er an verschiedenen Krankenhäusern Dienst und war während des Ersten Weltkriegs bei der Marine tätig. Schon 1933 wurde er Mitglied der SS und der NSDAP und machte schnell Karriere. Im Januar 1940 kam er nach Krakau in Polen und arbeitete als Arzt im 8. SS-Regiment. Einige Zeit später gelangte er über die Konzentrationslager Groß-Rosen und Sachsenhausen in das KZ Ravensbrück, wo er für die Innere Medizin zuständig war. Von Zeitzeuginnen wurde er beschuldigt, mehrere tausend Häftlinge für die Gaskammer selektiert zu haben.

Bei den Gerichtsverhandlungen in Hamburg beschrieb er selber, wie die Häftlingsfrauen in langen Reihen auf einer Lagerstraße an ihm vorbeimarschieren mussten. Da sie meistens nur noch aus Haut und Knochen bestanden, war es für ihn leicht, festzustellen, wer noch arbeitsfähig war und wer nicht. Zu seiner Verteidigung führte er an, er habe nichts von einer Gaskammer gewusst und davon, dass die selektierten Häftlinge in den Tod geschickt wurden. Er verteidigte sich weiterhin mit der Behauptung, dass er, von Auschwitz abgesehen, niemals etwas von Gaskammern gehört habe und überzeugt gewesen sei, dass die ausgesuchten Häftlinge mit Spezialtransporten weitergeschickt würden.

Winkelmanns Schuld an den Selektionen galt als bewiesen, die Frage, ob er von dem Ziel der Selektionen wusste, konnte nicht eindeutig geklärt werden. Trotzdem verurteilte man ihn als schuldig; das Urteil konnte nicht vollstreckt werden, weil er während der Verhandlungen an einem Herzinfarkt starb.

Johann Schwarzhuber, Lagerchef, geboren in Bayern 1904, gelernter Buchdrucker. Er war verheiratet und hatte drei Kinder. Im April 1933 trat er in die NSDAP ein und wurde zu einer zweijährigen Ausbildung in das Konzentrationslager Dachau geschickt, wo er verschiedene Funktionen innehatte. Bei Kriegsausbruch kam er nach Sachsenhausen, zwei Jahre später nach Auschwitz-Birkenau, wo er für das Männerlager zuständig war. Anfang 1945 kam Schwarzhuber nach Ravensbrück, wo kurz darauf die Ermordung von Tausenden von Häftlingen durch die Gaskammer begann. Nach Zeugenaussagen soll er etwa 70 Kinder dadurch gerettet haben, dass er sie im Männerlager in Ravensbrück versteckt hatte.

Während der Verhandlungen in Hamburg gab Schwarzhuber zu, dass mehrere Hinrichtungen während seiner Zeit in Ravensbrück stattgefunden hatten. Himmler hatte befohlen, dass alle alten und kranken Frauen wie auch Frauen, die nicht mehr gut laufen konnten, getötet werden sollten. Am Anfang erschoss man die Frauen von hinten mit Handfeuerwaffen. Als man sah, dass das nicht schnell genug ging, richtete man eine Gaskammer ein, zu der man die Frauen unter dem Vorwand führte, dass sie entlaust werden sollten. Die, die man ausgesucht hatte, mussten sich ausziehen und wurden dann zu dem Ort gebracht, von dem sie annahmen, dass es ein Duschraum sei. Ein Mann mit einer Gasmaske öffnete ein kleines Fenster, warf einen Gasbehälter in den Raum und schloss wieder schnell das Fenster. Schwarzhuber gab zu, dass er das Stöhnen der Frauen gehört hatte; auch gab er zu, dass er sah, wie man die leblosen Körper direkt zum Krematorium schleppte, nachdem man zwei, drei Minuten vorher die Türen der Gaskammer geöffnet hatte.

Schwarzhuber wurde im Mai 1945 festgenommen und zum Tode verurteilt. Er wurde am Morgen des 3. Mai 1947 in Hameln hingerichtet.

Das sind nur einige von der vielen Täterinnen und Täter, die in Deutschland zum Tode oder zu Gefängnisstrafen verurteilt wurden. Andere wurden freigesprochen oder konnten sich einem Gerichtsverfahren entziehen. Nach der Meinung von Forschern waren die meisten wahrscheinlich weder Psychopaten noch Geisteskranke, sondern ganz rational denkende Frauen und Männer – Söhne, Töchter, Mütter, Väter … Es waren also ganz gewöhnliche Menschen, verblendet von ihrem Übermut, ihrem Egoismus und ihrer Gier. Wie viele Erklärungen sie auch immer für ihre Verbrechen vorbrachten, keine einzige kann die Untaten rechtfertigen. Jeder Mensch ist immer für seine eigenen Taten verantwortlich und kann sich nicht damit herausreden, dass er von nichts wusste oder nur einem Befehl gehorchte. Die Taten eines Menschen sind „aufgeschrieben mit eiserner Feder, mit einer Diamantenspitze eingeritzt auf der Tafel ihres Herzens".[1] Das lässt sich niemals wegwischen. Wenn man bedenkt, dass die Menschen normalerweise immer bemüht sind, Erklärungen und Entschuldigungen für ihre Missetaten zu finden und gleichzeitig versuchen, ihre persönliche Verantwortung klein zu reden – was nichts anderes als ein ganz normaler menschlicher Wesenszug ist – frage ich mich schon, wie viele Kränkungen und Untaten für immer im Verborgenen bleiben.

Gerichtsurteile können den Opfern nicht ihren unverletzten Körper oder ihre seelische Gesundheit zurückgeben. Aber die Forscher sind sich darüber einig, dass man deutlich machen muss, wer Opfer und wer Täter ist, dass es jemand gibt, der die Verantwortung für die Gewalttaten trägt. Gerichtsprozesse können somit zu einer gewissen Beruhigung in der Gesellschaft führen, dadurch dass wieder klare Urteile darüber getroffen werden, was Recht und was Unrecht ist. Man muss mit aller Deutlichkeit hervorheben, dass es gewisse moralische Grenzen gibt, die nicht überschritten werden dürfen. In einer humanen und demokratischen Gesellschaft klingt das wie eine Selbstverständlichkeit, aber das heißt nicht, dass es auch immer gut funktionieren muss. Wenn der Mensch sich bedroht fühlt, muss nicht viel passieren, damit er seine ethischen Wertvorstellungen vergisst, um sein eigenes Überleben zu sichern. Um zu vermeiden, dass man selber Opfer wird, sucht der Mensch oft eigenen Mut und Stärke darin, dass er anderen Angst und Schrecken einjagt.

Die Wissenschaftler weisen auch darauf hin, dass Gerichtsprozesse dadurch, dass der (verletzte) menschliche Wert wieder Geltung bekommt und die moralische Ehre des Opfers wiederhergestellt wird, auch einen möglichen Weg zur Versöhnung öffnen. Aber ist die Todesstrafe ein solcher Akt der Versöhnung? Für viele Opfer gab es keine Versöhnung, noch weniger eine

1 In Anlehnung an „Jeremias XVII, 1" aus dem Alten Testament.

Vergebung. Während manche Opfer mit ihrem Leben schnell weitermachen wollen und neue Herausforderungen suchen, gelingt es anderen niemals, sich von ihren Erlebnissen zu befreien. Sie sind dazu verurteilt, für den Rest ihres Lebens ihre Angst mit sich herumzuschleppen. Auch wenn es so scheint, als ob sie fröhlich sind und lachen können, so leben sie doch ständig mit dem Schatten ihrer Erinnerungen.

In diesem Zusammenhang ist es auch wichtig zu erwähnen, dass Stalin ständig Massenhinrichtungen, „Säuberungen" und Verfolgungen durchführen ließ. In der Sowjetunion wurden über 120 Arbeitslager eingerichtet, in die über 10 Millionen Menschen zwangsdeportiert und als Sklavenarbeiter ausgenutzt wurden. Stalin hat dieselben Argumente und Methoden gegen sein eigenes Volk angewendet, die Hitler gegen die Juden und andere Minderheiten benutzte. Wie viele Menschen in den brutalen Arbeitslagern der Gulags ihr Leben lassen mussten, werden wir niemals wissen. In der Sowjetunion kamen die Täter frei und ohne Strafe davon, wenn sie nicht selber in Ungnade fielen und ihre Tage als Zwangsarbeiter in einem Straflager oder Gulag beschließen mussten.

Okopowa

Warschau 2014

Ich bin wieder zurück in Warschau und gehe an der Mauer aus rötlichem Backstein entlang, die den jüdischen Friedhof Okapowa umschließt, bis ich an ein großes Eisentor komme. Es quietscht mit einem lang gezogenen schneidend-metallischen Ton, als ich versuche es zu öffnen, gibt dann widerstrebend nach und lässt einen hinreichend großen Spalt offen, durch den ich hindurch schlüpfen kann. Die Schwere des Tores scheint die Bedeutung der Ereignisse widerzuspiegeln, die hier stattgefunden haben. Hier liegen viele Tote. Alle hatten sie dieses einmalige und einzigartige Leben, das für die meisten viel zu früh zu Ende ging.

Mit lautem Geschepper schlägt das Tor wieder hinter mir zu und in demselben Augenblick bin ich wie von der Gegenwart abgeschnitten. Auf dem Hauptweg mit dem gefallenen Laub kommt mir ein Mann entgegen. Auf dem Arm trägt er ein Kind, das sich um seinen Hals klammert. Ein anderes Kind hält er fest bei der Hand und hinter ihm gehen weitere Kinder, die sich an den Händen halten. Ihnen steht eine Reise bevor und sie wissen, dass die Ankunft zugleich das Ende ihres Lebens bedeutet. Ich komme näher und sehe, dass es das Denkmal für Janusz Korczak ist, er, der sich geweigert hatte, die Kinder alleine in die Gaskammer gehen zu lassen. Deborah hatte ihn von ihrem Fenster im Ghetto aus auf seinem Weg zum Umschlagplatz gesehen.

Leichte schweigsame Schatten umschweben mich und der Platz wird wieder lebendig von der hingebungsvollen Fürsorge und diesem Aufleuchten tiefer Menschlichkeit. Ich stehe vor einem dieser Schattenbilder, mein Blick gleitet an der schlanken Silhouette entlang nach oben, bis er sich mit dem grün schimmernden Laub trifft. Das Licht und der Wind spielen mit den Blättern und Zweigen, die sich in leisem Rauschen hin- und herwiegen. Es ist ein schöner Laubwald mit prächtigen Baumkronen, die zum Himmel hin wie große Schilde aussehen, als ob sie vor einem Luftangriff Schutz bieten wollen. Zu meinen Füßen liegen abgebrochene Äste mit Knospen, die austreiben. Es gibt noch Leben.

Abb. 34 Janusz Korczak auf dem Weg zu Umschlagplatz. Das Denkmal steht auf dem jüdischen Friedhof Okopowa in Warschau. Privatsammlung.

Abb. 35 Der jüdische Friedhof Okopowa in Warschau. Privatsammlung.

An den Rändern des Sockels entlang, der das stattliche Monument trägt, bilden Scherben und Reste von Grabsteinen einen kleinen niedrigen Wall. Die Nazis haben die Grabsteine zerschlagen und die Trümmer als Füllmaterial für den Bau von Wegen benutzt. An einer Stelle hat man die Mauer mit einem Mosaik geschmückt, das aus aufgefundenen Grabsteinresten besteht. Ich sehe Bruchstücke von Namen, Jahreszahlen und Orten – eingemeißelt in hebräischen Buchstaben, die ich nicht lesen kann, andere in lateinischen Buchstaben.

Absenkungen im Boden haben dazu geführt, dass nun prachtvolle wie auch schlichte Grabsteine in allen Größen und Formen dicht beieinander stehen und sich mühsam aneinander anlehnen. Sie stützen sich gegenseitig und rufen eine vergangene Zeit wieder in Erinnerung, um von dem Zeugnis abzulegen, was hier einmal geschah. Die Zeit hat die grauschwarzen – in unzähligen Farbschattierungen variierenden – Buchstaben mit weichen, zarten Mustern von graugrünem Moos überzogen. Andere Steine sind beschädigt oder umgestoßen, aus ihren Wunden rieselt feiner Sandgrus und mit der Zeit werden sie ganz verwittern. Viele zeigen auch Einschusslöcher und Narben, die die Zeit nicht beseitigt hat. Auf manchen sieht man jüdische Symbole, die ein Künstler irgendwann einmal sorgfältig in den Stein gehauen haben muss. Ich gehe ganz ruhig die Wege entlang, als ich plötzlich in meinem Innern das Geknatter von Maschinengewehren höre. Ich höre und sehe nicht, von wo die Schüsse kommen und schaffe es nicht Schutz zu finden. Nicht einmal in den Gräbern haben die Toten ihre Ruhe.

Hier ist die Zeit einfach stehen geblieben – die Kriegszeit, die Nachkriegszeit. Ich frage mich, ob danach überhaupt schon mal jemand hier war. Außer dem feinen Rascheln des Laubwerks, das sich in dem sanften Wind wiegt, und den Geräuschen, wie sie der Natur eigen sind, ist es ganz still. Eine üppige Bodenvegetation hat alles überzogen und das Gedenken an die Toten schützend unter einen grünen Teppich gebettet. Viele werden sich nicht mehr länger daran erinnern. Bald vielleicht niemand mehr.

Dieser Platz ist mehr als nur ein Friedhof. Hier liegt ein Teil der jüdischen Geschichte von Warschau begraben, deren Atem aus der Tiefe her noch immer lebendig ist. Hier liegen über 150 000 einfache Gräber, aber viel mehr Tote ruhen hier. Es gibt ein Massengrab. Vielleicht war das die Grube, die Deborah und einige andere Juden aus dem Ghetto in einer finsteren Nacht während des Krieges ausheben mussten. Sie hatte stundenlang in dem schlammigen Lehm gegraben, bis Hunderte von Menschen am Rand der Grube aufgestellt und erschossen wurden und dann direkt nach unten fielen. Die Menschen, die in dieser Nacht erschossen wurden, liegen hier vielleicht irgendwo. Niemand weiß genau, wer und wie viele sie waren.

Lange Ranken schlängeln sich im wilden Durcheinander um die Grabsteine und verbergen sie unter einer sich weit verzweigenden grünen Decke. Vielleicht ertragen es unsere Augen nicht, wenn sie das entsetzliche Grauen zu sehen bekommen, das sich hier abgespielt hat. Es würde uns überwältigen. Ich suche nach Deborahs Grab, sehe aber, dass ich kaum eine Chance habe, es zu finden. Sie ist vor einigen Jahren gestorben und liegt hier irgendwo. Jemand muss hier gewesen sein, hat ihr Grab geschaufelt, den Sarg hinein gesenkt und die Grube zugeschüttet.

Ich wende mich wieder dem Hauptweg zu. Mitten auf dem Weg sehe ich *Chassiden* mit ihren Schläfenlocken in ihren langen schwarzen Kaftanen, Frauen mit ihren Kopfbedeckungen, ich erblicke einen Schuhmacher mit seiner Lederschürze, einen Bäcker, der die Brote noch nicht aus dem Ofen geholt hat, ich sehe verweinte Kinder, Männer und Frauen mit rotgeweinten Augen, alte Menschen, deren Tränen getrocknet sind. Sie alle gehörten zur jüdischen Gemeinde; sie lebten in Warschau, bevor der Krieg seine Untergangsdämmerung mit all seinem Schrecken und seiner Gewalt über sie ausbreitete. Ich sehe sie vor mir, wie sie sich verwundert erheben, als sie bemerken, dass sie Besuch bekommen haben. Das erleben sie nicht oft. Mir wird plötzlich bewusst, wie nah mir all diese unbekannten Menschen stehen, die einfach so verschwunden sind. In unserem Schweigen gibt es niemals gesprochene Worte, die uns verbinden. Sie bekommen wieder Leben; alles scheint wieder lebendig zu werden.

Ich biege nach links ab auf einen kleinen Pfad mit fest getretener Erde, beuge mich nach einigen Schritten nieder, schiebe vorsichtig ein paar sich schlängelnde Ranken zur Seite, um einen Grabstein freizulegen. In diesem Moment sehe ich, dass alles im Leben zusammenhängt, dass wir in einem großen und verwickelten Spiel nur Puzzelteile waren und sind, die zusammengehören. Ein Zusammenhang, den wir meinen zu verstehen, den aber niemand von uns wirklich verstehen kann. Dies hier ist Deborahs Grab.

Anhang

Danksagungen

Viele Menschen haben auf unterschiedliche Art und Weise dazu beigetragen, dass ich dieses Buch schreiben und herausgeben konnte. An erster Stelle gilt mein Dank Isaac, Deborah, Samuel, Hanna und Victor, die mir vieles aus ihren Erinnerungen und ihrem Wissen mitgeteilt haben. Mit ihren Erfahrungen stehen sie zugleich für das Schicksal, das die polnischen Juden erleiden mussten. Rebeccas und Arons Berichte lieferten wichtige Ergänzungen.

Als ich Isaac interviewte, überließ er mir sein Manuskript von fast 200 Seiten, in dem er über die „Sechs dunklen Jahre" berichtet. In diesem Buch werden nicht nur die Ereignisse beschrieben, denen er ausgesetzt war. Es wurde mit Material vervollständigt, das ich vor allem den Dokumenten des *Polska källinstitut* entnommen habe. Alle Namen sind authentisch, so wie sie in dem Manuskript geschrieben sind, bis auf die von Isaac, seinem Bruder Jacob und ihrem Freund Abraham.

Deborah traf ich zum ersten Mal im Jahr 2003 im Zusammenhang mit der Beerdigung ihres Sohnes. Bis zu ihrem Tod sollten wir uns dann regelmäßig in Schweden wie auch in Warschau treffen. Bei jedem Besuch erzählte sie etwas mehr über ihre Erlebnisse während des Krieges. Das Kapitel über Deborah besteht aus ihren eigenen Mitteilungen, aber auch aus zusätzlichem Material über das Ghetto Warschau aus dem *Polska källinstitut.*

Samuel berichtete mir über seine unglaubliche Reise durch die Sowjetunion. Kotlas, Workuta, Bulungur … eine Reihe von Namen, die ich vorher noch niemals gehört hatte. Ich bekam ein völlig neues Bild von den Folgen des Zweiten Weltkriegs für die einzelnen Menschen. Nach und nach zeigte sich an Rebeccas Schicksal, wie das Leben der vielen Menschen davon abhing, an welchem Ort sie sich zu einem bestimmten Zeitpunkt befanden.

Als Hanna immer ausführlicher über ihre Flucht durch die Sowjetunion berichtete, stellte ich viele Fragen. Oft antwortete sie: „*Nie rozumiesz,*"– das verstehst du nicht. Nein, ich verstand es wirklich nicht, wie sie es geschafft hat, so zu kämpfen, um zu überleben. Sie erzählte mir auch von der Reise ihres Bruders Aron von Polen über Südamerika und New York in die Sowjetunion.

Welchen Weg Aron genau nach Südamerika genommen hatte, blieb unklar. Aber als ich Oskars Bericht über seine Flucht mitten im Krieg von Frankreich nach Brasilien las, stellte ich fest, dass sein Bericht Arons Reise auf eine merkwürdige Weise ergänzte. Aron und Oskar hätten Reisekameraden sein können. In diesem Buch sind sie miteinander unterwegs. Die Reise von Frankreich nach Südamerika ist authentisch, so wie Oscar sie mir berichtet hat.

Die Mitteilungen über die Begebenheiten, die zu den Studentenunruhen im März 1968 in Polen und dann in der Folge zur Emigration der polnischen Juden geführt hatte, habe ich vor allem dem *Riksarkiv* in Stockholm und der schwedischen Tagespresse entnommen. Wichtig waren in diesem Zusammenhang auch die Interviews und Gespräche mit Victor, der so zu einem Sprachrohr für die anderen wurde, die gezwungen wurden ihr Land zu dieser Zeit zu verlassen.

Ganz besonders danke ich Paul Rudny, Historiker an der Universität Göteborg, den ich während seiner Tätigkeit als Projektleiter für die Systematisierung der Dokumentensammlung des *Polska källinstitut* kennenlernte. Er selber kam zusammen mit seinen Eltern und seinem Bruder nach den antisemitischen polnischen Kampagnen gegen Ende der 60er Jahre als Flüchtling nach Schweden. So ergab sich dann ganz von selbst eine Zusammenarbeit mit ihm. Er hat meine Arbeit begleitet, die historischen Fakten überprüft und mich ermutigt weiterzumachen, wenn meine Arbeit ins Stocken kam. Ohne seinen Rat und seine konstruktive Kritik hätte ich das Projekt niemals zum Abschluss gebracht. Einen ganz herzlichen Dank dafür, dass Du immer an mich und mein Buchprojekt geglaubt hast, und für die viele Zeit, die Du aufgewandt hast, um mein Manuskript zu lesen und zu kommentieren. Deine Hilfe war unschätzbar. Eventuelle Fehler habe jedoch ich zu verantworten.

Lars Ryberg hat meine Arbeit begleitet und hat das Manuskript in seinen einzelnen Stadien gelesen. Er war ein wichtiger Gesprächspartner und hat mich ständig aufgefordert weiterzumachen. Meine Mutter Karin hat davon berichtet, wie sie mit anderen Freiwilligen Flüchtlinge aufgenommen hat, die im Frühjahr 1945 mit den *Weißen Bussen* nach Malmö und Lund kamen. Jenny Gordon Rosenstein ließ mich die Berichte ihres Vaters Oscar über seine Reise mitten im Krieg von Frankreich nach Südamerika lesen und wir hatten lange Gespräche über Aron und Oscar.

Elisabeth Fogel, Susanne Lindahl, Birgitta Lindholm, Henryk Rubinstein, Tom Shulewitz, Anna Trachtenherc und Jacek Wisniewski haben mir mit ihren eigenen Erfahrungsberichten und bei der Suche nach Material und weiteren

Unterlagen geholfen. Sie haben einzelne Kapitel des Manuskripts gelesen, aus dem Polnischen übersetzt oder ihren Beitrag auf andere Weise geleistet. Das Personal in Bibliotheken, Archiven und Museen haben in ihren Beständen nach Dokumenten und Bildern gesucht. Schließlich und nicht weniger war mir meine Familie eine große Hilfe.

Ein ganz herzlicher Dank Euch allen für Eure wertvollen Beiträge und den Einsatz während meiner Arbeit an dem Buch.

Abbildungen

Die Fotos und Bilder in dem Buch wurden zur Verfügung gestellt von dem United States Holocaust Memorial Museum in Washington, dem Yad-Vashem Museum in Jerusalem, dem Instytut Pamięci Narodowej (Institut für Nationale Erinnerung) in Warschau, dem Archiv des Polnischen Institut für Quellenforschung in Lund, Universitätsbibliothek, Universität Lund und von privaten Sammlungen.

Glossar

Amchu — Jude auf Hebräisch. Wenn sich Juden begegneten, benutzten sie oft diesen Begriff, um sich nicht in der Öffentlichkeit als Juden zu erkennen zu geben.

Appell — täglich, oft mehrmals am Tag, durchgeführte Anwesenheitskontrolle in deutschen Konzentrationslagern.

Babcia — (polnisch) Großmutter.

Blixtbricka — (schwedisch) Papptäfelchen mit einer Nummer, das die Hafenarbeiter morgens bei ihrer Anmeldung erhielten, wonach sie dann aufgerufen wurden, wenn Arbeit benötigt wurde.

Block — oft für Baracke in einem Konzentrationslager, wurde auch für die Gesamtheit der Insassen verwendet.

Challa — jüdisches Sabbatbrot.

Chassid — frommer orthodoxer Jude.

Cheder — jüdische Religionsschule.

Chevra Kadisha — jüdische Trauergemeinde.

Cholent — jüdischer Eintopf u.a. mit Fleisch, Bohnen, Graupen und Kartoffeln, der am Freitag vorbereitet, vorgegart und bis zum Sabbat warm gehalten wird (im Ostjudentum).

Falange — eine rechtsextreme, antikommunistische und nationalistische Bewegung in Polen, die 1934 von meist jungen radikalen Polen gegründet wurde.

Groszy — Groschen, alte Münzeinheit in Deutschland und Polen.

Gut shábes! — (jiddisch) einen guten Sabbat!

Judenältester/Judenrat — Begriffe, die der NS-Staat für die jüdische Selbstverwaltung in den Ghettos eingeführt und benutzt hat.

Koscher — nach den religiösen jüdischen Vorschriften zubereitetes Essen.

Kriah — ein besonders intensiver und sichtbarer Ausdruck der Trauer, bei dem Bänder oder Teile der Kleidung aufgerissen werden. Eine solche symbolisch dargestellte „Öffnung" dient dazu, inneren Gefühlen freien Lauf zu lassen.

Lager Uckermark — In dem Mädchen-KZ Uckermark/Jugendlager Uckermark (ehem. „Jugendschutzlager Uckermark"), etwa ein Kilometer vom KZ Ravensbrück entfernt, wurden deutsche Mädchen und junge Frauen inhaftiert. Die innere Verwaltung lag in Händen der weiblichen Kriminalpolizei; wesentliche Entscheidungen wurden vom Lagerkommandanten des KZ Ravensbrück getroffen. Ab Anfang 1945 wurden dort etwa 5 000 Frauen des KZ Ravensbrück getötet bzw. ihre Ermordung von dort organisiert.(Siehe http://www.siberian-studies.org/publications/PDF/uk_uckermark.pdf).

Matze — jüdisches ungesäuertes Brot.

Menora — siebenarmiger jüdischer Leuchter, der die sieben Schöpfungstage symbolisiert.

Nigun — ein chassidischer Gesang, oft ohne Worte.

Nürnberger Gesetze — (u. a.) antisemitische und rassistische Gesetze, die am 15. September 1935 (gleichzeitig zum 7. Reichsparteitag der NSDAP) einstimmig vom Reichstag verabschiedet wurden.

Nürnberger Prozesse — Prozesse gegen NS-Kriegsverbrecher vor einem internationalen Militärgerichtshof, die vom 20. November 1945 bis zum 14. April 1949 in Nürnberg stattfanden.

Peies — Schläfenlocken, üblich bei orthodoxen Juden.

Pessach — jüdisches Osterfest.

Preses — (polnisch) Gemeindevorsitzender.

Protekcja — (polnisch) eine Art „Schutz", meistens durch Bestechung oder Beziehungen erlangt.

Raketenspiel — Kindertanz, bei dem am Ende lautstark des Geräusch einer startenden Rakete nachgeahmt wird.

Revier — Krankenstube bzw. Krankenbaracke in einem Konzentrationslager.

Sanacja-Regierung — „Sanacja" war die Eigenbezeichnung der Regierung in der Zweiten Polnischen Republik unter Józef Piłsudski zwischen 1926 und 1939, mit autoritär-nationalistischem Regierungsstil unter weitgehender Ausschaltung der Opposition.

Schieber — Aufseher in einem Konzentrationslager.

Shiva — die sieben „Trauertage" nach einer jüdischen Beerdigung mit bestimmten Zeremonien, meistens im Haus bzw. der Wohnung des Verstorbenen.

Schtetl — ehemals eine kleinere Stadt oder Stadtviertel mit überwiegend jüdischer Bevölkerung in Osteuropa.

Shtibel — jüdisches kleineres Gebetshaus.

Schtuss — (jiddisch) Nonsens, dummes Zeug.

Skådetrådar — lange weiße Fäden, die am Tallit angebracht sind und vor der Bestattung mit den Gebetsmantel von diesem entfernt werden.

Sonder — Arbeitsbescheinigung für Juden in den im Krieg besetzten Ostgebieten.

Stary Rynek — (polnisch) alter Markt.

Szmalcownik, Szmalcownicy (pl.) — (polnisch) Erpresser, Spitzel.

Tallit — traditioneller jüdischer Gebetsmantel, in dem der streng gläubige Jude auch oft bestattet wird.

Thora — erster Teil der jüdischen Bibel (die fünf Bücher Mose).

Umschlagplatz — Sammelplatz in Warschau, von dem aus die Transporte in die Konzentrations- und Vernichtungslager abgingen.

Unternehmen Barbarossa — Unter diesem Decknamen griff Deutschland am 22. Juli 1941 die Sowjetunion an.

Yeshiva — jüdische Religionsschule, wo aus der Thora und dem Talmud unterrichtet wurde.

Złoty — polnische Währungseinheit.

Abkürzungen

GULAG — *Glavnoe upravlenie lagerej* (Hauptverwaltung der Lager). Straf- und Arbeitslager in der Sowjetunion, in denen fast 3 Millionen Menschen starben oder umgebracht wurden.

KGB — *Komitet gosudarstvennoj bezopasnosti.* Sowjetischer In- und Auslandsgeheimdienst.

NKVD — *Narodnyj komissariat vnutrennych del.* Volkskommissariat für Innere Angelegenheiten.

NSDAP — Nationalsozialistische Deutsche Arbeiterpartei.

ORMO — *Ochotnicza Rezerwa Milicji Obywatelskiej.* „Freiwillige Reserve der Bürgermiliz", eine paramilitärische Organisation in Polen.

PAX — Die nach Ende des zweiten Weltkriegs vom polnischen Geheimdienst mitbegründete bzw. unterlaufene PAX-Bewegung war extrem antisemitisch ausgerichtet und hatte u.a. das Ziel die katholische Kirche zu spalten.

Polska Källinstitutet —Das Polnische Quelleninstitut in Lund, Universitätsbibliothek der Universität Lund.

SA — Sturmabteilung.

Literatur

Applebaum, Anne 2004. *Gulag – De sovjetiska lägrens historia.* Stockholm.

Baskin, Judith R. 1998. *Jewish Women in Historical Perspective.* Detroit.

Baskin, Judith R., und Kenneth Seeskin 2010. *Cambridge Guide to Jewish History, Religion and Culture.* New York.

Bauer, Yehuda 2001. *Rethinking the Holocaust.* New Haven / New York.

Beevor, Antony 2001. *Stalingrad.* Lund.

Berenbaum, Michael, und Abraham J. Peck (red.) 1998. *The Holocaust and History: the Known, the Unknown, the disputed, and the Reexamined.* Bloomington, IN.

Berling, Lars-Åke 1969. Med Chopinexpressen från Warszawa. Varannan polsk jude utvandrar. *Dagens Nyheter*, 21.12.1969.

Browning, Christopher R. 1992. *Ordinary Men. Reserve Police Battalion 101 and the Final Solution in Poland.* New York.

— 1992. *The Path to Genocide. Essays on Launching the Final Solution.* Cambridge.

— 2004. *The Origins of the Final Solution.* London.

Carlsson, Carl-Hendrik 2004. *Medborgarskap och diskriminering. Östjudar och andra invandrare i Sverige 1860–1920.* Stockholm.

Coudenhove-Kalergi, Barbara 1969. „5000 złoty für das Ausreisepapier". Emigranten erzählen, was in Polen wirklich vorgeht – „Hitler hat zu wenige vergast". *Arbeiter-Zeitung* 15, 19.01.1969.

Crozier, Brian 1968. „Är de Gaulle antisemit?". *Göteborgs Handels- och sjöfartstidning*, 18.04.1968.

Dahl, Izabella A. 2010. Mottagningen av de polska judarna i svensk press 1968–1972. In *Samhällshistoria i fokus. En festskrift till Lars Olsson om arbete, migration och kultur.* Lars Berggren, Mats Greiff, Jesper Johansson, Johan Svanberg und Malin Thor (red.), 212–228. Malmö.

Davies, Norman 1981. *God's Playground. A History of Poland in Two Volumes.* Oxford.

— 2004. *Rising '44. The Battle of Warsaw.* London.

Dawidowicz, Lucy S. 1981. *The Holocaust and the Historians.* Cambridge, Mass.

Einhorn, Lena 2005. *Ninas resa. En överlevnadsberättelse.* Stockholm.

Eley, Geoff (red.) 2000. *The „Goldhagen Effect": History, Memory, Nazism – Facing the German Past.* Ann Arbor.

Fejto, François 1970. Le sort des Juifs dans le pays d'Europe orientale, *Le Monde*, 02.04.1970.

Flodman, Johnny 1971. Brist på arbetskraft i gruvorna. Hätsk ton mot tyska utvandrare. *Svenska Dagbladet*, 30.10.1971.

Gaddis, John Lewis 2007. *The Cold War. A New History.* London.

Gross, Jan T. 2010. *Fear: Anti-Semitism in Poland after Auschwitz.* New York.

Heberlein, Ann 2010. *En liten bok om ondska.* Stockholm.

Hillberg, Raul 1985. *The Destruction of European Jews.* New York.

Hoffer, Peter 1968. Judar lämnar Polen. *Svenska Dagbladet*, 22.04.1968.

— 1969. Wiesenthal utpekar polskar antisemiter. *Svenska Dagbladet*, 22.03.1969.

Ilicki, Julian 1988. *Den föränderliga identiteten – om identitetsförändringar hos den yngre generationen polska judar som invandrade till Sverige under åren 1968 – 1972.* Åbo.

— 1991. Sekulär judisk identitet – exemplet yngre polska judar i Sverige. In *Judarna i det svenka samhället. Identitet, integration, etniska relationer.* Kerstin Nyström (red.), 33–49. Lund.

Kacyzne, Alter und Marek Web (red.) 1999. *Poyln. Jewish Life in the Old Country.* New York.

Kerbel, Lennart und Peter David 2005. *Jiddisch – svensk – jiddisch ordbok.* Bromma.

Larsson, Göran 1970. Hitler utrotade – nu flyr de som klarade sig. *Aftonbladet*, 15.01.1970.

— 1970. Polens 3,5 miljoner judar – Jerzy, 40 är en av dem som flytt: jag blev utfrusen av kamraterna. *Aftonbladet* 15.01.1970.

Levine, Paul A. 1998. *From Indifference to Activism. Swedish Diplomacy and the Holocaust 1938–1944.* 2. Auflage. Uppsala.

Lif, Åke 1970. Chopin-expressen – På det tåget flyr de sista polska judarna från sitt hemland. *Aftonbladet*, 19.01.1970.

Lindmarker, Ingmar 1969. Att göra Polen judefritt. *Svenska Dagbladet*, 08.09.1969.

Magocsi, Paul Robert 1993. *Historical Atlas of East Central Europe – A History*

of East Central Europe, Vol. 1. Seattle.
Mayer, Arno 1980. *Why did the Heavens not Darken? The Final Solution in History*. New York.
Nummelin, Wiktor 2007. 70 år sedan Stalins terror. Moskva-rättegångerna blev startskottet för massavrättninger. *Göteborgs-Posten*, 01.06.2007.
— 1968. Ny vind i Polen? Vi avblåser antijudiska kampanjen. *Dagens Nyheter*, 10.07.1968.
Olsson, Jan Olof (Jolo) 1967. Myten kring Zions äldstes protokoll. *Dagens Nyheter*, 25.06.1967.
Patek, Wieslaw 1968. Antisemitismen i Polen. *Sydsvenska Dagbladet*, 21.08.1968.
Persson, Sune 2002. *Vi åker till Sverige: de vita bussarna 1945*. Rimbo.
Piasek, Jehoszua 1988. Miłe-Gas – Miła Street. In *Preserving Traces of Jewish Culture in Poland*. Radoslaw Piszczek (red.), 66–69. Nissenbaum Foundation. Warszawa.
Polonsky, A., J. Basista, and A. Link-Lenczowski 1993. *The Jews in Old-Poland 1000 – 1795*. Oxford.
Przedpełski, Jan 1993. *Żydzi Płoccy. Dzieje i martyrologia 1939 – 1945*. Płock.
Randal, Jonathan 1968. Förtvivlan hos 30 000 in Polen. Allt fler judar vill emigrera. *Svenska Dagbladet*. 30.04.1968.
Rudny, Paul 2004. *Röster från Ravensbrück – Ett unikt källmaterial från de överlevande vid mottagningen i Sverige 1945*. Universitetsbiblioteket. Lund.
Satlow, Michael L. 2006. *Creating Judaism. History, Tradition, Practice*. New York.
Schatz, Jaff 1989. *The Rise and Fall of the Generation of Jewish Communists of Poland*. Lund.
Schlossmann, Sonia 1969. Detta är bakgrunden till judarnas flykt. *Sydsvenska Dagbladet*, 14.09.1969.
— 1969. Judarna bojkotterar sin egen teater – Av 50 synagoger återstår endast en. *Sydsvenska Dagbladet*, 14.09.1969.
Schäfer, Silke 2002. *Zum Selbstverständnis von Frauen im Konzentrationslager. Das Lager Ravensbrück*. Berlin.
Sereny, Gitta 1997. *Albert Speer och sanningen*. Stockholm.
Shandley, R. (red.) 1998. *Unwilling Germans? The Goldhagen Debate*. Minneapolis, MN.
Shannor, Donald R. 1971. Poland Has Welcome Mat Out for Jews. *New York Post*, 05.06.1971.
Stola, Dariusz 2000. *The Anti-Zionist Campaign in Poland 1967–1968*. (Zusammenfassung auf Englisch von Kampania antysyjonistyczna w Polsce 1967–1968.) Warszawa.

Sturm, Claes 1969. Judar i Polen flyr hemlandet. Kort frist kvar. *Dagens Nyheter*, 24.08.1968.

— 1968. Magiskt månadsskifte 1000-tals flyr landet. *Dagens Nyheter*, 24.08.1968.

Svanberg, Ingvar und Mattias Tydén 1997. *Sverige och Förintelsen. Debatt och dokument om Europas judar 1933–1945*. Stockholm.

Svenska Röda Korset 2000. *Vita bussarna - Svenska Röda Korsets räddningsaktion till Tyskland under Andra världskriget*. Stockholm.

Valentin, Hugo 2004. *Judarna i Sverige*. Falun.

Vishniac, Roman 1983. *A Vanished World*. New York.

— 1976. *Polish Jews. A Pictorial Record*. New York.

Weinryb, Bernhard D. 1973. *A Social and Economic History of the Jewish Community in Poland from 1100 to 1800*. Philadelphia.

Widing, Hans (Widi) 1969. Polska judar på legal flykt undan hetsen. *Sydsvenska Dagbladet*, 24.08.1969.

— 1969. Polskt eko från Hitler. Judisk ström flyr ökad antisemitism. *Sydsvenska Dagbladet*, 24.08.1969.

Wolodarski, Peter 2008. Det andra 1968. Polens judar lärde sig att aldrig räkna bort antisemitismen. *Dagens Nyheter*, 22.03.2008.

Wretö, Tore 1969. En polsk tragedi. *Svenska Dagbladet*, 19.10.1969.

Zitomersky, Joseph 1991. Ambiguous Integration: the Historical Position of the Jews in Swedish Society, 1780's–1980's. In *Judarna i det svenska samhället. Identitet, integration, etniska relationer*. Nyström, Kerstin (red.), 79–112. Lund.

Sonstige Zeitschriftenartikel

200 judar från Polen till Sverige, *Dagens Nyheter*, 26.06.1969.

Antisemitism är alltid vidrig, *Dagens Nyheter*, 27.06.1969.

Batalj i Warszawa av 4000 studenter mot polisstyrkor, *Göteborgs Handels- och Sjöfartstidning*, 09.03.1968.

Fem polske jødar taler ud, *Berlingske Tidende*, 07.12.1969.

Fokus tar upp judeflykten från öst, *Dagens Nyheter*, 04.02.1970.

Fortsatta utrensningar i polska förvaltningar, *Dagens Nyheter*, 03.04.1968.

Fp tvekar om resan till Polen, *Dagens Nyheter*, 03.05.1968.

Fp-män i Stadshuset anser det olämpligt att besöka Polen, *Svenska Dagbladet*, 30.05.1968.

Fyrpartimotion: Riksdagen bör fördöma judeförföljelser i öst, *Dagens Nyhe-*

ter, 28.01.1970.
Gomułka manar: Dämpa kampanjen mot sionisterna, *Dagens Nyheter*, 13.07.1968.
Gomułka till motoffensiv. Får stöd av Sovjetledarna, *Svenska Dagbladet*, 22.04.1968.
Ingen resa till Warszawa, *Dagens Nyheter*, 12.06.1968.
Israels aggression länk till västkomplott, *Göteborgs Handels- och Sjöfartstidning*, 22.06.1967.
Judar flyr, *Svenska Dagbladet*, 06.10.1969.
Judeförföljelser väcker fp:s avsky, *Dagens Nyheter*, 30.05.1968.
Judiska studenter, *Dagens Nyheter*, 31.05.1968.
Ny vind i Polen? Vi avblåser antijudiska kampanjen, Dagens Nyheter, 10.07.1968.
Ortodoxa falangen i Polen skyller på judar, stalinister, *Göteborgs Handels-och Sjöfartstidning*, 16.03.1968.
Polen-krisen den svåraste som förekommit på tio år, *Göteborgs Handels- och Sjöfartstidning*, 19.03.1968.
Polsk kommunist utesluten ur partiet – Upploppsledare. *Göteborgs Handels- och Sjöfartstidning*, 16.03.1968.
Polska studentoron fortfar. Hets mot de „skyldiga" unga, *Göteborgs Handels- och Sjöfartstidning*, 14.03.1968.
Riksdagen och antisemitismen, *Dagens Nyheter*, 31.01.1971.
Strejkande studenter utmanar Gomułka, *Göteborgs Handels- och Sjöfartstidning*, 23.03.1968.
Svårare för judar att lämna Polen, *Dagens Nyheter*, 11.06.1969.
Tårgas mot studenter i Warszawa i uppror, *Göteborgs Handels- och Sjöfartstidning*, 12.03.1968.
Ökad emigration av polska judar, *Svenska Dagbladet*, 22.09.1969.

Internet

Folgende Webseiten sind viele Male während mehrerer Jahre besucht worden, so dass es nicht möglich ist, jede einzelne Seite hier anzugeben. Deswegen wird hier nur die jeweilige Startseite aufgeführt.

Instytut Pamięci Narodowej (Institute for National Remembrance), Warszawa, www.ipn.gov.pl und www.marzec1968.pl
Jewish Virtual Library, www.jewishvirtuallibrary.org
Judiska Museet, Stockholm, www.judiskamuseet.se

Memorial and Museum Auschwitz-Birkenau, Oświęcim (Auschwitz), www.auschwitz.org.pl
Nationalencyklopedin, www.ne.se
Virtual Shtetl, www.sztetl.org.pl

Interviews

„Isaac", Göteborg 2003.
„Deborah", Warszawa und Göteborg 2003–2011.
„Samuel", Göteborg 2008.
„Hanna", Göteborg und Stockholm 1995–1998.
„Victor", Göteborg 2010–2014.

Manuskript

Gordon Rosenstein, Jenny, *Elio*, 1989–1991.
„Isaac", *De sex mökra åren*, 1984–1986.

Archive und Museen

Kulturen, Lund: Att överleva – Röster från Ravensbrück.
Polin, Museum of the History of Polish Jews, Warszawa.
Riksarkivet, Stockholm
    Statens utlänningskommission, Hemliga arkivet
    Utrikesdepartementets arkiv, särskilt följande arkiv:
    Beskickningsarkiv Warszawa
    Frågor rörande nationella minoriteters ställning – Polen
    Svensk visering Polen
    Mosaiska församlingens arkiv
United States Holocaust Memorial Museum, Washington
    Photo archive
Universitetsbiblioteket, Lunds Universitet, Handskrifter och specialsamlingar
    Polska Källinstitutets arkiv i Lund (PIZ:s arkiv)

Index